Primitive Kunst in zivilisierter Gesellschaft

Edition Pandora

Herausgegeben von
Helga und Ulrich Raulff

Band 8

Sally Price

Primitive Kunst in zivilisierter Gesellschaft

Aus dem Englischen von
Sylvia M. Schomburg-Scherff

Campus Verlag · Frankfurt/New York
Edition de la Maison des Sciences
de l'Homme · Paris

Die amerikanische Originalausgabe *Primitive Art in Civilized Places*
erschien 1989 bei University of Chicago Press,
Chicago und London

Dieses Buch erscheint im Rahmen eines 1985 getroffenen Abkommens zwischen der Wissenschaftsstiftung Maison des Sciences de l'Homme und dem Campus Verlag. Das Abkommen beinhaltet die Übersetzung und gemeinsame Publikation deutscher und französischer geistes- und sozialwissenschaftlicher Werke, die in enger Zusammenarbeit mit Forschungseinrichtungen beider Länder ausgewählt werden.

Cet ouvrage est publié dans le cadre d'un accord passé en 1985 entre la Fondation de la Maison des Sciences de l'Homme et le Campus Verlag. Cet accord comprend la traduction et la publication en commun d'ouvrages allemands et français dans le domaine des sciences sociales et humaines. Ils seront choisis en collaboration avec des institutions de recherche des deux pays.

Die Deutsche Bibliothek – CIP-Einheitsaufnahme

Price, Sally:
Primitive Kunst in zivilisierter Gesellschaft / Sally Price. Aus dem Engl. von Sylvia M. Schomburg-Scherff. – Frankfurt/Main ; New York : Campus Verlag ; Paris : Ed. de la Maison des Sciences de l'Homme, 1992
(Edition Pandora ; Bd. 8)
Einheitssacht.: Primitive art in civilized places ⟨dt.⟩
ISBN 3-593-34724-5 (Campus Verlag)
ISBN 2-7351-0485-0 (Ed. de la Maison des Sciences de l'Homme)
NE: GT

Umschlaggestaltung: Atelier Warminski, Büdingen
Satz: Typo Forum Gröger, Singhofen
Druck und Bindung: Druckhaus Beltz, Hemsbach
Printed in Germany

Den Künstlern gewidmet,
deren Werke sich in unseren Museen befinden,
deren Namen aber unbekannt sind.

»Eine datierte Fotografie von einem Objekt zusammen mit Kahnweiler ist mehr wert, als eine Signatur es je sein könnte...« (S. 162)

Inhalt

Dank 9

Einleitung 12

1 Nimbus der Kennerschaft 22

2 Universalitätsprinzip 43

3 Nachtseite des Menschen 61

4 Anonymität und Zeitlosigkeit 87

5 Machtspiele 105

6 Objets d'art und ethnographische Artefakte 125

7 Von der Signatur zum Stammbaum 151

8 Ein typischer Fall 163

Nachwort 186

Literatur 190

Bildnachweise 200

DANK

Dieses Buch ist kurz, dennoch war seine Entstehung von der Sachkenntnis und Mitarbeit ungewöhnlich vieler Menschen abhängig. An dieser Stelle möchte ich ihnen allen danken – angefangen bei den Bibliothekaren und Mykologen bis hin zu den Studenten und *Knipseldienst*-lern –, auch wenn ich aus Platzmangel nicht jeden namentlich aufführen kann.

Ohne die intellektuelle wie moralische Unterstützung von Richard Price in den vergangenen fünf Jahren wäre dieses Buch niemals fertig geworden. In jeder Phase machte er – sowohl was die Quellen als auch was die Herangehensweise und das Schreiben betraf – zahlreiche Vorschläge, die wesentlich zur Kohärenz und Verständlichkeit meiner Gedankengänge beigetragen haben. Gleichzeitig sorgte er dafür, daß ich nicht das Lachen verlernte, und feuerte mich an, die Entmutigung in schweren Zeiten mit der Freude an harter Arbeit zu bekämpfen.

Außerdem bin ich Sir Edmund Leach zu Dank verpflichtet, der die Kühnheit besaß, darauf hinzuweisen, daß »die Unterscheidung zwischen wild und zivilisiert, auf der das gesamte Gebäude der traditionellen Anthropologie errichtet wurde, es verdient, in den Mülleimer geworfen zu werden«, ebenso Edmund Carpenter, dessen Einsichten in die »zivilisierten« Verwendungen »primitiver« Völker mich besonders inspiriert haben. Beide Edmunds unterstützten dieses Projekt durch ihre Veröffentlichungen, durch persönliche Briefe und großzügige Geschenke in Form von Büchern, an die ich während meiner beiden Forschungsjahre in Paris nicht leicht herankam.

William C. Sturtevant verdankt dieses Projekt nützliche Hinweise, Referenzen und Kontakte und die unermüdliche persönliche Unterstützung aller Anträge, die seine Finanzierung ermöglichten.

Was ich den Kollegen vom Johns Hopkins Anthropology Department schulde, ist vielleicht am besten in Sidney Mintz' treffender Einschätzung der zehn Jahre (1974–84), in denen ich die Freundschaft und intellektuelle Anregung meiner Kollegen erfuhr, enthalten: »Ihre Ermunterung und Unterstützung während der ersten zehn Jahre unserer gemeinsamen Arbeit haben dem Wort *Kollegialität* einen neuen Sinn gegeben« (1985, S. x, Hervorhebung im Original).

Damals, 1984, reagierte Irene Winter in ihrer Rolle als Mitorganisatorin einer Podiumsdiskussion, die 1985 während des Treffens der College Art Association stattfinden sollte, positiv auf eine einen Absatz umfassende Zusammenfassung mit dem Titel »Primitive Art in Civilized Places«. Für ihre intellektuelle Anregung und die persönliche Unterstützung, die sie mir seitdem hat zukommen lassen, sowie für ihr kritisches Lesen eines frühen Entwurfs des Manuskripts bin ich sehr dankbar. Hal Foster gab mir Gelegenheit, meine anfängliche Auffassung zu diesem Thema in einem Artikel in *Art in America* darzulegen. Teile davon sind erhalten geblieben und unverändert in die folgenden Seiten eingegangen. Auch Jim Clifford und Dan Rose haben mein Verständnis transkultureller Kunstauffassungen ermutigt und bereichert, Leslie Rowland fügte nützliche Einsichten hinzu und Chris Steiner ließ mich in einer Weise an seiner Arbeit teilhaben, von der meine eigene profitierte. Der außerordentlich hilfreiche Beitrag von Gary Schwartz bestand darin, das Buch in seinen letzten Stadien kritisch zu lesen. Nachdem das Manuskript fertiggestellt war, unterstützte Marlie Wasserman seine Veröffentlichung in selbstloser und ermutigender Weise.

Dank der Freundlichkeit von Michel Izard, Michel Leiris, Claude Lévi-Strauss, Philippe Peltier und vor allem Georges

Rodriques gelang es mir sehr viel leichter, in die Welt der Händler primitiver Kunst in Paris einzudringen. Und für die Bereitschaft dieser Kunsthändler, sich mit einer amerikanischen Ethnographin, die ihre Welt zu erforschen versuchte, auf Gespräche einzulassen, bin ich sehr dankbar; besonders Pierre Amrouche, Asher Eskenazy, André Fourquet, Hubert Goldet, Rita und Anthony Meyer, Alain Schoffel sowie mehreren Händlern, die großzügig ihre Zeit zur Verfügung stellten, aber nicht namentlich genannt werden wollten, gilt mein Dank. Durchweg habe ich versucht, ihre Wünsche bezüglich des Zitierens bestimmter Kommentare zu respektieren.

Leah Prices treffende Kritik half diesem Buch über viele schwierige Punkte hinweg, die sich im Laufe seiner ruckweisen Entwicklung zu einem unbeholfenen ersten Entwurf ergaben. Sowohl sie als auch Niko Price trugen ganz wesentlich zur persönlichen Zufriedenheit bei, die seine Vollendung ermöglichten. Ebenso Harry und Ligia Hoetink, Patrick und Maryvonne Menget, Emilien und Merlande Larcher und viele andere.

Als Richard Price und ich unsere Operationsbasis von Paris nach Martinique verlegten – dies Buch war etwa zur Hälfte geschrieben –, trug Aimé Césaires Großzügigkeit dazu bei, daß der Umzug in unser kleines Haus am Meer noch angenehmer verlief, als es sonst der Fall gewesen wäre.

Die Wenner Gren Foundation for Anthropological Research finanzierte zunächst mein erstes Forschungsjahr mit einem Zusatzstipendium, dann auch das zweite. Der American Council of Learned Societies unterstützte meine Arbeit von 1985–86. Das Laboratoire d'Anthropologie Sociale unter der Leitung von Françoise Héritier-Augé erwies mir in Paris von 1985–87 über eine Forschungsmitarbeiterschaft akademische Gastfreundschaft. Von 1987–88 auch das Institute of International Studies an der University of Minnesota unter der Leitung von Brian Job in Minneapolis. Allen diesen vier Organisationen sei herzlich gedankt.

Einleitung

Was meinen wir, wenn wir von »primitiver Kunst« sprechen? Mir ist kein anderer Begriff in der Ethnologie oder der Kunstgeschichte bekannt, der unter so scharfen Beschuß geraten ist – und zwar von Leuten, die meinen, daß sie sich von ihm trennen sollten, auf einer bestimmten Ebene aber immer noch an seine Legitimität glauben wollen. Das Ergebnis ist eine große Zahl von Definitionen, die mit umfangreichen Distanzierungen vollgestopft sind. C. A. Burland zum Beispiel hielt an dem Begriff fest, obwohl er die in den Jahren nach dem Zweiten Weltkrieg gegen das Etikett »primitiv« vorgebrachten Argumente kannte, und verkündete, dieser Begriff »ist verschwommen und ungenau, aber durch ständige Verwendung hat er eine Bedeutung bekommen, die allgemein verstanden wird« (Hooper und Burland 1953, S. 19). Eine wissenschaftliche Diskussion des Begriffs begann mit der Bemerkung: »Wir alle haben, wie ich annehme, Skrupel, wenn wir etwas über ›primitive Kunst‹ lesen oder hören« (Claerhout u. a. 1965, S. 432), und eine beträchtliche Zahl von Interpreten scheint das von René Huyghe von der Académie Française zum Ausdruck gebrachte Gefühl der Enttäuschung zu teilen, der feststellte, daß der Begriff, obwohl »teilweise gerechtfertigt, … nicht mehr in Mode ist« (1973, S. 67). Selbst in den späten 80er Jahren bringen es viele Autoren einfach nicht fertig, entweder den Begriff selbst oder die ihn durchdringenden evolutionistischen Inhalte aufzugeben. H. W. Jansons oft herangezogene, 1986 verbessert neuaufgelegte *History of Art* ist ein typisches Beispiel:

»›Primitiv‹ ist ein etwas unglückliches Wort. Aber kein anderer einzelner Begriff dient dem Zweck besser. Wir wollen deshalb weiter das Wort ›primitiv‹ als passende Bezeichnung für eine Lebensweise verwenden, die die neolithische Revolution erlebt hat, aber keinerlei Anzeichen erkennen läßt, sich in die Richtung ›historischer‹ Zivilisationen zu entwickeln.« (1986, S. 35)[1]

Ich beginne mit der Auflistung von zwei Gruppen von Definitionen des Begriffs »primitiver Kunst«. Die erste Gruppe von Definitionen umfaßt Formulierungen, bei denen es sich um echte Zitate handelt. Bei der zweiten Gruppe geht es nicht um die Formulierung eines ganz bestimmten Autors, sondern eher darum aufzuzeigen, welchen Beiklang der Begriff, so wie er tatsächlich verwendet wird, hat und darum, die Themen anzuschneiden, um die es in diesem Buch geht.

I

»Wir beschäftigen uns mit den Künsten von Menschen, deren mechanisches Wissen gering ist – den Menschen ohne Rad« (Hooper und Burland 1953, S. 20).

»Primitive Kunst wird von Menschen geschaffen, die keinerlei Form der Schrift entwickelt haben« (Christensen 1955, S. 7).

1 1965 forderte die Zeitschrift *Current Anthropology* zwölf international anerkannte Autoritäten auf, zu dem Begriff »primitive Kunst« Stellung zu nehmen (Claerhout u. a. 1965). Ein Autor (Phillip H. Lewis) behauptete, daß »wir uns (des Begriffs) der primitiven Kunst nicht zu schämen brauchen. Sie ist weder roh noch abstoßend«. Ein anderer (Carl B. Compton) schlug einen Ersatz, »präzivilisierte Kunst«, vor und bestätigte und verewigte damit lediglich die evolutionären Konnotationen einer Bezeichnung, die, so die meisten Urteile, ihre Relevanz bereits überlebt hatte. Andere wiesen auf einige grundlegende Probleme hin – z. B. daß »›primitive Kunst‹ ein schwammiger, ungenauer, unpassender Begriff« (Emma Lou Davis) sei, daß es sich dabei um »eine Sammelbezeichnung handele, deren Bestandteile visuell nicht homogen sind« (Douglas Fraser) und daß der gemeinsame Nenner dieser Bestandteile »bloß auf ihrer formalen und inhaltlichen Fremdheit (für uns)« beruhe (Adrian A. Gerbrands, der Leonard Adams zitiert). Insgesamt war die Beurteilung hinreichend problematisch, so daß der abschließende, in sonst untadelig gewählter Form geschriebene Beitrag (von Adriaan G. H. Claerhout, dem Initiator der Debatte) von »primitiver Kunst« als »diesem ›verflixten‹ Begriff« sprach.

»Eigentlich ist es die Kunst von Menschen, die bis in die jüngste Zeit auf einem frühen technologischen Niveau verharrten, die sich am Gebrauch von Werkzeugen, nicht von Maschinen orientieren« (Douglas Newton, zitiert nach Kramer 1982, S. 18).

»In Ermangelung eines besseren wird der Begriff heute einfach zur Bezeichnung der Kunst klassenloser Gesellschaften verwendet« (Moberg 1984/85, S. 23).

II

Alle Traditionen bildender Kunst, die von geistig gesunden Erwachsenen geschaffen und regelmäßig im Vergleich mit Bildern von Affen, Kindern und Geisteskranken analysiert wird.

Jede Kunst, die im westlichen Betrachter Bilder heidnischer Rituale evoziert – besonders Kannibalismus, Geistbesessenheit, Fruchtbarkeitsriten und auf Aberglauben gründende Formen der Wahrsagerei.

Jede Kunst von Personen, die – nach der metaphorischen Vorstellung des abendländischen Menschen von der Familie Mensch – liebevoll als genetisch verwandte und abstammungsgeschichtlich gleiche kleine Brüder betrachtet werden, die es noch nicht gelernt haben, ihre natürlichen Triebe nach den Regeln zivilisierten Verhaltens zu unterdrücken.

Vor dem Ersten Weltkrieg geschaffene Gegenstände, die erst nach dem Ersten Weltkrieg in den Kunstmuseen der Welt ausgestellten künstlerischen Traditionen entstammen. (Oder gleichbedeutend: Vor dem Ersten Weltkrieg geschaffene Gegenstände, die erst nach dem Ersten Weltkrieg in kunsthistorischen Büchern erörterten künstlerischen Traditionen entstammen.)

Alle nach dem Mittelalter entstandenen künstlerischen Traditionen, deren Schöpfer, wenn Stücke von ihnen in Ausstellungen gezeigt werden, namentlich nicht genannt werden. (Oder gleichbedeutend: Alle nach dem Mittelalter entstandenen künstlerischen Traditionen, deren Gegenstände, wenn sie in Ausstellungen gezeigt werden, nach Jahrhunderten, nicht nach Jahren datiert werden.)

Die Kunst von Völkern, deren Sprachen normalerweise nicht an den Universitäten gelehrt werden.

Alle künstlerischen Traditionen, bei denen sich der Marktwert eines Gegenstands beim Export aus dem ursprünglichen kulturellen Kontext automatisch um ein Zehn- oder Mehrfaches vergrößert.

Auf den folgenden Seiten wird der Versuch unternommen, die kritische Neuuntersuchung bestimmter Konzepte anzuregen, die Teil der grundlegendsten ideologischen Strömung unserer Gesellschaft sind. Einige dieser Konzepte sind so vertraut, daß sie dem gesunden Menschenverstand zu entsprechen scheinen; andere sind Metaphern, die eine Art Kürzel für den Verweis auf Einheit und Verschiedenheit der Menschen darstellen. Wenn ich mich auf diese Konzepte als besondere Artefakte unseres abendländischen kulturellen Erbes beziehe, gebrauche ich zur Hervorhebung Anführungszeichen: »Hochkulturen«, »primitive Kunst«, »Familie Mensch« usw. »Westlich« bezeichnet eine Verbindung zu kulturellen Annahmen – ob im Denken eines Bewohners von New York, Tokio oder Lagos –, die der europäischen Vorstellungswelt entstammen.[2]

Dieses Buch basiert hauptsächlich auf Material aus Frankreich und den USA – zum Teil, weil ich während der Zeit des

2 William Rubin (1984) bediente sich als erster dieser typographischen Konvention des Schreibens über westliche Betrachtungsweisen nichtwestlicher Künste, ohne jene notwendigerweise für legitim zu halten. Im Gegensatz zu Rubin gebrauche ich diese Konvention jedoch, um Ansichten über »primitive Kunst« zu erforschen, wie sie das allgemeine Publikum, nicht die Künstlerschaft des 20. Jahrhunderts, pflegt. Was Konventionen betrifft, ist es vielleicht auch wichtig darauf hinzuweisen, daß sich die Worte »Mensch«, »er«, »ihm« und »sein« in diesem Buch ausschließlich auf Personen männlichen Geschlechts beziehen, es sei denn, sie erscheinen in Anführungszeichen und in von anderen Autoren zitierten Absätzen.

Forschens und Schreibens in diesen Ländern lebte, aber auch weil jedes von ihnen einen Hauptort der Begegnung zwischen westlichen Betrachtern und nichtwestlichen Artefakten darstellt und deshalb reiches – populäres wie wissenschaftliches – Material für die Erforschung der mich interessierenden Probleme bietet. Es versucht nicht, den Status »primitiver Kunst« in verschiedenen Teilen der westlichen Welt systematisch zu untersuchen oder zu vergleichen. Ebensowenig behandelt es den wirtschaftlichen Aspekt des Markts für »primitive Kunst« eingehend. Die Händler, Sammler und Kuratoren, die sich mit mir über ihre Welt unterhalten haben, lehrten mich einiges über die Schlüsselrolle der Steuergesetze in Frankreich und den Vereinigten Staaten (und wie diese Gesetze umgangen werden), die verschiedenen Geschäftspraktiken von »Schmugglern« und anderen Zwischenhändlern, die praktischen Implikationen einer gleitenden Preisskala für die »Restaurierung« und »Fälschung« von Kunstgegenständen, die Rivalitäten zwischen Händlern und Museumsleuten bei Anschaffungen, die hinter den Kulissen geführten Auktionsintrigen und über vieles andere, zu seiner finanziellen Struktur beitragenden Aspekte des Handels; dennoch weiß ich, daß das, was ich von diesem speziellen Eisberg zu sehen bekam, nicht mehr als seine Spitze ist.

Außerdem wird auf den folgenden Seiten die jeweilige wissenschaftliche und ideologische Nische, der die Auffassungen der einen oder anderen Autorität entstammen, weder genau geprüft, noch eingeordnet oder beurteilt. So wie in kunstbewußten Haushalten Kunstbücher im Regal einfach nebeneinander stehen, habe ich so unterschiedliche Ansichten zur »primitiven Kunst« wie die von Nelson Rockefeller, Franz Boas, Ladislas Segy, Frank Willett, William Rubin, Raymond Firth und John Povey nebeneinander aufgereiht, zusammengepreßt und nicht geordnet. Denn meiner Erfahrung nach wird ein solches Regal, ob es nun im Wohnzimmer eines Psychiaters oder Zahnarztes, eines Managers oder Rechtsanwalts, eines Ethnologen oder Kunsthistorikers, eines wohlhabenden Sammlers oder eines mittellosen Museumsenthusiasten steht, als generalisiertes Hilfsmittel verwendet – das heißt, ohne Insistieren auf der Differenzierung der speziellen Referenzen der verschiedenen Autoren. Wenn ich daher die Vorstellungen bestimmter Personen untersuche, dann nicht in der Absicht, den Beruf, die akademische Disziplin, Klasse, politische Ideologie oder Nationalität dieser Personen einer allgemeinen Kritik zu unterziehen. Reflexionen über die unterschiedlichen Perspektiven von französischen im Gegensatz zu amerikanischen Interpreten, von Ethnologen und Kunsthistorikern und von Museumskuratoren und Kunsthändlern habe ich bewußt auf ein Minimum beschränkt. Ebenso habe ich der Versuchung widerstanden, dem Vorschlag eines Kollegen zu folgen und die veröffentlichten Ansichten, die ich aus US-amerikanischen Quellen zitiere, als Produkte eines vor bzw. nach den 60er Jahren vorherrschenden Denkens zu charakterisieren. Bei Lesern, die gern eine Grundlage dafür hätten, sich von Meinungen abzugrenzen, die sie für unbegründet, überholt oder aus ideologischen Gründen angreifbar halten, wird diese Vorentscheidung sicher einiges Unbehagen verursachen. Freunde und Bekannte, deren Identität in solche Kategorien wie »Kunstkritiker«, »Ethnologe«, »Museumskurator«, »Intellektueller« oder »Liberaler« eingegangen ist, haben mir gegenüber gelegentlich dagegen protestiert, daß eine bestimmte, von mir kritisierte Auffassung nicht von ihrer, sondern von einer *anderen* Gruppe vertreten wird und daß ich kein Recht hätte, die Quelle der zur Rede stehenden Vorurteile zu unterschlagen. Ich bin jedoch davon überzeugt, daß sich eine Analyse der innerhalb dieser Kategorien vorhandenen unterschiedlichen Perspektiven als sehr viel komplexer erwiese, als viele es sich vorstellen, da subtile wechselseitige Einflüsse den stereotypen Charakter der einzelnen Perspektiven auflösen und individuelle Lebenserfahrungen dazu führen, daß überkommenes Wissen, in das die formale Ausbildung jeden einzelnen initiiert hat, auf idiosynkratische Weise transzendiert und bestritten wird. Die Implikationen dieser Art von Unterschieden stellten sicherlich ein legitimes und interessantes Forschungsgebiet dar, berührten aber mein Hauptziel nur am Rande.

Im Grunde ist es das Ziel dieses Buches, das Alltagsverständnis gebildeter und enthusiastischer, aber nichtspezialisierter »westlicher« Liebhaber »primitiver Kunst« zu erklären. Es untersucht weniger die anfängliche Annäherung an »primitive Kunst« als die Entstehung der Sicht einer zweiten Generation auf diese Kunst – einer Sicht, die sich aus dem Wissen und den Ansichten von Akademikern, Kuratoren und professionellen Händlern entwickelt, die aber die kulturellen und sozialen Konnotationen im Kontext von Filmen, Talkshows, Zeitungsbesprechungen, populären Zeitschriften und Partygesprächen neu formuliert und darlegt. Kurz, das Buch handelt von einigen unserer grundlegendsten und am wenigsten in Frage gestellten kulturellen Annahmen – unserem »traditionellen Wissen« – über die Grenzen zwischen »uns« und »ihnen«.

Teilweise geht es in diesem Buch um die mißliche Lage von Gegenständen aus allen Winkeln der Welt – Gegenstände, die – ähnlich wie die zur Zeit des Sklavenhandels gefangenen und in unbekannte Länder verfrachteten Afrikaner – entdeckt, geraubt, gehandelt, ihrer sozialen Bindungen beraubt, in neuen Kontexten neu definiert und neu konzeptualisiert worden sind, um sie den wirtschaftlichen, kulturellen, politischen und ideologischen Bedürfnissen der Menschen ferner Gesellschaften anzupassen. Obwohl die Verwüstung, hervorgebracht durch die für das 20. Jahrhundert typischen Form des Kulturimperalismus, von ganz anderer Art als die des vorausgegangenen Sklavenhandels ist, schwächt auch sie die Gemeinschaften, die diese Gegenstände liefern. Um dieses Phänomen zu verstehen, müssen wir damit beginnen, unsere Aufmerksamkeit weder auf die Kunstgegenstände selbst zu richten noch auf die Menschen, die sie herstellten, sondern auf jene, die »primitive Kunst« definiert, entwickelt und ihre Internationalisierung verteidigt haben und auf deren rassische, kulturelle, politische und wirtschaftliche Vorstellungen. Aus dieser Perspektive wird die *Enthumanisierung*, um einen Ausdruck Ortega y Gassets (1925) zu verwenden, sowohl der »primitiven Kunst« als auch ihrer Schöpfung unser zentrales Problem. Die folgenden Kapitel sollen die vielfältigen – von

Sammlungsstrategien bis hin zu Interpretationssystemen reichenden – Mechanismen verdeutlichen, die diesen Denkprozeß bewirkten und ihm Berechtigung verliehen.

Von einer typischen Akademikerin für Kunstliebhaber aller Art geschrieben, hält dieses Buch oft inne, um die Behandlung seiner Themen von der wissenschaftlichen auf eine populäre Ebene zu verlagern. Nachdem der Text geschrieben war, wies ein Leser darauf hin, daß die Art und Weise, in der hier Belege aus diversen Quellen (Zeitungsausschnitten, Zeitschriftenanzeigen, wissenschaftlichen Erklärungen, Museumserläuterungen, Filmdrehbüchern, touristischen Begegnungen usw.) nebeneinandergestellt werden, Ähnlichkeiten zu einer wenig bekannten Kunstform aufweist, die *femmage*[3] genannt wurde – einer Art Schwesterbegriff zum Begriff der *collage/assemblage* in der »modernen Kunst«. Dieser Begriff ist eine *hommage* an die künstlerische Leistung zahlloser Frauen, die ihre ästhetische Energie Einklebebüchern, Applikationen, Photoalben und Patchworkdecken gewidmet (und dabei Valentinsgrüße erfunden) haben – lange bevor Picasso oder Braque sich für diese speziellen künstlerischen Ausdrucksformen interessierten. Meine Art der Textkomposition könnte andererseits leicht mit dem postmodernen Experimentieren ethnographischen Schreibens in Zusammenhang gebracht werden, das sich dadurch auszeichnet, daß »Kontexte nicht zu einem Mischmasch verrührt, sondern eher bewußt zu einem Pasticcio nebeneinandergestellt werden« (Strathern 1987, S. 265–66). In Wirklichkeit ist die Struktur der folgenden Kapitel jedoch das Ergebnis einer sehr persönlichen, auf dem Thema und auf meiner Sicht des Themas basierenden Entscheidung. Ich schlage nämlich keine einfache Antwort auf die vielen komplexen und subtilen Probleme vor, die dem »westlichen« Verständnis »nichtwestlicher« Künste inhärent sind, sondern möchte lediglich einige Zweifel an den beque-

3 S. Meyer und Schapiro 1978, wo der Begriff geprägt und das Konzept erläutert wird sowie Beispiele geliefert werden.

men, oft den Ort »exotischer« Kunst in unserer Gesellschaft bestimmenden Vorstellungen wecken und dabei eine kulturpolitische Tagesordnung entlarven, die – um mit Pierre Bourdieu zu sprechen (1979, S. 60) – weniger unschuldig ist, als es scheinen mag.

In der Schlußszene von Paul Ruiz' provokativem, in der Sprache nomadischem Film *Het Dak van de Walvis* (Das Dach des Walfischs) unterhalten sich in der Pampa von Feuerland die einzigen beiden im Jahre 2000 noch lebenen Yagan-Indianer.[4] Während sie dem ihre Sprache für die Wissenschaft dokumentierenden Ethnologen als Informanten dienten, sind sie von dessen wohlmeinender und geschäftiger Frau unter die Fittiche genommen und in das Teetrinken und andere, ihnen früher unbekannte »zivilisierte« Vergnügen eingeführt worden. Aufrecht, auf Stühlen mit senkrechter Rückenlehne sitzend, tadellos in Anzug und Kravatte gekleidet, sprechen sie (der eine in äußerst kultiviertem Deutsch, der andere in ebenso gewähltem Englisch) über die jeweiligen Verdienste von Beethoven und Mozart und machen kundige Anspielungen auf das musikalische Schema und auf Einzelheiten der letzten Reise Mozarts nach Prag. Am Ende der Debatte sind sie bei der nüchternen und beide befriedigenden Schlußfolgerung angekommen, daß Mozart der größere Musiker sei. Das Kriterium, auf das sie ihre Entscheidung gründen – die Attraktivität der Gestaltung der jeweiligen Schallplattenhüllen – ist ein zarter Wink, daß transkulturelles Verstehen oft eine ziemlich heikle Angelegenheit ist.

Im Zuge der weltweit fortschreitenden Homogenisierung der Lebensweisen wird es bei den Mitgliedern dominanter Nationen immer populärer, einfach an der eigenen Lebensweise festzuhalten, auch wenn sie (durch die Medien und das Reisen) immer mehr Gelegenheiten haben, sich denen anderer auszusetzen. Die

---

4 Diese Beschreibung basiert auf einmaligem Anschauen des Films von Ruiz im Rahmen einer Studentenfilmreihe an der Universität Leiden 1982; für eventuelle Ungenauigkeiten im Detail, die auf meine impressionistische Erinnerung zurückgehen, bitte ich um Entschuldigung.

folgenden Seiten greifen einen kleinen Aspekt dieses weithin bekannten und beängstigenden Dilemmas auf.

I

Nimbus der Kennerschaft

Ein charakteristisches Merkmal des Common-sense-Denkens ist, ... darauf zu bestehen, seine Grundsätze seien unmittelbare Äußerungen der Erfahrung, nicht bewußte Reflexionen über diese Erfahrung. *Clifford Geertz*[1]

Der Begriff der Kennerschaft evoziert das Bild eines untadeligen Gentleman – eines wohlerzogenen, gebildeten, gut gekleideten Herrn, dessen Verhalten diskret, dessen Urteil selbstbewußt und ausgewogen ist und der vor allem über einen außerordentlich guten Geschmack verfügt. Ein Kenner ist außerdem jemand, dessen Meinungen für andere besonderes Gewicht haben; wir vertrauen den Wahrnehmungen von Kennern, weil diese, wie das auf dem Schreibtisch geöffnet vor mir liegende Wörterbuch behauptet, »besonders kompetent sind, ein verständiges Urteil in Sachen der Kunst, vor allem eine der bildenden Künste, oder des Geschmacks zu fällen.« Berechtigterweise könnte man einwenden, daß einige der eben aufgeführten Eigenschaften nicht unbedingt in einer knappen Definition des Kenners enthalten sein müßten, doch nur wenige würden bestreiten, daß diese Eigenschaften mit beharrlicher Regelmäßigkeit bei denen vorkommen, die den engeren Definitionen entsprechenden Status des Kenners im allgemeinen für sich in Anspruch nehmen. Ein nachlässig gekleideter Kunstkenner wäre zwar theoretisch möglich, dieses Bild trifft jedoch an die Grenzen unserer Vorstellungskraft, und in Wirklichkeit gibt es relativ wenige, die sich guten Gewissens für »Kenner« halten (»vor allem der bildenden Künste«, wie es im Wörterbuch lautet),

1 *Local Knowledge: Further Essays in Interpretive Anthropology*, New York 1983, S. 75.

aber keine maßgeschneiderten Anzüge tragen oder erster Klasse reisen.[2]

Die Antithese zum prototypischen »Kenner« ist gewiß der prototypische »Wilde«. Der Unterschied ist gewissermaßen der gleiche wie der zwischen Schwarz und Weiß. Der »Wilde« ist nicht sehr gut gekleidet (oft überhaupt nicht gekleidet), hat keine richtige Schulbildung, neigt zu lautem und manchmal laszivem Verhalten, verwechselt mythische Erzählungen mit wahrer Geschichte, setzt Kunstwerke den Termiten aus, statt sie in Museen zu konservieren, genießt Palmnußmaden und Menschenfleisch, statt Schnecken und Kalbshirn, und ihm geht die Kompetenz des Kenners in Dingen des Geschmacks und in den bildenden Künsten ab. Diese beiden einander fernstehenden Angehörigen der menschlichen Rasse kommen gelegentlich über den Markt für »primitive Kunst«, die der eine schafft und der andere schätzt, miteinander in Kontakt. Von einigen erfrischenden Ausnahmen abgesehen, halten sich ihre Frauen und Schwestern klugerweise im Hintergrund, weil sie die in ihrer jeweiligen Gesellschaft herrschende Überzeugung kennen, daß diese Begegnungen wirtschaftliche Konsequenzen haben, die man am besten von den Launen der Frauen fernhält.

Ich beginne meine Erforschung der zwischen »Kenner« und »Wildem« bestehenden Beziehung und der komplexen Tatsachen hinter diesen vordergründigen Karikaturen mit einer Untersuchung des ersten dieser beiden Herren – dem Kenner.

Wir beginnen mit dem eigentlichen Kern der Kennerschaft, dem »Geschmack« und betrachten zunächst, was einer der herausragendsten Kunstkenner unseres Jahrhunderts, der Kunsthistoriker Lord Kenneth Clark, über diesen wesentlichen Bestandteil des Kennertums zu sagen hat:

---

2 Mein Interesse an Kennerschaft konzentriert sich in diesem Buch mehr auf die Kraft des ästhetischen Urteils eines Kenners als auf seine Fähigkeit, Entstehungsdaten und Urheberschaft zu bestimmen. Die letztgenannten Funktionen sind, wie wir in den folgenden Kapiteln sehen werden, im Bereich der »primitiven Kunst« sowieso auf eine relativ simple Praxis reduziert worden.

»Was ist guter Geschmack?... Geschmack ist nicht künstlerisches Talent, auch nicht feinfühliges Verständnis. Und da ich gerade alles aufzähle, was Geschmack nicht ist, könnte ich noch hinzufügen, daß er nichts mit Mode zu tun hat. In praktisch jeder Epoche und in praktisch jeder Zivilisation gibt es guten und schlechten Geschmack. ... Was mich auf das Letzte bringt, was Geschmack nicht ist. Geschmack hat nichts, wie soll ich es sagen, mit hoher sozialer Stellung, mit Bildung, aristokratischer Erziehung und alldem zu tun – genauso wenig wie Manieren etwas damit zu tun haben.«

Im folgenden weist Clark darauf hin, daß »gebildete« Menschen schlechte Manieren und einen schlechten Geschmack haben können, während einfache, bescheidene Leute manchmal gute Manieren und einen guten Geschmack haben. Geschmack ist mit guten Manieren vergleichbar; Geschmack haben bedeutet, sich nicht zu sehr aufzuspielen, nicht zu protzen:

»Geschmack hängt von einem harmonischen Verhältnis zwischen Zielen und Mitteln ab. ... Feingefühl, das ist das richtige Wort. Ja, das hat wirklich dieselbe Bedeutung wie Geschmack. Feingefühl bedeutet, daß man etwas mit den eigenen Händen fühlen kann, ohne sich dessen ganz bewußt zu sein. Feingefühl muß unbewußt sein. Gekünsteltes Feingefühl ist fast immer katastrophal. ... Guter Geschmack kann nicht aus Indifferenz entstehen. Im Gegenteil, Geschmack erfordert Appetit. ...

Das führt uns, denke ich, zu einer unserer grundlegendsten Bedeutungen von Geschmack. Geschmack bezieht sich auf etwas, das man gerne kostet, etwas, das man liebt, ohne zu wissen warum. ... [Geschmack erfordert sowohl Unterscheidungsvermögen wie Beherrschtheit, fährt Clark fort.] Unterscheidungsvermögen entsteht aus der Sensibilität gegenüber unterschiedlichen Geschmacksstoffen, eine Sensibilität, die es uns ermöglicht, zwischen verschiedenen Geschmacksstoffen zu unterscheiden. Beherrschtheit hat ihre Ursache in der Sensibilität gegenüber den Gefühlen anderer, eine Sensibilität, die das immer aufwallende, lärmende Ego in uns zügelt, das andernfalls die Harmonie, von der jede gute Gesellschaft abhängt, zerstört. Geschmack ist also wichtig, weil er die ewige Wahrheit veranschaulicht, daß der Mensch eine Einheit ist, daß seine körperlichen Empfindungen und sein Verhalten nicht voneinander getrennt werden können.« (Clark, o.J.)

Wie es sich für die Äußerung eines solchen ausgezeichneten Kenners geziemt, wurde diese Erörterung mit der Direktheit und Klarheit vorgetragen, die ein wohltuendes Autoritätsgefühl erlaubt. Sie ist auch ideenreich, denn Clark verfügte nicht nur über die Art von Sensibilität, die eine so wesentliche Rolle in seiner Auffassung von Geschmack spielt, sondern war darüber hinaus zweifellos mit dem »immer aufwallenden, lärmenden Ego« ausgestattet, zu dessen Zügelung eine solche Sensibilität dient.

Clarks Definition beginnt mit einer ziemlich umfangreichen negativen Abgrenzung, greift mögliche Bestandteile des Begriffs auf, um sie sogleich, ohne weitere Erörterung, wieder fallen zu lassen. Es wäre ein Irrtum, behauptet Clark, Geschmack für eine Sache der »Mode« (das heißt für etwas, das auf eine bestimmte historische Periode oder »Zivilisation« beschränkt ist) zu halten. Ebenso ist Geschmack nicht auf die Angehörigen eines bestimmten, durch aristokratische Abstammung, Bildungsniveau oder (um Clarks euphemistisches »und all dem« im Kontext seines späteren Hinweises auf »einfache« Leute zu deuten) Reichtum definierten Teils der Gesellschaft begrenzt. Noch dürfen wir uns einbilden, daß Geschmack das Produkt des Bewußtseins ist, denn das führt uns in den Bereich des Gekünstelten, und gekünstelter Geschmack ist, Clark bekommt beim Gedanken daran eine Gänsehaut, »katastrophal«; vielmehr ist Geschmack etwas, das man besitzt, »ohne zu wissen warum«. Außerdem ist Geschmack nichts »Protziges«; in seiner wahren Ausprägung stiftet er ein sehr persönliches Gefühl der Befriedigung, das nicht vor anderen zur Schau gestellt werden muß. Und schließlich kann Geschmack »nicht aus Indifferenz entstehen«, denn Indifferenz ist die Negation von Unterscheidungsvermögen, und Unterscheidungsvermögen ist der Samen, aus dem wahrer Geschmack erwächst.

An diesem Punkt gehen Clarks negative Definitionen des Geschmacks in eine Erörterung eher positiver Eigenschaften über. »Unterscheidungsvermögen« erlaubt uns, Geschmacksstoffe verschiedenen Werts zu unterscheiden; »Beherrschtheit« fügt die Rücksicht gegenüber den Gefühlen anderer hinzu; und gemeinsam liefern sie einen Beitrag zur »Harmonie, von der jede gute Gesellschaft abhängt«. Endlich, und als eine Art natürliche

Folge aus alledem, bestätigt Geschmack die »ewige Wahrheit«, daß Körper und Seele eine Einheit sind, daß physische Sensibilität und moralisches Verhalten ein kohärentes Ganzes bilden; mit anderen Worten – wenn es mir gestattet sein mag, die Stoßrichtung der Passage zu deuten –, die »ästhetische Ordnung«, auf der unsere »Kultur« ruht, ist stabil und legitim und in Harmonie mit den Idealen einer moralischen »sozialen und politischen Ordnung«.

Ein wesentliches Elemente der Definition ist die Überzeugung, daß Geschmack nicht der »Mode« unterworfen ist; sonst könnte man Geschmack für beliebig und im Grunde für trivial halten. Das gleiche gilt für die Loslösung des Geschmacks von solchen Faktoren wie sozialer Stellung, Bildung und aristokratischer Erziehung, ganz zu schweigen von bewußter Kenntnis, die Geschmack auf einen »Kunstgriff« reduzieren könnte. Wie Glaubensprinzipien, so das Argument, schweben Geschmacksangelegenheiten hoch über den Einflußbereichen menschlicher Manipulation und kultureller Kontamination. Im äußersten Fall können einzelne die Unterscheidung zwischen Dingen, die von gutem und schlechtem Geschmack zeugen, ahnen, erfassen, empfinden oder in sich aufnehmen; die Bedingungen der Unterscheidung selbst können sie jedoch nicht umdefinieren, da sie klassisch und ewig und universal sind. So wenig, wie religiöser Glaube angesichts der Möglichkeit, daß der »Mensch« sich »Gott« nach seinem Bilde schafft, bestehen kann, so bräche auch die Hingabe an den guten Geschmack in sich zusammen, wenn seine Maßstäbe nicht eine höhere Autorität als die derjenigen widerspiegelten, die ihn praktizieren. Hieraus folgt, daß guter Geschmack weder erlernt noch gekauft werden kann und daß er nie veraltet.

Diese besondere Geschmacksauffassung taucht wiederholt in den Schriften von Kunstkennern auf. Der über afrikanische Kunst schreibende Händler Henri Kamer verweist darauf, wie wichtig es für Kunsthändler ist,

»jene seltene Fähigkeit eines Instinkts für Qualität zu besitzen.
Die Qualität eines Gegenstands zu fühlen, bedeutet, einen sechsten Sinn zu haben. ...

Es ist möglich, durch Bücher, die zu dem Thema veröffentlicht worden sind, Stile erkennen zu lernen – oder besser noch, sie in der Praxis zu studieren. Geschmack und Qualitätsgefühl aber können nicht erlernt werden. Das ist angeboren.« (Kamer 1974, S. 38)

Indem er sich des gleichen verzweifelten Bilds von der »Katastrophe« bedient, das Clark zur Verdammung schlechten Geschmacks benutzte, und, wie Clark, die Gefahren, sich auf Bildung und Geld zu verlassen, zu einer Gruppe zusammenfaßt, stellt Kamer erfolgreiche Sammler, die über kein »Wissen« verfügen, aber mit einer angeborenen Sensibilität ausgestattet sind, »Spezialisten« gegenüber, »die etliche eindrucksvolle Titel führen und enorme finanzielle Mittel zur Verfügung haben, [aber] für katastrophale Anschaffungen verantwortlich sind«.

Die Behauptung, wahre Kennerschaft sei sowohl angeboren als auch unbewußt, wird oft mit Kindheitserinnerungen entstammenden anekdotischen Belegen gestützt. Lord Clark erklärt seine eigene Begabung auf diesem Gebiet, indem er über seine (unbewußten) Reaktionen im Alter von sieben Jahren auf eine Reihe japanischer Drucke nachsinnt, die viele Jahre später ein ästhetisches Wiederaufleben des ursprünglichen Erlebnisses bewirkten, das, wie ich glaube, dem Proustschen Madeleine-Erlebnis ähnelt.[3] Diese überraschend frühe Empfänglichkeit und ihr langes Verharren im Unbewußten werden von Clark als Beweis für die Existenz »reinen ästhetischen Empfindens« interpretiert:

»Dieser, früher einmal in der gehobensten intellektuellen Gesellschaftsschicht allgemein anerkannte Begriff taucht heutzutage kaum noch in einer provinziellen Diskussionsgruppe auf. Und dennoch, ohne eine

3 Die meisten Händler und Sammler, die mit mir über ihr Leben gesprochen haben, steuerten eine Anekdote aus der frühesten Kindheit bei. Einer beschrieb zum Beispiel die Sammlung indianischer Pfeilspitzen, die er im Alter von zehn Jahren anlegte. Ein anderer unterstrich die Frühzeitigkeit seiner obsessiven Leidenschaft für Antiquitäten, indem er sich erinnerte, wie er, während seine Spielgefährten immer über ihre Spielsachen sprachen, sich über die Maya ausließ. Eines Tages schließlich, während einer Schulpause, platzte einer von ihnen mit der entscheidenden Frage heraus: »Aber deine ›Maya‹ – sind das Sachen, mit denen man spielen kann?«

solche Hypothese ist das gleiche Erlebnis sehr schwer zu erklären. Ich bin nicht so eitel, es mit dem unmittelbaren Verstehen einer Fuge seitens eines kindlichen Musikers oder mit der Freude eines jugendlichen Mathematikers am Nachvollziehen des euklidischen Beweises der Unendlichkeit der Primzahlen zu vergleichen. Selbstverständlich sind deren Gaben unvergleichlich eindrucksvoller. Nichtsdestoweniger meine ich, daß das ästhetische Empfinden als eine ungewöhnliche Fähigkeit ähnlicher Art aufgefaßt werden muß.« (1974, S. 44)

Der Kunsthändler Germain Seligman weist im gleichen Stil auf die Heftigkeit seiner eigenen ästhetischen Reaktionen in der Kindheit hin, wenn er gesteht:

»Ich bin manchmal überrascht von der merkwürdigen Vertrautheit gewisser Gegenstände, die ich meines Wissens nie zuvor gesehen habe. Als ich 1914 zum ersten Mal das Metropolitan Museum besuchte und vier kleine, ganz entzückende, weiß lackierte und goldene Engel aus der Morgan-Sammlung sah, hatte ich sofort das Empfinden, sie zu kennen. Mein Vater meinte, es sei völlig unmöglich, daß ich mich an sie erinnerte, da ich viel zu klein gewesen war, als er sie verkaufte.« (Seligman 1961, S. 9)

Und obwohl Thomas Hoving sein Schlüsselerlebnis erst etwas später (im Hörsaal eines Colleges) widerfuhr, beschreibt er es in ähnlich mystischer Form: »Etwas in mir, von dem ich nicht wußte, daß es da war, fing einfach Feuer. Später, Jahre später, wurde mir klar, daß das, was geschehen war, einem religiösen Erlebnis gleichkam.« (1982, S. 4)[4]

Sich eher auf ein spontanes, unverbildetes »Gefühl« für Ästhetisches, statt auf das langweiligere Praktizieren systematischen Studiums zu verlassen, ist oft eine Sache des Prinzips, ein beinahe trotziges Geltendmachen eines befreiten Geistes. Paul Valéry schrieb einmal, daß Gelehrsamkeit in Fragen der Kunst eine Art Fehlschlag sei und erkläre, was durchaus nicht das Subtilste und zu etwas vordringe, was keineswegs das Bedeutsamste sei. Sie ersetze Gefühle durch Theorien und rücke ein ungeheures Gedächtnis an die Stelle eines Staunens. Sie laufe auf eine

4 Siehe auch die in Kapitel 6 zitierten Zeugnisse von Nelson Rockefeller, Ladislas Segy, Werner Muensterberger und Jacques Maquet.

unendliche, an ein riesiges Museum angebaute Bibliothek hinaus: auf so etwas wie eine in ein Dokument verwandelte Venus (Baekeland 1984, S. 27). Bevor Dominique de Menil ihre eigene Position, wonach »es einen sprachlichen Zugang zu einem Kunstwerk gibt [und] Denken dem Fühlen nicht entgegengesetzt ist«, darlegt, räumt sie ein, daß viele Künstler und Kunstkritiker den Beitrag verstandesmäßigen und in Worte zu fassenden Denkens zur Beurteilung von Kunst angezweifelt haben:

»Der Ausspruch von Matisse ›Wer sich der Malerei hingeben will, sollte sich zunächst einmal die Zunge herausschneiden‹ und Braques Bemerkung, daß ›es in der Kunst nur auf eines ankommt: auf das, was nicht erklärt werden kann‹, erinnern schonungslos daran, daß, wie Malraux es ausdrückte, ›die einzige Sprache der Malerei die Malerei ist‹. Und selbst Baudelaire sprach von ›der schrecklichen Nutzlosigkeit, alles jedem erklären zu wollen‹.« (Anon. 1984, S. 11)

Pierre Bourdieu zitiert einen kulinarischen Ästheten, der eine Analogie zwischen Speisen und Kunst herstellt, um das gleiche Argument ins Feld zu führen, nämlich daß »die Gastronomie« sich zum Geschmack selbst wie die Grammatik zum Sinn für das Literarische verhält. Während der Gourmet ein delikater Kenner ist, ist der Gastronom ein Pedant, der den Geschmack analysieren muß, weil ihm das Empfinden selbst, das eine Sache des Instinkts ist, abgeht. In diesem System steckt mehr als eine implizite Hierarchie:

»[Gastronomen] gehören zur niederen und bescheideneren Gattung, und es hängt von ihnen ab, ob sie diese ein wenig subalterne Gattung mittels Takt und Maß und eleganter Leichtigkeit verbessern. .... Es gibt einen schlechten Geschmack (...) und die Freunde feinster Genüsse spüren das instinktiv. Die ihn nicht spüren, brauchen wohl oder übel eine Regel.« (Bourdieu 1982, S. 124–125)

Unterscheidungsfähigkeit (oder treffender: *Urteilsfähigkeit*) ist zweifellos das wesentlichste Merkmal der Kennerschaft. Ein ernsthafter Weinkenner würde nicht so ohne weiteres zugeben, daß er einen St. Emilion mit einem Pomerol verwechselt; ein Pilzkenner wäre peinlich berührt, würde er einen Agaricus campestris für einen Agaricus bisporus halten; ein wirklicher Kunstkenner, dem zwei, die Vision des heiligen Augustinus darstellende Gemälde aus dem 15. Jahrhundert gezeigt werden, würde ohne Zögern das eine als das Werk Sandro Botticellis erkennen. Anerkannte Kunstkenner stellen hinsichtlich ihres Unterscheidungsvermögens lediglich einen einschränkenden Fall innerhalb eines sehr viel allgemeineren Kulturphänomens dar, denn in unserer Gesellschaft strebt jeder in irgendeinem (ausgewählten) Lebensbereich das Beherrschen dieser Fähigkeit an; eine wahre Kaffeeliebhaberin wäre entsetzt zu hören, daß sie unwissentlich eine Tasse Nescafé hinuntergestürzt hat. Niemand kann durchs Leben gehen, ohne jeden Tag Unterscheidungen zu treffen, und die Werbung macht uns ständig auf Bereiche aufmerksam, in denen wir sonst zur Nachlässigkeit neigen könnten. Werbespots im Fernsehen beschämen die Hausfrau, die wirklich keinen Unterschied zwischen der Weißheit eines mit Waschmittel A und eines mit Waschmittel B gewaschenen Kleidungsstücks erkennt (oder der das ziemlich gleichgültig ist); dieselbe Botschaft übermitteln Deodorantreklamen an die, die dem natürlichen Geruch des menschlichen Körpers gegenüber gleichgültig (oder tolerant) sind; und Anzeigentexter für British Caledonian Airways setzen zur richtigen Beurteilung ihres Vergleichs zwischen einer Stewardeß, die eine »Circe«, und einer, die wirklich »charmant« ist, die Beherrschung der französischen Sprache voraus.

Wie des Kaisers Untertanen, die aufgefordert wurden, die Qualität der neuen Kleider ihres Kaisers zu erkennen und zu loben, erledigen wir im allgemeinen die Aufgabe des Unterscheidens, indem wir uns an einer komplexen Zahl von Anhaltspunkten orientieren und den Eindruck erwecken, ein kleines bißchen besser (richtig) unterscheiden zu können, als unsere groben Wahrnehmungsfähigkeiten es uns gestatten. So verfügen Akademiker, die an Seminaren teilnehmen, über äußerst subtile Möglichkeiten, die Meinungen wichtiger Kollegen einzuschätzen, bevor sie den Entschluß fassen, auf die Ausführungen eines zu einem Vortrag eingeladenen Wissenschaftlers mit Lob, Geringschätzung oder Schweigen zu reagieren; bringt man auf einem K-Mart (Discountladen-)Anorak ein Calvin Klein-Etikett an, so erntet man von Leuten, die stolz auf ihr die Kleidung betreffendes Urteilsvermögen sind, Komplimente; die Beurteilung des ästhetischen Werts eines Stiches kann von dem Unterschied abhängen, ob wir ihn in einem Trödelladen oder an einer Wand im Louvre sehen usw. Eine weitere Variable ist die Beurteilung der Klugheit und des Wissens der Person, mit der man spricht; zum Beispiel wird der Collegeprofessor, der seinen Studenten mit absoluter Autorität erzählt, die Stadt Fort-de-France auf Martinique sei 1902 infolge eines Vulkanausbruchs zerstört worden, gegenüber einem mit der karibischen Geschichte relativ vertrauten Kollegen weniger gewiß auftreten. Die meisten Menschen haben (privat) ein recht sicheres Gefühl für ihre eigenen Grenzen und bluffen nur wenig hinsichtlich der Grenzen ihrer wirklichen Sachkundigkeit. Wie weit man diese Grenzen jedoch überschreitet und wie unverfroren man seine eigenen Stellungen verteidigt, ist offensichtlich eine Frage des persönlichen Temperaments, und einige Menschen sind hier unerschrockener als andere.

Wenn eine Person in den Rängen der Kennerschaft aufsteigt, werden die, die eine Bedrohung für den Anspruch auf Urteilskompetenz darstellen, immer weniger und vorsichtiger, und die, die ihre Kompetenz bewundernd akzeptieren, immer zahlreicher und vertrauensvoller. Während die Autorität von Kennern im allgemeinen nicht in Frage gestellt wird, werden das Gewicht der Verantwortung und die mögliche Unsicherheit ihrer Grundlage hin und wieder erkannt. Gegen Ende seiner Karriere, als er über den soliden Ruf eines der besten Kunstkenner der Welt verfügte, hatte Kenneth Clark genügend Selbstbewußtsein, sich über die Regeln des Spiels, das er ein Leben lang spielte, ein wenig lustig zu machen:

»Ich habe nie an der Unfehlbarkeit meiner Urteile gezweifelt. Im Alter von neun oder zehn Jahren sagte ich bereits mit vollkommenem Selbstvertrauen: ›Das ist ein gutes Bild, das ist ein schlechtes.‹ Wenn ich von einem Kunstwerk ergriffen war, kam es mir nie in den Sinn, daß ein anderer, mit reiferem Urteil, anders empfinden könnte. Dieses fast wahnsinnige Selbstvertrauen hielt bis vor ein paar Jahren an, und es ist merkwürdig, wie viele Menschen meine Urteile akzeptiert haben. Von meinem ganzen Leben könnte man sagen, daß es auf einem einzigen, harmlosen Trick basierte: dem Selbstbewußtsein.« (Clark 1974, S. 45)

Kunstverständnis stellt in unserer Gesellschaft ein Dilemma, einen Prinzipienkonflikt dar. Einerseits glauben wahre Kunstliebhaber, sie sollten auf Form mit »rein« ästhetischen Empfindungen reagieren – Empfindungen, die im wesentlichen nicht auf »klinischem« Wissen, aristokratischer Erziehung oder dem nötigen Geld für die Schätzpreise in Auktionskatalogen beruhen. Andererseits ist das ganze Gefüge der Kunstkennerschaft eine wohldefinierte und -verteidigte Autoritätshierarchie, in der von einigen von uns das Erkennen der inneren Schönheit eines Meisterwerks und von anderen von uns zustimmendes Kopfnikken erwartet wird.

Diese Situation entspricht dem Erlebnis einer mir bekannten Schülerin, die ein französisches *lycée* besucht. Im Biologieunterricht sollte der Querschnitt eines Lauchstengels unter dem Mikroskop untersucht und ins Heft gezeichnet werden; das Ergebnis würde, erklärte die Lehrerin, dem Diagramm ähneln, das sie mit roter, weißer und blauer Kreide an die Tafel gezeichnet hatte. Unsere junge Freundin linste ins Mikroskop, sah Formen, die sich von denen auf der Tafel ziemlich stark unterschieden, und befragte ihre Nachbarin, die meinte, sie habe recht, daß sie aber einfach die Zeichnung auf der Tafel abzeichnen sollte, wenn sie eine gute Note bekommen wolle. Da die junge Dame erst kürzlich von einer progressiven amerikanischen Schule gekommen war, die lehrte, daß Methoden wichtiger als Ergebnisse seien, lehnte sie sich unvorsichtigerweise auf, zeichnete das, was sie (und ihre Nachbarin) sah, und wurde von der Lehrerin dafür gerügt, »nicht richtig gesehen« zu haben. Bei Schulaufgaben wie beim Kunstverständnis kann bekundeter Respekt vor der Integrität von Wahrnehmung und Urteil Unannehmlichkeiten bringen, wenn Grundsätze im Kontext einer etablierten Autoritätshierarchie getestet werden.

Auch für die Widerlegung der Vorstellung, wahrer guter Geschmack unterliege nicht den Launen der »Mode«, gibt es potentiell beunruhigende Beispiele. Anthropologen und Kunsthistoriker, die sich mit »primitiver Kunst« beschäftigen, haben schon lange versucht, diesen Standpunkt in den Vordergrund zu rücken. Roy Sieber faßte ihre Position zusammen, als er schrieb:

»Es ist nicht meine Absicht, Kennerschaft oder das Recht jeder Epoche auf ihre eigene ethnozentrische Ästhetik einfach abzutun, vielmehr möchte ich darauf hinweisen, daß die Geschichte des Geschmacks eine Geschichte der sich ständig wandelnden Einstellungen ist – Einstellungen, die nicht kumulativ und über den Augenblick, in dem sie in Mode sind, hinaus weder unumgänglich noch unfehlbar sind.« (Sieber 1971, S. 128)

Die Belege häufen sich auch in traditionelleren Bereichen kunsthistorischer Forschung. Francis Haskell (1976) schlägt in seiner detaillierten Analyse des sich über eine Zeit von mehreren Jahrhunderten wandelnden künstlerischen Geschmacks von Engländern und Franzosen eine vorsichtige Haltung gegenüber der landläufigen Vorstellung von der Zeitlosigkeit des Geschmacks vor und weist überzeugend nach, daß selbst in der höchsten der hohen Künste Urteile über ästhetische Qualität in einem größeren Maß, als man gemeinhin glaubt, Ergebnis der jeweiligen Zeit und des jeweiligen Ortes sind.[5] Vorsichtig schwankenden Boden betretend, schreckt er davor zurück, ästhetische Äußerungen traditioneller Art ganz abzutun. Er beschließt sein Buch jedoch mit dem Hinweis: »Es trifft sicherlich zu, daß man Geschichte selbst – in bestimmten Augenblicken – nur zum Preis eines gewissen Verzichts auf solche Werturteile, wie Kunstliebhaber sie (mit Recht) so sehr schätzen, verstehen kann« (1976, S. 117). Seine interessante Erkenntnis, daß die von ihm vorgelegten Er-

5 Haskells Argument ist seitdem auch von anderen aufgegriffen worden. Zum Beispiel plädierte Keith Moxey kürzlich für die Einsicht, daß unsere am meisten hochgehaltenen ästhetischen Urteile keine selbstevidenten oder wertneutralen Wahrheiten darstellten, sowie für die Erforschung dessen, wie sie »von dem historischen Augenblick beeinflußt sind, in dem sie gefällt wurden« (1988).

gebnisse Unbehagen auslösen, verbannt er in kurze Kommentare am Anfang und am Ende seiner ehrgeizigen Studie. Nachdem er zugegeben hat, daß »Änderungen im künstlerischen Geschmack nicht nur ein Problem, sondern ein beunruhigendes Problem sind«, bekennt sich Haskell zu

> »dem Unbehagen, das (wie ich den Reaktionen vieler Menschen auf die folgenden Vorlesungen entnehmen konnte) von unserem erzwungenen Eingeständnis ausgelöst werden kann, daß das, was evidenterweise für uns von höchster Wichtigkeit ist, einmal Menschen, von denen wir aufgrund vielfältiger Belege wissen, daß sie ebenso kultiviert wie wir, wenn nicht oft bei weitem kultivierter als wir waren, unbedeutend oder selbst regelrecht abstoßend erschien« (Haskell 1976, S. 4).

Und am Schluß wiederholt er, daß »die Implikationen der von mir behandelten Probleme mich zu einem beträchtlichem Maße, wie ich gestehen muß, beunruhigen« (1976, S. 116).

Das kann ich, die ich gelegentlich Angehörigen der westlichen Kunstwelt »die Relativität des Geschmacks« (wie Haskell es ausdrückt [1976, S. 5]) nahelege, nur bestätigen: »Unbehagen«, »Widerwille« und »Beunruhigung«, denen er begegnete, sind nicht allein für seine Erfahrungen kennzeichnend. Tatsächlich birgt die Möglichkeit, daß unsere Urteile und die unserer Kulturheroen das Produkt des besonderen Umfeldes sind, in das wir und sie zufällig hineingeboren wurden, etwas Beunruhigendes; und manchmal wird das Schreckgespenst um so bedrohlicher, je professioneller sich jemand seinem Interesse an Kunst hingibt.

Nur wenige Beobachter der westlichen Gesellschaft haben die sozialen Parameter des Geschmacks erforscht und dabei so viel Datenmaterial zusammengetragen wie der französische Soziologe Pierre Bourdieu. Seine (in Zusammenarbeit mit Alain Darbel [1969] entstandene) Studie über Besucher europäischer Kunstmuseen liefert Daten von besonderer Relevanz für die gegenwärtige Diskussion; sein ehrgeizigeres Werk *La distinction* (1979), das die Vorlieben der aus unterschiedlichen, sozial, ökonomisch, beruflich und nach Ausbildung definierten Segmenten der französischen Bevölkerung stammenden Befragten im Zusammenhang mit Musik, Kino, Einrichtung, Eßgewohnheiten, häuslicher

Unterhaltung, Urlaub und vielen anderen Aspekten des Lebens erforscht, dringt noch tiefer in die Ideologie und Praxis des Geschmacks ein. Seine auf der Auswertung von systematischen Interviews und Multiple-choice-Fragebögen beruhenden Daten bilden ein aus disparaten Teilen und Ausschnitten des französischen Lebens zusammengesetztes großes Mosaik. Löst man sich jedoch von den Einzelheiten, so erhält man ein eindrucksvolles, aus zwei kontrastrierenden Elementen komponiertes Bild: einer *Ideologie* des »natürlichen Geschmacks« und einem Verhaltens*muster*, das auf durch »Erziehung« erworbenem Geschmack beruht.

Es ist, als ob Bourdieu den Titel eines Gemäldes von Yves Tanguy aus dem Jahre 1936 – *Hérédité des caractères acquis* – umgedreht hätte, um das Dilemma des »Erwerbs angeborener Eigenschaften« darzustellen.

Bourdieu ist sich der Kritik, die Valéry an seinem Vorgehen geübt haben könnte, sehr bewußt und erkennt, wie Haskell, die Reibungskraft seiner Ergebnisse:

»Sicherlich wird es Leute geben, die überrascht sein werden, daß ich so weit ausholen mußte, um derartig Offensichtliches zu sagen, und die gleichzeitig protestieren werden, daß solche Binsenwahrheiten die besondere, aber unaussprechliche Art ihrer eigenen Reaktion auf Kunstwerke völlig falsch deuten. Was bringt es, werden sie sagen, zu wissen, ob und wann Van Gogh geboren wurde? Was spielen die Umstände seines Lebens oder seines Schaffensperioden für eine Rolle? Was für wahre Kunstliebhaber wirklich zählt, ist allein das Vergnügen, das sie beim Betrachten eines Gemäldes von Van Gogh empfinden. Und ist es nicht genau das, was die Soziologie infolge einer Art von reduktivem, deflationärem Agnostizismus sich hartnäckig anzuerkennen weigert? In der Tat werden Soziologen immer verdächtigt…, die Glaubwürdigkeit und Echtheit des ästhetischen Vergnügens zu bestreiten, einfach weil sie die Bedingungen seiner Existenz beschreiben. Der Grund dafür ist, daß die Liebe zur Kunst, wie jede andere Form der Liebe, vor der Erforschung ihrer Ursprünge zurückschreckt und es vorzieht, im großen Ganzen sich nicht als das Resultat allgemeiner Bedingungen und Erfahrungen, sondern vielmehr als Zufallsgeschehen zu sehen, das stets als Prädestination interpretiert werden kann.« (Bourdieu 1969, S. 161)

Bourdieu beschreibt einen subtilen, in der Familie ebenso wie in der Schule stattfindenden Erziehungsprozeß, der »aufgrund des

Einprägens willkürlicher Dinge den allmählichen Effekt hat, die Willkürlichkeit eingeprägter Dinge zu maskieren« – mit dem Endergebnis, daß »Kultur... zur Natur« wird; mit anderen Worten, »Kultur wird nur erkannt, indem sie sich selbst als solche verleugnet, das heißt als etwas, das sowohl künstlich ist als auch künstlich erworben wird« (1969, S. 162–163). Zu seinem Interesse am Verstehen der Ideologie der Klassenunterschiede zurückkehrend, argumentiert Bourdieu, daß »die privilegierten Klassen der bürgerlichen Gesellschaft das, was in Wirklichkeit ein Unterschied zwischen zwei Kulturen ist, ... als fundamentalen Unterschied zwischen zwei Naturen auffassen – einer Natur, die naturgemäß kultiviert und einer anderen Natur, die naturgemäß natürlich ist« (1969, S. 165). Und eine Metapher institutionalisierter Religion aufgreifend, eine Metapher, die ihm so oft dazu dient, seine Auffassung von kulturellen Unterschieden zum Ausdruck zu bringen, erklärt er schließlich, daß Kunstmuseen heilige Orte sind, deren »wahre Funktion« es ist, die Barriere zu verstärken zwischen »denen, die Gnade empfangen haben, und denen, denen sie verwehrt blieb « (1969, S. 165). Alles, was für diese Museen charakteristisch ist, dient, so argumentiert er, der Demonstration, daß

»die Welt der Kunst der Welt des Alltags ebenso wie das Sakrale dem Profanen entgegengesetzt ist: die Unberührbarkeit der Gegenstände, das religiöse, den Besuchern auferlegte Schweigen, die puritanische Askese des immer raren und unbequemen Mobiliars, die fast planmäßige Ablehnung alles Didaktischen, die pompöse Feierlichkeit der räumlichen Ausstattung mit Kolonnaden, riesigen Galerien, bemalten Decken und monumentalen Treppenaufgängen, die alle dazu entworfen zu sein scheinen, ... einen Übergang von der profanen zur sakralen Welt zu reflektieren.« (1969, S. 165–166)

Die Einleitung zu *La distinction* wiederholt die Schlußfolgerung von *L'Amour de l'Art* und ebnet den Weg für die Rolle, die diese Liebe zur Kunst in einer allgemeineren Betrachtung kultureller Vorlieben und Gewohnheiten spielt. Marshall Sahlins ähnliche Verallgemeinerung, daß es »so etwas wie eine reine Wahrnehmung nicht gibt« (1985, S. 147), vorwegnehmend, argumentiert Bourdieu:

»Das ›Auge‹ ist ein durch Erziehung reproduziertes Produkt der Geschichte. ... Die Konfrontation mit einem Kunstwerk hat mithin nichts von jenem Spontanerlebnis an sich... Diese typisch intellektualistische Theorie der Kunstwahrnehmung steht in eklatantem Widerspruch zur Erfahrung des der Definition legitimer Kunst blindlings folgenden Kunstliebhabers, denn in der Tat leistet die durch einen unmerklichen, steten Prozeß der Vertrautheit im Schoß der Familie garantierte Aneignung von legitimer Kultur einer gleichsam magischen Erfahrung von Kultur und zwangsläufig damit einem Vergessen des Aneignungsprozesses Vorschub.« (1982, S. 20–21)

Wenn sich die Angehörigen der das ästhetische Urteil betreffenden herrschenden Klasse als Empfänger einer mystischen, angeborenen Begabung verstehen, spielen sie, so Bourdieu, mit einer Art Trompe-l'œil, denn »deren Ringen um das Monopol künstlerischer Legitimität [ist] so unschuldig nicht, wie [es] sich gibt: keine Auseinandersetzung um Kunst, bei der es nicht auch um die Durchsetzung eines Lebensstiles ginge« (1982, S. 106). An dieser Stelle beginnt der Kontrast zwischen Bourdieus und Kenneth Clarks Auffassung von Kennerschaft deutlich zu werden. Clark, der mit Hilfe von Fernsehserien und leicht verständlich geschriebenen Büchern die Kunstgeschichte unermüdlich »popularisierte«, glaubte gern, daß »jeder« an den Freuden des Kunstverständnisses, wie er es verstand, teilhaben konnte; Geschmack sei nicht von »hoher sozialer Stellung, Bildung, aristokratischer Erziehung und alldem« abhängig.[6]

Wenn wir uns jedoch die Schriften von Männern ansehen, die Clarks Generation und Kultur angehören, finden wir beunruhigende Hinweise dafür, daß seine Auffassung etwas zu optimistisch sein könnte. Lewis Mumford, der wie Clark tadellose

6 In dieser Hinsicht schließt er sich der Auffassung an, die Bourdieu als den *discours mystique* bezeichnet und mit einer Passage aus der populären Zeitschrift *Réalités* veranschaulicht: »Ignorant, Eingeweihter – wer stünde nicht entwaffnet vor diesem Mysterium: dem Meisterwerk. Wir alle, tastend und unsicher das Gemälde erforschend, harren des Moments der Gnade, da die Botschaft des Malers auch zu uns dringt. Der stille Lärm Rembrandts, die unendliche Lieblichkeit Vermeers: keine Bildung läßt sie uns verstehen, wenn nicht zuvor in uns jene Ruhe eingekehrt ist, die der Erschütterung günstig ist« (1960, zitiert in Bourdieu 1982, S. 125).

fachliche Referenzen mit einem leichten, populären Schreibstil vereinigte, beschrieb den Besuch einer 1937 im New Yorker Whitney Museum gezeigten Realisten-Ausstellung. Mumford, der nicht versäumt, besonders darauf hinzuweisen, daß »es sich nicht um eine Vernissage für Kritiker gehandelt hatte«, erzählt uns, daß er

> »auf einmal der anderen Besucher bewußt wurde. Sie gehörten zu der Sorte von Leuten, die man bei einem Brand, nie jedoch in einer Kunstgalerie erwarten würde. Einige waren schwarz- und kraushaarige Männer mit Wangen wie westfälischer Schinken, Männer, wie man sie in Brooklyn bei *Cavanagh's* oder *Joe's* dinieren sieht; es gab geriebene, pferdegesichtige Burschen, die man, den Gliedmaßen und Schultern nach zu urteilen, eher auf Pferdekoppeln oder im Boxring als inmitten einer Gemäldesammlung antrifft. Politiker, Immobilienhändler, Bauunternehmer, Rechtsanwälte – was hatten sie hier verloren?« (Mumford 1979, S. 229)

Es stimmt, daß in dem halben Jahrhundert, das seit der Beobachtung dieser Szene vergangen ist, der Besuch von Kunstmuseen »demokratischer« geworden ist; die Anwesenheit von Politikern und Rechtsanwälten, die 1937 schockierend war, wäre es heute nicht mehr. Verschieben wir aber die Trennungslinie nur ein klein wenig, so gilt die Auffassung noch immer: es gibt bestimmte Leute, von denen wir erwarten, daß wir ihnen in Kunstausstellungen auf die Füße treten, und andere, von denen wir das nicht erwarten. Man braucht nur einmal durch das Museum of Modern Art in New York zu schlendern, dort luxuriöse Pelze zu streifen und den Duft teurer Parfums einzuatmen, um davon überzeugt zu sein, daß die Tatsache, daß Kunstmuseen allen Kreisen offenstehen, nur ein kleiner Faktor in einer ganzen Reihe von sozialen und kulturellen Bedingungen ist, die, wie es Bourdieu für Europa gezeigt hat, die Zugänglichkeit von Kunst in unserer Gesellschaft determinieren.

Wenn wir Bourdieus Ergebnisse mit Beobachtungen wie denen von Mumford verbinden, wird es immer schwieriger, den Kern des Kunstverständnisses in der »rein ästhetischen Reaktion« zu lokalisieren, wie Kenneth Clark und andere es vorzugsweise taten. Die Forscher, die sich in den achtziger Jahren mit dem Phänomen der ästhetischen Reaktion beschäftigen, beginnen – teilweise aufgrund der umfassenderen Dokumentation nichtwestlicher Kunst und teilweise aufgrund des historisch sich wandelnden Bildes, das sich aus dem Werk von Wissenschaftlern wie Francis Haskell abzeichnet –, die kulturellen Einflußfaktoren und deshalb die Relativität der Urteile selbst ernster in Betracht zu ziehen. Wenn sie bisher auch noch nicht befriedigend beschritten werden, stehen die Wege zur Erforschung ästhetischer Probleme in einem umfassend vergleichenden Sinne daher zumindest offen.

Joseph Alsops monumentales Werk zur westlichen Kunstkennerschaft veranschaulicht diesen Übergangszustand zwischen einer kulturgebundenen und einer kulturüberschreitenden Erforschung ästhetischer Erfahrung. Indem Alsop sein gesamtes Unternehmen auf den Unterschied zwischen »der kleinen Anzahl von Kulturen, die eine Kunstgeschichte haben« (die Antike, China, Japan, die Zivilisation des Islam und die der westlichen Gesellschaften seit der italienischen Renaissance), und allen anderen gründet (1986, S. 30; s. auch 1981), gelingt es ihm, Fragen aufzuwerfen, deren Relevanz für jene »anderen« größer ist, als er es sich vorstellt.[7] Im Verlauf einer faszinierenden Darstellung der Geschichte großer Fälschungen und der Auswirkungen, die ihre Entdeckung auf den Betrachter hatte, unterscheidet er zwei Ebenen der Reaktion auf ein Werk der bildenden Kunst. Die erste, auf dem basierend, »was dem menschlichen Auge gefällt«, ist die »rein ästhetische Reaktion«, die »es in allen Kulturen gibt«, die aber gleichzeitig »bis zu einem gewissen Grad von der kulturellen Formation abhängig ist«. Die zweite Reaktion basiert auf dem erworbenen Wissen des Betrachters um die Stellung des Gegenstands im Kontext einer dokumentierten Kunstgeschichte; diese »historische Reaktion« wird als besonderes Merkmal einer kleinen Zahl von Zivilisationen, unsere eigene eingeschlossen, aufgefaßt.

---

7 Zur Diskussion der weitverbreiteten Unterscheidung zwischen Gesellschaften mit und ohne Kunstgeschichte s. Kap. 4.

In den Fällen, in denen ein bewundertes und allgemein als »echt bescheinigtes« Kunstwerk als »Fälschung« erkannt wird (meist aufgrund von Laboruntersuchungen oder Archivdokumenten, was also nichts mit der äußeren Erscheinung des Gegenstands zu tun hat), »erklärt die historische Reaktion der ästhetischen gewissermaßen den Krieg; und... (gewöhnlich) besiegt die historische die ästhetische vollkommen« (Alsop 1986, S. 30). Die visuelle Wahrnehmung der von diesen Fälschungsenthüllungen unmittelbar Betroffenen (die z.B. im Glauben an die »Echtheit« der Werke hohe Preise dafür bezahlt haben), wird von der Entdeckung des »unreinen« Ursprungs des Werks beeinflußt.

Alsop packt seine Erklärung des Phänomens, daß sich die visuelle Wahrnehmung ändern kann, ohne daß sich der Gegenstand selbst verändert, in eine Fußnote. Ich glaube aber, daß die Erklärung für die von ihm behandelten Themen wichtig ist, und ganz sicher ist sie von zentraler Bedeutung für das Thema dieses Buches hier. Zur Stütze seines kunsthistorischen Arguments zitiert Alsop eine wissenschaftliche Studie zur Sinneswahrnehmung und begibt sich in die Gefilde der Kulturanthropologie, wenn er bemerkt (hier zitiert er Israel Rosenfields Bericht über die Forschungsergebnisse von Gerald M. Edelman), daß unser Sehen stark von »unserer Fähigkeit abhängt, die Welt um uns herum in Kategorien einzuordnen« (1986, S. 30). Wenn wir uns ein bestimmtes Gemälde ansehen, nehmen wir nicht nur einen bestimmten Gegenstand wahr, sondern ordnen ihn gleichzeitig (beispielsweise) der *Kategorie* »Picasso« oder »Fälschung« zu. Eine wichtige Aufgabe von Kulturanthropologen ist es herauszufinden, welche Kategorien (wie »Fälschungen« und »Picasso«) eine bestimmte Gruppe von Menschen bildet, auf die sie sich in ihrem Alltagsleben bezieht; Alsop hat zweifellos recht, wenn er die Bedeutung dieser Kategorien auch im Zusammenhang mit Kunstkennerschaft betont. Die Veränderung im »Erkennen« eines von einem Meisterwerk in eine Fälschung umdefinierten Gegenstands hilft uns zu erhellen, wie sehr Kontextualisierung an *jedem* Seherlebnis beteiligt ist. »Kontextualisierung« geht auf so vielfältige, häufig äußerst subtile Weisen in das Erleben ein, daß Betrachter ihren Einfluß kaum bemerken. Zusätzlich zu den in Katalogen oder Schrifttafeln enthaltenen explizit didaktischen Botschaften enthält die unmittelbare Umgebung, in der sich ein Gegenstand befindet – z. B. sein überladener Goldrahmen, sein Auftauchen auf einem Flohmarkt, seine Ähnlichkeit mit etwas, das dem Betrachter einmal gehörte, das Wissen, das er von einem »Stammes«-Künstler stammt, ein Schildchen, das seinen Preis nennt, oder auch leise Bewunderungs- bzw. Mißbilligungsseufzer von anderen Betrachtern – versteckte Hinweise, wie er zu »lesen« ist. In Anbetracht von Alsops Bekenntnis, daß das, »was an Kunstwerken das menschliche Auge erfreut, in einem gewissen Maß von der kulturellen Formation abhängt«, wäre es vielleicht klüger, eine weniger definitive Trennungslinie zwischen »der rein ästhetischen« und der »historischen Reaktion« zu ziehen, als er es tut. Denn die Unterscheidung zwischen der Reaktion eines Betrachters auf ein echtes Werk und der auf eine Fälschung, eine Unterscheidung, die Alsop der »historischen Reaktion« zuordnet, ist nur eines von zahllosen Beispielen dafür, wie wir Kunstwerke mit vorgeformten Kategorien wahrnehmen. Wir erkennen Gegenstände nicht bloß als echte und gefälschte, sondern auch als meisterhafte oder gewöhnliche, klassische oder moderne, elitäre oder populäre, dem Rokoko oder Minimalimus zugehörige Werke und was der gegensätzlichen, nicht immer in das Schubfach des »historischen« oder »ästhetischen« Bewußtseins einzuordnenden Möglichkeiten mehr sein mögen.

Wie John Berger (1973) argumentiert hat, ist, »was wir sehen und was wir wissen«, unmöglich zu entwirren. Bergers Auffassung von dieser konzeptuellen Beeinflussung der visuellen Wahrnehmung betont die damit verknüpften Machtbeziehungen; nach seiner Sicht diktiert und begrenzt »die esoterische Betrachtungsweise einiger weniger, spezialisierter Experten, die Sachwalter der Nostalgie einer in Verfall befindlichen herrschenden Klasse sind«, die ästhetischen Sensiblitäten derer, die Kunst sonst auf ganz andere Art und Weise auf ihr Leben beziehen würden.

Ob wir nun anerkannte Kenner in Geschmacksangelegenheiten für begabte Führer oder despotische Diktatoren halten, eines scheint sicher, daß nämlich *beide*, die Kenner wie ihre Gefolge, an einem Erlebnis teilhaben, das bei weitem komplexer – im Sinne kulturell erlernter Anhaltspunkte – als eine einfache Reaktion auf visuelle Reize ist. Franz Boas hätte vielleicht gesagt, das sehende Auge ist ein Organ der Tradition.[8]

8 Ähnlich wie »Spiel's noch einmal, Sam« (was Bogart in *Casablanca* in Wirklichkeit nie gesagt hat), scheint dieses – bei Marshall Sahlins (1985, S. 145) in Anführungsstriche gesetzte – »ehrwürdige Boas'sche Prinzip« zuerst von Ruth Benedict (1943, S. 60; siehe auch Stocking 1968/1982, S. 145) in (ungefähr) diese Worte gefaßt worden zu sein.

2

Universalitätsprinzip

Wir sind eine menschliche Familie, und natürlich gibt es verschiedene Hautfarben und verschiedene Weisen, sich zu kleiden, und etwas verschiedene Sprachen, aber man findet (überall) das gleiche, und das ist es, was so außergewöhnlich ist. … Es ist das gleiche, meine Liebe. … Es gibt überhaupt keinen Unterschied. Und das ist so beruhigend. – *Millicent Fenwick, frühere Kongreßabgeordnete, US-Bevollmächtigte bei der UNFAO und angebliches Modell für Lacey Davenport in den Doonesbury Cartoons*[1]

Wir beginnen unsere Erkundung der »westlichen« Vorstellungen über nichtwestliche Kunst mit dem Hinweis auf ein auffälliges und erstaunliches Merkmal der Welt am Ende des zwanzigsten Jahrhunderts – die Zugänglichkeit der verschiedenen Kulturen dieser Welt für die, die Angehörige der »westlichen« Gesellschaft sind. Geschwindigkeit, Verfügbarkeit und geringe Kosten von Flugreisen (ganz gleich, ob es sich dabei um Charterflugzeuge, Privatjets, Hubschrauber oder Cessnas handelt) haben die entferntesten Winkel menschlicher Zivilisation selbst für Gelegenheitsreisende erreichbar gemacht, und Entfernungen, die früher von Expeditionen im Laufe von Monaten zu Fuß zurückgelegt wurden, werden heutzutage bequem sitzend in wenigen Stunden überwunden. Selbst für die, die zu Hause bleiben, sind die exotischen Bilder von der Verschiedenartigkeit der Welt – eine Verschiedenartigkeit, die lange Zeit der Vorstellungswelt der Leser durch Druckerzeugnisse nahegebracht wurde – mit der Bewegung und Farbe in Filmen und im Fernsehen lebendig geworden. Dank der Satellitenübertragung errei-

1 Zitiert von Ruth E. Gruber, in »A Stateswoman Goes Home«, *International Herald Tribune*, 19. Februar 1987, S. 16.

chen uns in New York Nachrichten über einen Erdrutsch in den Bergen von Kolumbien ungefähr zur gleichen Zeit, wie die Bewohner Bogotas davon hören. Und das Weltmarktsystem garantiert dafür, daß jeder – vorausgesetzt, daß er über die finanziellen Mittel verfügt – alles aus allen Teilen der Welt besitzen kann: in den Lebensmittelläden in Paris kann ich jeden Tag frische Mangos und tropisches Wurzelgemüse kaufen; im ländlichen Martinique verkauft der zweimal wöchentlich vorbeikommende Gemüselastwagen europäische Äpfel und Zwiebeln; und wenn Nordamerikaner im Restaurant essen gehen wollen, können sie zwischen allen Küchen der Welt wählen.[2]

... Die Welt gehört uns.

Diese, den ganzen Planeten umspannende Nähe hat, aus »westlicher« Perspektive betrachtet, den Beiklang von Einheit, Gleichheit und Brüderlichkeit. Einem Fernsehwerbespot für Coca-Cola ist eine ihrer erfolgreichsten Darstellungen gelungen (ein Meer von Gesichtern in vielen Farbschattierungen, alle lächelnd und durch menschliche Wärme und die gemeinsame Freude an den guten Dingen des Lebens, Coke eingeschlossen, vereint). Der Hit von 1985, »We Are the World«, könnte sehr gut den Musikpreis erhalten, denn das brüderliche Lächeln der Sänger, ihre phänotypische Unterschiedlichkeit und ihre altruistischen Schallplattenverträge gruben sich tief in das Bewußtsein derer ein, die die Melodie mitsummten; tatsächlich fängt dieses Lied des Triumphs über den Hunger (oder zumindest des entschiedenen Optimismus bezüglich dieses Ziels) viel von der »Familie

2 Clifford Geertz vertritt denselben Standpunkt, wenn er feststellt, daß »wir mehr und mehr inmitten einer enormen Collage leben«, die zum Beispiel entsteht durch »die Migration von Küchen, Kleidung, Einrichtung und Dekor (Kaftane in San Francisco, *Colonel Sanders* in Jogjakarta, Barhocker in Kyoto); das Auftauchen von *gamelon*-Themen im Avantgarde-Jazz, von Indiomythen in Latinoromanen, Zeitschriftenbildern in afrikanischer Malerei. Vor allem aber rührt das daher, daß die Person, der wir im Lebensmittelladen, in der Post oder in der Bank begegnen, genauso gut, oder beinahe genauso gut aus Korea wie aus Iowa, aus Algerien wie aus der Auvergne, aus Bombay wie aus Liverpool stammen kann« (1986, S. 121).

Mensch«-Ideologie ein, deren »Brüderlichkeit« eine idyllische Rückkehr zur Kindheit bedeutet (»We are the world; we are the children…«), und es bezieht einen Großteil seiner Anziehungskraft aus der Befriedigung, die philantropisches Wohlwollen hervorruft. Wenn die US-Version dieser Ideologie von einer kapitalistischen Werbung für Limonade und die britische Version von der von Rockstars gemachten Werbung für gute Taten verkörpert worden ist, so hat diese Ideologie vielleicht am besten die französische Version eingefangen: ein Wohltätigkeitsplakat, das im Frühjahr 1986 Pariser Reklametafeln zierte und auf dem ein kleines blondes Mädchen einen wohlmeinenden Kuß auf die Stirn eines kleinen schwarzen Jungen drückt, während seine afrikanisch gekleidete Mutter mit leerem Blick untätig in die Ferne starrt.[3]

Diese Vereinnahmung der Brüderlichkeitsideologie zu kommerziellen Zwecken wird in jüngster Zeit vom Werbeslogan »The United Colors of Benetton« fortgesetzt – ein bildlich zur Geltung gebrachtes Wortspiel, das die vielfarbigen italienischen Kleidungsstücke, für die geworben wird, mit den in der Anzeige zu sehenden vielfarbigen Menschen verknüpft; auch hier wieder handelt es sich nicht um einen Zufall, daß die Models Kinder sind (obwohl die meisten Benetton-Kleidungsstücke für Erwachsene gemacht zu sein scheinen). Alle diese Versionen, ob sie nun darauf zielen, Geld für die Hungernden oder für die Wohlgenährten zu beschaffen, suggerieren eine bestimmte Menschenliebe. Denn aus der privilegierten Perspektive weißer Europäer und Amerikaner ist die Vermischung der Rassen ein Akt der Toleranz, Freundlichkeit und Wohltätigkeit. Die »Gleichheit«, die man den Nicht-Europäern (und ihrer Kunst) gewährt, so die

3 Das philantropische Bild eines kleinen blonden Mädchens, das einem kleinen schwarzen Baby Zuneigung erweist, ist zu einem solchen Standardklischee in unserer Gesellschaft geworden, daß es in Michael Jacksons Pop-Gospel-Video, »Man in the Mirror« von 1988, (zusammen mit Bildern von John F. Kennedys Begräbnis und von Protesten gegen den Vietnamkrieg) aufgenommen worden ist.

zugrundeliegende Implikation, ist nicht eine natürliche Spiegelung menschlicher Äquivalenz, sondern vielmehr das Resultat »westlichen« Wohlwollens.[4]

Diese Überlegung trägt dazu bei, die sonst ziemlich merkwürdig erscheinende Einführung André Watts' in die Konzertwelt durch Leonard Bernstein im Jahre 1963 um einiges verständlicher zu machen. Watts' rassische Identität, die Bernsteins Stolz darauf, ihn persönlich entdeckt zu haben, sicherlich ganz wesentlich förderte, wurde nie direkt erwähnt; sie kam aber, nachdem sie gereinigt, erhöht und in eine Art Märchenstatus verwandelt worden war, in einem euphemistischen Vergleich des Auftretens Watts' mit dem eines »jungen persischen Prinzen« zum Vorschein. Den potentiell beleidigenden Begriff einer »Mischehe« in einen neutraleren Kommentar zu Watts' »gemischtem Namen« umbiegend, pries Bernstein die Freuden internationaler Brüderlichkeit.

»Sein Name ist André Watts, und dieser gemischte Name kommt dadurch zustande, daß er einen amerikanischen Vater namens Watts und eine ungarische Mutter hat, die sich in Nürnberg, Deutschland, kennengelernt haben, wo Andrés Vater als Angehöriger der US-Streitkräfte stationiert war. Ich mag diese Art von Geschichten. Ich glaube, daß internationale Ehen äußerst bemerkenswerte Menschen hervorbringen.«

Bernsteins Absicht war es, seine Unterstützung zu begründen und seiner Bewunderung Ausdruck zu verleihen; tatsächlich spielte er jedoch die Rolle des weißen Gönners gegenüber einem schwarzen Musiker, und dieser gönnerhafte Unterton schwang bis hin zu den Schlußworten seiner Einführung mit: »Mit Herzlichkeit und *Stolz*: André Watts.«

Die Einführung »primitiver Kunst« in eine der westlichen

4 Zu welchen Ironien es führt, wenn rassische Gleichheit als das Produkt weißer Großzügigkeit aufgefaßt wird, für die Nicht-Weiße ihren Wohltätern Dank schulden, siehe Arna Bontemps Skizze der Mrs. Eulalie Rainwater (1973, S. 71–87) und James Baldwins »Journey to Atlanta« (1955, S. 73–84). In jüngerer Zeit fühlte sich Jesse Jackson, der eine Reaktion der Demokratischen Partei auf sein starkes Abschneiden 1988 bei den Vorwahlen zum Präsidentenamt erwartete, zu dem Hinweis aufgerufen: »Wir sprechen nicht von Großzügigkeit, wir sprechen von Reziprozität.«

Elitekulturinstitutionen (ganz gleich, ob es sich dabei um das Metropolitan Museum of Art, das Museum of Modern Art oder das Musée du Louvre handelt) wird gewöhnlich mit ähnlicher Herzlichkeit und ähnlichem Stolz angekündigt. Auch hier ist der Stolz (ein Gefühl, das seltener im Zusammenhang mit Perugino oder Matisse als im Zusammenhang mit dem »primitiven Menschen« geäußert wird) auf die gleiche ungenannte Prämisse zurückzuführen, daß solche Ereignisse durch eine äußerst lobenswerte Toleranz und Großzügigkeit seitens der Gastkultur zustande kommen. Das europäisch-euroamerikanische Erbe hat praktisch per definitionem, so die zugrundeliegende Logik, in einzigartiger Weise das geistige Rüstzeug dafür, eine derartig aufgeklärte Wertschätzung kultureller Verschiedenartigkeit zu ermöglichen. So wird der »westliche Mensch« zu dem, der für die Vergabe der Einladungen zur Teilnahme an der »Brüderlichkeit des Menschen« verantwortlich ist.

Carl Sandburgs Vorwort im Katalog zur Photoausstellung *Familie Mensch* des Museum of Modern Art im Jahre 1955 stellt die klassische Formulierung dieser erfreulichen menschlichen Einheit dar:

»Der erste Schrei eines neugeborenen Babys in Chicago oder Zamboanga, in Amsterdam oder Rangun, hat immer dieselbe Tonhöhe und -lage und bringt zum Ausdruck: ›Ich bin! Ich bin herausgekommen! Ich gehöre dazu! Ich bin ein Mitglied der Familie.‹

... Menschen! Weit in die Welt geworfen, in Mühsal, Kampf, Blut und Träume hineingeboren, inmitten von Liebenden, Essenden, Trinkenden, Arbeitern, Müßiggängern, Kämpfern, Spielern, Glücksspielern... – eine große Familie, die sich, um leben und existieren zu können, eng an den Erdball klammert.

Hier wie dort (in den Photographien) kannst du eine verblüffende Harmonie erkennen, und du wirst sagen: ›Diese Schönheit, die ich besser verstehen möchte, wird mir lange Zeit nicht aus dem Kopf gehen.‹...

Überall haben die Sonne, der Mond und die Sterne, das Klima und das Wetter für die Menschen Bedeutung. Obwohl sich die Bedeutungen unterscheiden, gleichen wir uns in allen Ländern und Stämmen hinsichtlich des Versuchs zu verstehen, was Himmel, Land und Meer uns sagen wollen. Auf allen Kontinenten gleichen wir uns und werden wir uns immer gleichen hinsichtlich des Bedürfnisses nach Liebe, Nahrung,

Kleidung, Arbeit, Sprache, religiösem Kult, Schlaf, Spiel, Tanz, Unterhaltung. Von den Tropen bis zu den arktischen Regionen leben die Menschen mit diesen Bedürfnissen so gleich, so erstaunlich gleich.« (Sandburg 1955, S. 2)

Seit der Veröffentlichung dieser Formulierung trat Leonard Bernstein, dessen Überschwang gegenüber seinen »Mitmenschen« seinen musikalischen Kompositionen besondere Energie verlieh und einen wesentlichen Bestandteil der von ihm in der amerikanischen Gesellschaft gespielten Rolle bildete, heftig für pan-menschliche Brüderlichkeit ein. Sein 1976 erschienenes Buch *The Unanswered Question* (dt. 1979: *Musik – die offene Frage*; es basiert auf Vorlesungen, die er auf Einladung der Harvard-Universität als Inhaber des Charles Eliot Norton-Poetik-Lehrstuhls hielt) stellt eine Verbindung zwischen Musik und Sprache, Bildung und Gefühl her und zwar mit dem ausdrücklichen Ziel, Belege für »das Universalitätsprinzip«, wie er es nennt, zu erbringen. Seine Argumentation verdient unsere kritische Aufmerksamkeit nicht nur, weil »Bernstein in Harvard« ein Zusammentreffen von unzweifelhaftem kulturellem und wissenschaftlichem Rang bedeutete, sondern auch weil Aspekte seiner Vision in unserer späteren Betrachtung »westlicher« Einstellungen gegenüber »primitiver Kunst« wieder auftauchen werden.

Seine für lange Zeit bestehende Faszination für die Vorstellung einer weltweiten, universellen musikalischen Grammatik bekennend, erzählt Bernstein, wie alles damit begann, daß er als Student die »verblüffende Entdeckung« machte, daß in Werken, die keinerlei Beziehung zueinander hatten, immer wieder eine einzelne Vier-Noten-Sequenz auftauchte:

»In diesem Augenblick setzte sich in meinem Kopf eine Vorstellung fest: Es muß einen tiefen, uralten Grund dafür geben, daß diese voneinander unabhängigen Strukturen der gleichen vier Noten den Kern so ungleichartiger Kompositionen wie jener von Bach, Copeland, Strawinsky und des Uday shan-kar [sic] Tanz-Ensembles bilden können.« (Bernstein 1979, S. 15)

Die Lektüre von Noam Chomskys *Sprache und Bewußtsein* im Jahre 1969 erweckte diesen lange schlummernden Traum, den

Bernstein dann in seinen Norton-Vorlesungen entwickelte. In der ersten dieser Vorlesungen legt er seine Gründe dar, warum er sich entschied, Musik und Linguistik miteinander zu verbinden:

»In Wirklichkeit ist die Musik nicht nur eine geheimnisvolle und umschreibende Kunst, sie ist auch ein Kind der Naturwissenschaft. Sie besteht aus mathematisch meßbaren Bestandteilen: Schwingungszahlen und -dauern, Dämpfungseinheiten und Intervallen. Deshalb muß jeder Versuch, Musik zu erklären, aus einer Verbindung von Mathematik und Ästhetik bestehen, so wie die Sprachlehre Mathematik mit Philosophie, mit Soziologie oder mit was sonst immer verbindet. Gerade aus diesem interdisziplinären Grund bin ich von der neuen Sprachlehre so gefesselt: sie verschafft einen neuen Zutritt zur Musik. Warum also nicht ein Forschen in sprachmusikalischer Richtung, so wie es ja bereits sprachpsychologische und sprachsoziologische Forschungsrichtungen gibt?« (Bernstein 1979, S. 17)

Dann geht er dazu über, einige anekdotische Belege für den »gemeinsamen Ursprung« verschiedener Sprachen anzuführen (indem er zum Beispiel das spanische *hablar* und das portugiesische *falar* auf das lateinische *fabulare* zurückführt). Das steigert sich dann bis zu seiner Billigung der Theorie der Monogenese, die postuliert, daß alle Sprachen einer einzigen Quelle entspringen. Dieses Postulat erlaubt ihm, die Einheit der Menschheit – hier folgt er den Fußstapfen Sandburgs – auf einen präkulturellen Säuglingsschrei zurückzuführen.

»Ein treffliches Wort, Monogenese, und eine aufregende Theorie. Sie hat mich immerhin derart aufgeregt, daß ich eine Nacht lang wach lag und meine eigenen monogenetischen Spekulationen anstellen mußte. Ich versuchte mir vorzustellen, ich sei so ein menschenähnliches Ur-Wesen, versuchte nachzuempfinden, was einer dieser frühesten Ahnen empfunden und verbal ausgedrückt haben mochte. Ich kritzelte Seite um Seite voll einsilbiger Wörter, die mir irgendwie zu stimmen und irgendwie zusammenzugehören schienen und mich in ihrer seltsamen Logik beglückten.

Ich stellte mir vor, ich wäre ein menschenähnliches Kindwesen, das gerade dalag und befriedigt seine soeben entdeckte Stimme ausprobierte. Mmmm... Dann bekam ich Hunger: MMM! MMM! Ich wollte die Aufmerksamkeit meiner Mutter auf mich lenken. Und als ich meinen Mund öffnete, um ihre Brust aufzunehmen – MMM-AA! sieh da, ich hatte ein Urwort erfunden: MA, Mutter. MA muß eines der ersten Urworte gewesen sein, die je ein Mensch ausgestoßen hat; bis auf den heutigen Tag findet sich in den meisten Sprachen ein Wort für Mutter, das aus dieser – *Morphem* genannten – Wurzel MA oder einer ihre Lautvarianten hervorgeht. .... Also, das war ein kleiner Triumph.« (Bernstein 1979, S. 20–21)

Nachdem er eine Reihe von aus ähnlichen Erfahrungen abgeleiteten Hypothesen entwickelt hat, gelangt Bernstein zu einer Theorie, die Worte mit der Bedeutung »klein« mit Worten gleichsetzt, die »schlecht«, und Worte mit der Bedeutung »groß« mit solchen, die »gut« bedeuten:

»... irgendwie stimmte alles zusammen... Irgendwo jenseits und außerhalb dieser verhältnismäßig neuen Sprachen muß, so hoffte ich wie ein Liebender, eine allgemeine Ur-Zunge verborgen sein, die in ihrem Schoß die große Simultangleichung birgt:

Groß = Gut
und
Klein = Schlecht

Triumph!« (Bernstein, S. 22)

Trotz seiner Berufung auf Chomsky erhob Bernstein nicht den Anspruch, seine Theorie sollte wissenschaftliche Zustimmung finden. Das Eingeständnis persönlicher Erregung (er spricht davon, gespannt zu sein, und benutzt Sätze wie »Ich hoffte inständig«) entrückt seine Vorschläge eindeutig in das Reich des ideologisches Diskurses, und genau das macht sie so interessant im gegenwärtigen Kontext. Die Ideologie, deren Zielen diese Vorschläge dienen, wird klar und direkt benannt: »Wenn dieses [großartige] Ziel [Universalien in der menschlichen Sprache zu belegen] erreicht und das Universalitätsprinzip bewiesen werden kann, könnte sich dies als zeitgerechte und willkommene Bestätigung allmenschlicher Verwandtschaft herausstellen.« (1979, S. 19)

Bernsteins Versuch, das »Universalitätsprinzip« zu beweisen, ist ein besonders gewagtes Unterfangen, weil es das, was den

Menschen überall auf der Welt am wenigsten gemeinsam ist – die Elemente spezifischer Sprachen – zum rhetorischen Ausgangspunkt nimmt. Die zweite fragwürdige Voraussetzung ist die Annahme, die Linguistik biete ein zugänglicheres Theoriengebäude als die Musik, da jeder sich einer Sprache bedient, aber nicht jeder Musiker ist. »Nur durch gleichlautende Sprachbeispiele kann man so schwierige Zergliederungsvorgänge wie das Phrasieren von Takten auch Laien wirklich nahebringen. Die Sprache ist unser Allgemeingut und daher unser gemeinsamer Nenner für syntaktische Nachweise – vor Musikern wie vor Laien« (1979, S. 113). Wie wir jedoch immer wieder im Verlauf dieses Buches sehen werden, kann ideologisches Engagement solche Hindernisse leicht überwinden, und deshalb ist Bernstein in der Lage, seine Argumente mit dem überschäumenden Kommentar »Triumph!« zu unterstreichen.[5]

Auch Äußerungen zur bildenden Kunst als Widerspiegelung der Einheit menschlicher Erfahrung haben typischerweise etwas von dieser freudigen Stimmung an sich, die Leonard Bernstein überkommt, wenn er über Musik redet. Kunstsinnigkeit ist eine Universalie ganz anderer Art als beispielsweise Neid oder Ehrgeiz; sie gehört eindeutig zur bewundernswerten Seite der menschlichen Natur, und wenn Autoren schreiben, daß sie diese Universalie mit ihren »Mitmenschen« teilen, so ist das eine großzügige, liebevolle Geste:

»In all ihren Formen ist Kunst, historisch betrachtet, die am besten geeignete Sprache zum Ausdruck des Einklangs der Seelen in gemeinsam empfundenem Vergnügen, denn das ist einer ihrer größten Werte – ein Vergnügen, das alle teilen, die zu sehen und zu fühlen willens sind, eine umfassende internationale Sprache, mit der sich die Menschen über

5 Die New Age-Bewegung scheint mir die jüngste Variante des »Universalitätsprinzips« zu sein. Ihre Anhänger, die nicht nur Menschen aus allen Winkeln der Erde sind, sondern selbst die vereinen, die in die jenseitige Welt übergegangen sind, leisten dem pan-menschlichen Verständnis durch solche Aktionen wie die »Harmonische Konvergenz« von 1987 Vorschub, bei der Tausende von Menschen sich an »Druckpunkten« überall auf der Welt versammelten, wo sie »sich umarmten, an den Händen hielten und sangen – vereint in der Überzeugung, daß dies eine neue Ära der Weltharmonie einleiten werde« (Blow 1988, S. 24).

Jahrhunderte hinweg und in der ganzen Welt verständigen und von der sie ergriffen werden können.« (Seligman 1961, S. 266)

Oder mit anderen Worten:

»Kunst vereint, denn sie ist der augenfälligste Ausdruck des Völker verbindenden, allgemein menschlichen Empfindens.« (Anon. 1970, S. 2)

Diese Haltung überschwenglicher Bewunderung scheint immer mehr Mode zu werden. Wie Hilton Kramer in einem Kommentar zum neu eröffneten Rockefeller-Flügel des Metropolitan Museum of Art bemerkte, ist

»die Neigung, primitive Kultur- und Erlebensformen als den unseren gleichwertig anzusehen [was an anderer Stelle des Artikels als »primitivistische Ideologien der modernen Kultur« bezeichnet wird] und in mancher Hinsicht sogar für überlegen und vitaler zu erachten, ... nicht länger einer Minderheit von Kulturvisionären eigen, sondern hat als Teil der Hauptströmung des kulturellen Lebens einen neuen Status erhalten.« (Kramer 1982, S. 62)

Kramer fuhr fort mit dem Hinweis auf die Tradition

»eines gewissen Hangs des westlichen Denkens... [davon auszugehen], daß unsere Zivilisation allen Grund hatte, die emotionale Intensität und religiöse Ehrfurcht, die wir so ohne weiteres in den Ritualen und Erfahrungen primitiver Kulturen ausgedrückt finden, zu beneiden und sie vielleicht sogar selbst anzustreben.

Außerdem wimmelt es in unserer eigenen Gesellschaft von Therapien und Kulten, die versprechen, diese primitive Intensität und dieses Ganzheitsgefühl den emotionalen Opfern einer Zivilisation, die nicht mehr auf die intellektuelle und moralische Loyalität ihrer privilegiertesten Mitglieder zählen kann, zurückzugeben. In einer Welt, in der man den Primitiven für eine Art Aristokrat des Gefühls und des Geistes hält, weil er ein direkteres und besseres Verhältnis zu seinen Trieben und Begierden und vielleicht sogar zu Gott hat, als wir es unter den Zwängen des modernen Lebens je erreichen können – ist es da ein Wunder, daß primitive Kunst zu neuem kulturellem Rang erhoben wird? Manchmal hat es den Anschein, als ob die ganze Geschichte der Moderne – mit ihrer Verherrlichung des Irrationalen und des Apokalyptischen – eine sorgfältige und langwierige Vorbereitung auf diese großartige Apotheose gewesen ist.« (Kramer 1982, S. 62)

Gleichzeitig kann die Auffassung bestehen, Kunst thematisiere überall auf der Welt die allgemeinen Probleme und die Not der Menschen. In einem *New York Times*-Interview argumentierte Susan Vogel (anläßlich des Eröffnung der New Yorker Center for African Art, dessen Leiterin sie ist) folgendermaßen:

»[Die Gegenstände] ›handeln von Leben und Tod, Geburt, Überleben, dem Leben nach dem Tod, von Macht.‹ Sie fügte hinzu, daß die meisten Museumsbesucher kaum etwas über die Herkunft der Stücke wüßten, die Skulpturen aber dennoch eine Wirkung hätten.

›Ob man in Manhattan lebt‹, sagte Mrs. Vogel, ›und von dem Riesenunternehmen, für das man arbeitet, schikaniert wird, oder in Mali und sich wegen der Insekten und der Dürre sorgt, die die Ernte zerstören, die Kernprobleme sind die gleichen: Wohlstand, Gesundheit, Überleben. Die ausgestellten Gegenstände sprechen unmittelbar über solche Dinge.‹« (McGill 1984b)

Ganz gleich, wer diese Worte sprach (denn dieses Zitat ist journalistisch bearbeitet, deshalb kann seine Autorschaft irgendwo zwischen Vogel und ihrem Interviewer liegen), sie drücken eine Vorstellung aus, die oft für etwas Selbstverständliches gehalten wird. Was dabei jedoch nicht zugegeben wird, ist, daß ein Kommentator, der über »Kernprobleme« spricht, das zu benennen glaubt, um das sich bestimmte Menschen vor allem anderen Sorgen machen; dabei wäre es zumindest wert, den Gedanken in Betracht zu ziehen, daß nicht jeder dieselbe Wahl trifft. Zum Beispiel ist es möglich, daß in Mali viele Bauern, wenn sie den Lebensstil von Managern eines Großunternehmens in Manhattan kennten, die Behauptung bestreiten (oder etwas phrasenhaft finden) würden, in ihrem eigenen Leben und dem von Managern stünde die gleiche Art von Kämpfen im Mittelpunkt. Es könnte immerhin sein, daß man, wenn man das Streben dieser beiden Gruppen nach »Wohlstand« und »Überleben« in einen Topf wirft, diese, zugegebenermaßen dehnbaren Kategorien, etwas zu sehr dehnt. Eine der Fragen, die in diesem Buch ganz gewiß immer wieder auftauchen wird, ist, in welchem Maß wir alle Kunst als Ausdruck derselben »Kernprobleme« auffassen können und bis zu welchem Grad das Kunstschaffen verschiedener Völker Ausdruck ihrer ganz besonderen Weltauffassung und des Ortes ist, den sie sich in dieser Welt geben.

Das gleiche Thema hat Edmund Carpenter im Zusammenhang mit der Eskimo-Kunst aufgegriffen und auf die Arroganz hingewiesen, die etwa der Behauptung zugrundeliegt, die Kunst der »Primitiven« sei »direkter« oder »elementarer« als unsere eigene.

»Henry Moore [soll behauptet haben, primitive Kunst] ›macht eine einfache Aussage, sie hat es hauptsächlich mit dem Elementaren zu tun, und ihre Einfachheit geht auf unmittelbare und starke Gefühle zurück..., die auffallendste Eigenschaft, die aller primitiven Kunst gemeinsam ist, ist ihre intensive Vitalität. Es ist eine Kunst, die von Menschen in direkter und unmittelbarer Reaktion auf das Leben geschaffen ist.‹

Solche Behauptungen sind falsch. Ganz gleich, wie nackt ein Volk ist, ganz gleich, in welch schwieriger Situation die Menschen leben, niemand führt ein ›elementares‹, ›einfaches‹, ›direktes‹, ›unmittelbares‹ Leben. Überall auf der Welt bringen Menschen komplexe Strukturen hervor und nehmen solche wahr; sie leben in symbolischen Welten, die sie selbst geschaffen haben.« (Carpenter 1983)

Oder, wie Raymond Firth es ein halbes Jahrhundert früher ausgedrückt hat, als er das Interesse der Surrealisten an »primitiver Kunst« erörterte:

»Das Freudsche Dogma, das den Wilden mit dem Kind gleichsetzt, wird ungeprüft übernommen, der primitive Mensch soll angeblich frei von den Fesseln sein, die den zivilisierten Menschen behindern, und fähig sein, seine instinktiven Impulse direkt in seiner Kunst auszudrükken. So einfach ist die Sache nicht.« (Firth 1936/1979, S. 30)[6]

---

6 Das gleiche Argument brachte Richard Bauman auf dem Gebiet der Literatur an, wenn er auf Vorstellungen verweist, »die stark durch ethnozentrische und elitäre Vorurteile gefärbt sind, welche die Klassiker der westlichen schriftlichen Literatur über die mündliche und Volksliteratur erheben, und außerdem durch aus dem neunzehnten Jahrhundert stammende Konzeptionen von der *Folk-Society* geprägt sind – Konzeptionen, die ein Bild von oraler Literatur gezeichnet haben, das diese als einfach, formlos, bar jeder künstlerischen Qualität und Komplexität, als den kollektiven Ausdruck ungebildeter Bauern und Primitiver darstellte, die, von Tradition und sozialen Normen eingeschränkt, keinen Ausdruck individueller Kreativität entwickeln konnten.« (Bauman 1986, S. 7)

Die Theorie, Kunst sei eine die gemeinsamen Freuden und Sorgen aller Menschen ausdrückende »universelle Sprache«, ist fest auf die Vorstellung gegründet, künstlerische Kreativität habe ihren Ursprung tief in der Psyche des Künstlers. Die Reaktion auf Kunstwerke wird so eine Angelegenheit von Betrachtern, die die psychologischen Realitäten, die sie als Mitmenschen mit dem Künstler gemein haben, erschließen. Lewis Mumford drückte diesen allgemeinen Gesichtspunkt mit seiner rhetorischen Frage aus: »Wenn das, was wir in einen Rorschach-Tintenklecks hineinlesen, unsere innerste Natur enthüllt, gibt es dann irgendetwas, das in den komplexen und bewußten sinnträchtigen Kunstsymbolen nicht von uns gefunden und enthüllt wird?« (Mumford 1979, S. 215)

Innerhalb dieses allgemeinen Schemas ist es eine weitverbreitete Meinung, daß die »primitive Kunst« – mehr als irgendeine andere Kunst der (ganz gleich ob westlichen oder orientalischen) »Hochkulturen« – unmittelbar und spontan aus psychischen Trieben hervorgeht. So wie Kinder weinen, wenn sie hungrig sind, und gurren, wenn sie zufrieden sind, glaubt man von »primitiven« Künstlern, daß sie ihre Gefühle frei von der das Werk des »zivilisierten« Künstlers formenden Zwangsjacke erlernten Verhaltens und bewußter Selbstbeherrschung ausdrücken. Und genau diese Qualität wird oft als Katalysator für das zwischen »westlichen Menschen« und »primitiven« Künstlern herrschende Verständnis bezeichnet. In Paul Wingerts Buch *Primitive Art* von 1962 wird die Entscheidung, die Völker, deren Schöpfungen der Autor behandelt, als »primitiv« und nicht wie möglich als »tribal« und »schriftlos« zu bezeichnen, mit folgender Überlegung begründet:

»nicht weil sie den tastenden, frühen Beginn der Zivilisation darstellen; vielmehr, weil diese Kulturen Entwicklungen aufweisen, die enger an die fundamentalen, grundlegenden und wesentlichen Lebenstriebe gebunden sind – Lebenstriebe, die nicht unter einer Vielzahl parasitärer, unwesentlicher Wünsche begraben worden sind.« (Wingert 1962, S. 7)

»Westliche« Enthusiasten »primitiver Kunst« haben immer argumentiert, daß die Schöpfer dieser Kunst in besonders enger

Fühlung mit den »fundamentalen, grundlegenden und wesentlichen Lebenstrieben« stehen – Triebe, die auch dem »zivilisierten Menschen« eigen sind, die dieser aber unter einer Schicht von erlerntem Verhalten »begräbt«. Die Auffassung, »primitive Kunst« sei eine Art unkontrolliert aus dem Unterbewußtsein des Künstlers strömender kreativer Ausdruck, ist für den Vergleich von »primitiver Kunst« und Kinderzeichnungen verantwortlich. Ihr rassistisches Fundament ist ziemlich leicht zu durchschauen. Judith Zilczer hat sich mit den Einstellungen New Yorker Dada-Künstler auseinandergesetzt und stellt fest: »Für Künstler und Kritiker, die in der Naivität von Kinderkunst künstlerischen Wert entdeckten, stellte der afrikanische Neger die kulturelle Kindheit des Menschen dar. Ihren Diskussionen über moderne und primitive Kunst lagen pseudowissenschaftliche Theorien über Rasse und Kultur zugrunde« (1977, S. 141). Zilczer führt Leo Steins Argument an, daß die auf den modernen Künstlern liegende »›Last der Kultiviertheit‹ ihre Begeisterung ›für jede primitive Kunstperiode‹ notwendig gemacht hat, denn so konnten sie ein Gefühl für die unverbildete Sehweise des Wilden und das kindliche Auge wiedergewinnen‹« (1977, S. 140). Und für Marius de Zayas (der 1916 ein Buch mit dem Titel *African Negro Art* veröffentlichte) »müssen die auf unbewußten Ausdruck zurückzuführenden vitalen und abstrakten Qualitäten der Kinder- oder afrikanischen Kunst in der modernen Kunst durch bewußte Anstrengung erzielt werden« (Zilczer 1977, S. 141).

Diese Vorstellungen, die ursprünglich eine kohärente, wenn auch leicht fehlgeleitete (von Anthropologen des 19. Jahrhunderts aufgestellte und dann im beginnenden 20. Jahrhundert von westlichen Künstlern und Kunstkritikern übernommene) Theorie darstellten, sind im Lauf der Zeit als natürlicher Bestandteil des von Menschen aller kulturellen Bildungsniveaus geäußerten »gesunden Menschenverstands« akzeptiert worden. Vor ein paar Jahren analysierte zum Beispiel der Leiter der Öffentlichkeitsarbeit des Museum of Modern Art die starke Anziehungskraft der 1984 am Eingang zur »Primitivismus«-Ausstellung aufgebauten melanesischen Figur im Sinne dieser Variablen, wenn er bemerkt, daß »sie uns in der Umgebung von öder High Tech und Wolkenkratzern an sehr tiefe, intuitive Gefühle erinnert« (McGill 1984a).

Selbst der bestinformierte und einfühlsamste Interpret kann, in poetischer Stimmung, von dem Bild verführt werden, das »primitive Künstler« als reine Träger des menschlichen Unbewußten, als Sachwalter unserer verlorenen Unschuld sieht: »Sie sind das, was von der Kindheit des Menschen übriggeblieben ist, Kopfsprüngen in die Tiefen unseres Unbewußten vergleichbar. Wie groß der Künstler von heute oder morgen auch sein mag, er wird niemals so unschuldig wie der primitive Künstler sein – auf seltsame Weise betroffen und losgelöst zugleich« (de Menil 1962). Und Ladislas Segy, Autor einer großen Zahl von Büchern über afrikanische Kunst, gesteht in einem dieser Bücher ein, daß es sein Ziel war,

> »Parallelen aufzuzeigen zwischen dem, was der Afrikaner frei in seine Kunst projiziert, und dem, was in unseren eigenen psychischen Wurzeln begraben liegt. Diese Parallelen machen unsere gefühlsmäßige Identifizierung mit dem Inhalt afrikanischer Kunst möglich. Eine solche Identifizierung sollte dann zu einer gewissen Selbsterkenntnis, zu persönlicher Wiederentdeckung und neuem Kontakt zu unseren tieferen, von ›zivilisierten‹ Verhaltensweisen und Konventionen überdeckten Instinkten führen. Wenn wir die Motivationen des afrikanischen Bildhauers und seine Beziehung zu seiner Kunst verstehen lernen, können wir uns selbst und unsere Beziehung zur Kunst besser verstehen.« (Segy 1975, S. 4)

Ein selten erwähntes Kennzeichen dieser Auffassung ist ihre Einseitigkeit. *Wir* identifizieren uns mit afrikanischer Kunst; das ermöglicht *unsere* Selbsterkenntnis und persönliche Wiederentdeckung und gestattet einen neuen Kontakt zu *unseren* tieferen Instinkten; das Ergebnis ist, daß *wir uns* und *unsere* Beziehung zur Kunst besser verstehen.[7] Zugegeben, die Autoren solcher

---

7 Diese Eingleisigkeit prägt auch westliche Einstellungen zu innerkulturellen Anleihen in den Künsten. Vincent Megaw hat dieses Argument überzeugend und feinfühlig dargelegt. Er bezieht sich auf die »Primitivismus«-Ausstellung des MOMA und weist auf die Herablassung hin, die solchen Bezeichnungen wie »Yirrawala, der Picasso aus Arnhemland«, oder »Clifford Possum Tjapaltjarri, der Leonardo der Wüste«, zugrundeliegt (Megaw 1986, S. 66).

Äußerungen schreiben für ein westliches Publikum, nicht für afrikanische Künstler. Aber solchen Äußerungen liegt eine Asymmetrie zugrunde, die tiefer geht als die Rücksichtnahme auf eine Leserschaft. Weil die Autoren bewußtes ästhetisches Verstehen »westlichen« Köpfen und unbewußte Urtriebe »primitiven Künstlern« zuschreiben, entledigen sie sich der Notwendigkeit, die mögliche Reaktion der letzteren auf Kunstwerke, die von außerhalb ihres eigenen kulturellen Universums stammen, zu berücksichtigen. Der »westliche Mensch«, der im vollen Besitz bewußter, analytischer Denkprozesse ist, kann die kreative Produktion seiner weniger zivilisierten Brüder betrachten und verstehen. Im allgemeinen denkt man aber nicht, daß der komplementäre Vorgang zu ebensolchen wertvollen Einsichten führen wird. Trotz all den Feldstudien, in denen Angehörige des einen oder anderen Stammes künstlerische Gegenstände ihres eigenen Kulturgebiets in eine Rangordnung bringen und erläutern sollten, sind wenige Forscher den Reaktionen derselben Informanten auf Reproduktionen von Gauguins *Gelbem Christus* oder der Fresken der Sixtinischen Kapelle nachgegangen.

Ist das so, weil man glaubt, daß der »zivilisierte Überzug« auf diesen Werken ihren elementaren ästhetischen Charakter so verdeckt, daß nur die, die im Sehen geschult sind, ihn erkennen können? Oder ist das so, weil man »Primitive« für unfähig hält, sich über das passive und unreflektierte Akzeptieren von in der mythischen Vergangenheit ihres Volkes – keiner weiß genau wie – entstandenen Formen und Techniken hinaus gedanklich mit Ästhetik zu befassen? Auf den ersten Blick könnten diese Fragen naiv und dumm erscheinen, doch eine Untersuchung ihrer Implikationen kann auf konstruktive Weise einige logische Trugschlüsse klären helfen, die den gemeinhin von der »zivilisierten« und der »primitiven« Kunst gezeichneten Bildern zugrundeliegen.

Die Behandlung dieser Fragen erfordert eine Untersuchung des bereits früher im Verlauf unserer Diskussion der Kennerschaft aufgeworfenen Gedankens, die ästhetische Reaktion beruhe eher auf angeborenem Empfinden als auf erlerntem Urteil.

Einmal angenommen, wir akzeptieren diesen Gedanken als Arbeitshypothese, und wir sind außerdem der Meinung, daß alle Kulturen eine ästhetische Reaktion ermöglichen (die bestimmte Individuen in jeder Gesellschaft in unterschiedlichem Maße entwickeln), daß der »primitive Mensch« in besonders enger Tuchfühlung zu seinen angeborenen Empfindungen steht und daß Mona Lisa (beispielsweise) wirklich ein großes Kunstwerk ist – wäre dann nicht die Reaktion eines feinfühligen Inuit oder Nambikwara oder Ibo auf ein solches Gemälde von Interesse? Ist es vorstellbar, daß diese drei Repräsentanten der »primitiven Gesellschaft« (oder irgendeine andere, ähnlich gebildete Testgruppe, die um ihr Urteil befragt wird) die Kunstwerke, denen nach übereinstimmender westlicher Meinung der Status von »Meisterwerken« zugebilligt wird, zur besonderen Bewunderung auswählen?

Ich würde argumentieren, daß Befürworter der Universalität ästhetischen Reagierens ihre Theorie mit einer impliziten und potentiell beunruhigenden logischen Folgerung belastet haben, zu der man ungefähr so gelangt: Während »primitive Gesellschaften«, ähnlich wie die »unsere«, die Produktion wahrer künstlerischer »Meisterwerke« fördern können, und während die rein ästhetische Kraft »primitiver Meisterwerke« sprachliche und kulturelle Grenzen überwindet und sensible Kunstliebhaber im Westen erreicht, sind die Mitglieder jener Gesellschaften (einschließlich der künstlerisch begabtesten von ihnen) selbst (ob durch Erziehung oder genetisches Erbe, wird nicht genauer angegeben) unfähig, an die eigene Kultur transzendierenden ästhetischen Erlebnissen teilzuhaben. Nur selten vereitelt diese Einschränkung das glatte Funktionieren des die Universalität der Ästhetik postulierenden Diskurses, hin und wieder löst sie Alarm aus. Ein (insgesamt begeisterter) Rezensent des Ausstellungskatalogs *Perspectives: Angles on African Art* (1987) des Center for African Art gesteht ein, daß er von einem darin vertretenen Standpunkt »beunruhigt« und »verwirrt« ist (Silverman 1987, S. 24). Er weist in seiner Besprechung darauf hin, daß die der Ausstellung zugrundeliegende Idee faszinierend ist: zehn verschiedene Personen – den Archäologen Ekpo Eyo, den Sammler David Rockefeller, den Kunsthistoriker William Rubin, den Schriftsteller James Baldwin und sechs weitere – Kunstwerke auswählen und ihre getroffene Wahl kommentieren zu lassen. Bei der Behandlung des Baule-Bildhauers Kouakou Kouame ließ Susan Vogel, die Urheberin dieser Idee, ihren Lapsus, wie Silverman zeigt, offenbar werden. Erstens, trotz der expliziten Konzentration des Projekts auf *individuelle* Auffassungen und Vorlieben bezüglich afrikanischer Kunst wurde der Kommentar Kouames – und nur sein Kommentar – mit Material von anderen Baule-Künstlern »näher erläutert«, und der Teil des Buchs, der seiner Auswahl von Kunstwerken gewidmet ist, erscheint unter dem Namen und Bild eines dieser anderen Künstler (deren Auffassungen, so sind wir gezwungen zu mutmaßen, man für in etwa repräsentativ für die seinige oder vielleicht sogar für austauschbar hielt). Außerdem, fährt Silverman fort, wird Kouame so behandelt, als ob ihm »die nötigen Voraussetzungen für die Beurteilung der Kunst einer anderen afrikanischen Kultur als der seinigen fehlten«.

»Bei der Darstellung des Verfahrens, nach dem die Gruppe von Gegenständen ausgewählt wurde, aus der dann die Mit-Kuratoren auswählen sollten, weist Vogel darauf hin, daß ›im Falle des Baule-Künstlers, einem Mann, der nur mit der Kunst seines eigenen Volkes vertraut ist, lediglich Baule-Gegenstände in die Photographien-Sammlung aufgenommen wurden‹.« (S. 11) »Warum ist er weniger qualifiziert, eine Luba-Skulptur zu kommentieren, als David Rockefeller oder James Baldwin? Das Argument der Vertrautheit läßt sich hier nicht aufrechterhalten, denn sicher waren viele der von den neun anderen Personen geprüften Gegenständen ihnen ebenso unvertraut, wie sie es Kouame gewesen wären. Indem Susan Vogel entschied, ihm lediglich Baule-Kunst zu zeigen, verstrickte sie sich in einen Widerspruch, denn sie sagt nachdrücklich, daß ›es zur Definition von Kunst dazugehört, daß ein Kunstwerk seine eigene kulturelle Bedeutung transzendieren und über Ort und Zeit hinaus zu uns sprechen kann‹.« (S. 17) »Sicherlich kann Kouame, als Künstler, den ästhetischen Wert von Kunst aus anderen Kulturen einschätzen. Vogel hat hier mit zweierlei Maß gemessen, was keinen Sinn ergibt.« (Silverman 1987, S. 24)

3

Nachtseite des Menschen

»Bonet spielt Epiphany Proudfoot, eine Voodoo-Priesterin, die einen ungehemmten Stammestanz aufführt, bei dem sie sich das Blut eines Huhns ins Gesicht schmiert, und später wälzt sie sich, während Blut von der Decke strömt, in einer schauerlichen Liebesszene mit Mitschauspieler Mickey Rourke im Bett.« – *Beschreibung in der* Washington Post *des Films* Angel Heart *mit Lisa Bonet, früher bei der* Cosby Show, *in der Hauptrolle.*[1]

Der von Leonard Bernstein als »Universalitätsprinzip« bezeichnete Grundsatz spiegelt einen freudigen Glauben an die »Verwandtschaft der Menschen« wider, eine Verherrlichung der Gemeinsamkeit, welche die Völker der Welt in Brüderlichkeit vereint. Wer auf diese Weise von der Kunst überall auf der Welt spricht, konzentriert seine Aufmerksamkeit auf die Rolle der Schönheit in der Kunst und der Harmonie in den menschlichen Beziehungen. Wie viele Formen ideologischer Voreingenommenheit ist auch das eine Medaille mit zwei Seiten.

Zur »Familie Mensch« gehört nicht nur Brüderlichkeit, sondern auch Geschwisterrivalität, und die Erkenntnis gemeinsamer Freuden und Leiden geht einher und konkurriert mit einem Beharren auf wesentlichen, die »zivilisierten« von den »primitiven« Zweigen der Ahnentafel trennenden Eigenschaften. Der »edle Wilde« und der »heidnische Kannibale« sind in Wirklichkeit eine einzige, von einem fernen »westlichen Menschen« in zwei verschiedenen Gemütsverfassungen beschriebene Figur; Portraits des »primitiven Menschen« können auf beide Weise untertitelt sein; der »Primitive« ist »Bruder« und »anderer«

1 Trustman Senger, »Lisa Bonet Flips from Braces to Stardom«, wiederabgedruckt in *International Herald Tribune*, 14.–15. März 1987, S. 14.

zugleich. Die zur Beschreibung der Andersheit »primitiver Künstler« gebrauchte Metaphorik bedient sich einer Standardrhetorik der Angst, der Dunkelheit, der heidnischen Geister und der Erotik. André Malraux sagte einmal, das Studium »primitiver Kunst« sei eine Erforschung »der Nachtseite des Menschen« (zitiert nach Newton 1978, S. xx).

Jean-Louis Paudrat war einer derjenigen, die die der europäischen Faszination für »primitive Kunst« zugrundeliegende Dualität erkannt haben. In einer historischen Arbeit über frühe Reaktionen auf die Künste Afrikas schreibt er:

»Die Missionare, von denen Voltaire humorvoll sagt, für sie sei jede Statue ein Teufel, jede Versammlung ein Hexensabbat, jede symbolische Figur ein Talisman, jeder Brahmane ein Zauberer, zogen aus, ›Dämonen‹ auszutreiben und ihre ›Fetische‹, ihre ›Zaubermittel‹ zu zerstören. Sein Aberglaube rückt den Neger an die Anfänge der Geschichte der Menschheit, unmittelbar nach dem Sündenfall. Daß er mit dem Teufel im Bunde steht, prägt selbst die verwandte Terminologie. Als Überlebender der frühesten Kapitel der Weltgeschichte ist er nichtsdestoweniger ein lebender Beweis für das Phantastische, Irrationale und Imaginäre im urzeitlichen Menschen. Dieses, vom Obskuren und Ursprünglichen gleichzeitig Abgestoßen- wie Angezogen-Werden ist nicht nur die Ursache für das fortdauernde Unverständnis für die plastischen Schöpfungen Afrikas, sondern auch dafür, daß die Gesellschaften selbst und ihre Organisation lange nicht objektiv beschrieben wurden.« (Paudrat 1972, S. 252)

Die Tradition, sich das Leben der »Primitiven« als von teuflischen Riten und abergläubischen Vorstellungen beherrscht vorzustellen, ist mit Voltaire oder den frühen Missionaren nicht gestorben, sie ist auch von den in den dazwischenliegenden Jahrhunderten angehäuften ethnographischen Berichten nicht wesentlich – auf der Ebene »überlieferter Weisheit« – erschüttert worden. Im Gegenteil, ihr Vermächtnis durchdringt am Ende des 20. Jahrhunderts, lebendig und munter, jeden Winkel unseres gesunden Menschenverstands und leistet oft mit Ausflügen in mit schrankenloser Erotik und kannibalistischen Festen verbundenen Bildern der Angst und Dunkelheit Vorschub. Die – manchmal expliziten, manchmal impliziten – Gegensätze, die diese Tradition herstellt, sind die zwischen Dunkelheit und Aufklärung, Tiefen und Höhen, Angst (Aberglaube) und Gelassenheit (Wissen), Urtrieben und zivilisiertem Verhalten (besonders im Bereich der Sexualität). Als Bindeglied zwischen den Kulturen (»unserer« und »ihrer«) mag Kunst als das beruhigende Vereinigende, das »Vermischen der Seelen im gemeinsam empfundenen Vergnügen« aufgefaßt werden, in ihrem eigenen Kontext jedoch wird sie zum Ausdruck irrationaler Ängste.

Darstellungen »primitiver Kunst«, die ihre »angstinspirierten« und »von Unwissen zeugenden« Ursprünge betonen, kommen in einigen Fällen einer beinahe totalen Ablehnung der Berechtigung des intellektuellen Klimas gleich, dem das Konzept »primitive Kunst« entspringt. Sich sowohl auf frühmenschliche als auch auf heutige »Primitive« beziehend, erklärt etwa Erwin O. Christensen, daß

»das, was uns als Begrenzungen primitiver Kunst erscheinen mag, ... als die Nebenprodukte der sich langsam entwickelnden intellektuellen Kräfte des Menschen aufgefaßt werden kann. Das Bemühen des primitiven Menschen, das Universum zu erklären, war, da es auf geringen Kenntnissen und wenig Tatsachenwissen beruhte, größtenteils von seinen Emotionen beherrscht. Die von ihm entwickelten Glaubensvorstellungen dienten der Besänftigung seiner Ängste und trugen damit zu seinem Gefühl der Sicherheit bei. In primitiven Kulturen war das Ritual ebenso wichtig wie der Glaube, und die Kunst nahm im Ritual einen herausragenden Platz ein. Oft ist deshalb nicht die Kunst, sondern der zugrundeliegende Glaube, dem sie als Ausdrucksmittel dient, begrenzt. Obwohl primitive Kunst heute bewundert wird und moderne Künstler Anregungen aus ihr beziehen, empfinden wir keine vergleichbare Bewunderung für die uns als Aberglaube bekannte Magie, die den primitiven Künstler einst antrieb.« (Christensen 1955, S. 7–8)

Paul Wingert stellt in *Primitive Art* (1962), einem Buch, auf das Simon Ottenberg einen großen Teil des gegenwärtigen Interesses, welches Kunsthistoriker dem Thema widmen, zurückführt (1984, S. 599), die Existenz »zahlreicher Gesellschaften, Praktiken und Zeremonien« fest, »deren Mittelpunkt starke, für Nichtteilnehmende oft unangenehme oder gar schädliche Traditionen bilden« (1962, S. 28). Die Konzentration auf das »Schädliche« dieser Kunst war nichts Neues. So weist etwa Rosalind Krauss, die den Einfluß der »primitiven Kunst« auf die surrealistische Kunst und Philosophie der zwanziger und dreißiger Jahre untersucht hat, darauf hin, daß Georges Batailles (in Reaktion auf G. H. Luquets »wohlwollende« Ansicht, daß sowohl die Kunst von Kindern als auch die von Primitiven durch das »Lustprinzip« motiviert sei, entwickelte) Deutung der präkolumbischen Kunst deren destruktive und im Grunde sadistische Absicht betont hatte:

»Zweifellos hat menschlicher Wahn niemals blutigere Exzentrizität ersonnen: ständig bei hellichtem Tage, zur alleinigen Befriedigung gottbesessener Alpträume, furchterregender Geister begangene Verbrechen! Die kannibalistischen Mahlzeiten der Priester, die Zeremonien mit Kadavern und Strömen von Blut – mehr als ein historisches Ereignis erinnert an die phantastischen, vom berühmten Marquis de Sade beschriebenen Orgien.« (Bataille, zitiert nach Krauss 1984, S. 510)

Nicht selten werden die zur Herstellung »primitiver Kunst« verwandten Materialien selbst als mit der Sensibilität »zivilisierter« Betrachter als irgendwie unvereinbar betrachtet. Wingert beschreibt in seinem Buch, wie »geschnitzte Gegenstände, Figuren und Masken eingeschlossen, oft im Verlauf von magischen Praktiken zusammen mit einer Reihe anderer, manchmal unangenehmer Materialien wie Gräsern, Blut, Tierhäuten und Eingeweiden verwendet wurden« (1962, S. 4). Diese Sorge teilen viele Kunstliebhaber. Katherine Coryton White beschreibt »Haare, Perlen, Gummi, Knochen, die Kruste staubiger Luft. Es ist wie eine ekelhafte, verwesende Mähne« (zitiert nach Richard 1984b, S. K2). Douglas C. McGills Versuch, die im Herbst 1984 in den Vereinigten Staaten »plötzlich auftretende Faszination für primitive Kunst« zu erklären, stützt sich auf die Spekulation, daß dafür hauptsächlich die exotische Anziehungskraft von »Teufeln mit eingesunkenen Augen, Ahnen mit spitzen Zähnen [und] grimassenschneidenden Göttern« verantwortlich war (1984a). Viele Rezensenten der »Primitivismus«-Ausstellung des Museum of Modern Art machten auf diesen Aspekt der »primitiven« Stücke aufmerksam; Michael Brenson zum Beispiel wies auf eine Figur hin, die aus der Südsee stammte, »mit all den Krabbeltier-Kinderfiguren, die sich wie Blutegel am Körper des Gottes festsaugen, [was] das Zentrum der Installation in ein Sumpfgebiet zu verwandeln scheint« (1984), und John Russell schrieb, daß »uns eine solche Überfülle an Haaren und derartige, an eine Kettensäge erinnernde Zähne selten begegnen« (1984). Kürzlich habe ich mit zwei ernsthaften Sammlern moderner Malerei gesprochen, die sich, weil ihr Kind beruflich auf diesem Gebiet tätig geworden war, bemüht hatten, einen Geschmack für »primitive Kunst« zu entwickeln. Sie erzählten mir, daß ihnen das im Grunde nicht gelungen sei; die Gegenstände kämen ihnen immer »schmutzig« vor und seien zur Darstellung von »Bärten« und »Schnurrbärten« mit unsauberen Materialien wie Affenhaaren und Leopardenfell bedeckt. Trotz größter Anstrengungen, dieses Gefühl von »Unsauberkeit« zu verdängen, störe es, wie sie sagten, immer wieder ihr ästhetisches Vergnügen an »primitiver Kunst«. Und die künftige Generation von Museumsbesuchern mag sehr wohl ähnliche Reaktionen kultivieren; ein 1986 erschienener Museumsführer für Kinder enthält ein paar auf die Abteilung »primitiver Kunst« eingehende Seiten, die eine Unterhaltung wiedergeben, in der ein kleines blondes Mädchen, das sich ein Asmat-Kostüm aus Neuguinea ansieht, sagt: »Das ist unheimlich. Ist es für Halloween?« Worauf ihr älterer Bruder antwortet: »Es besteht nur aus etwas Stroh, Federn und anderem Plunder. Was ist daran so unheimlich?« (Brown und Brown 1986, S. 6)

Gleichzeitig stellen die meisten zeitgenössischen Analysen die »dunkle« Seite des Bildes von »primitiver Kunst« in den Kontext der Bewunderung der Interpreten für die Leistungen des »primitiven Menschen«; die Absicht besteht ausdrücklich nicht darin, zu verunglimpfen, sondern zu größerer Wertschätzung beizutragen.

Beispielsweise rechtfertigte Lewis Mumford, während er »einem im 20. Jahrhundert neuaufgekommenen Respekt vor primitiven Rassen und Kulturen« applaudierte, dieses veränderte

Klima der Wertschätzung mit dem Erfolg des »primitiven Afrikaners«, bestimmte, »von Angst und Tod hervorgerufene Urempfindungen« auszudrücken (Mumford 1979, S. 234).

Und Kenneth Clark eröffnete sein ungemein populäres Buch *Civilisation: A Personal View* (1969; ursprünglich eine gleichnamige Fernsehserie; dt. 1977: *Glorie des Abendlandes*) mit einer ganz ähnlichen Erklärung des Unterschieds zwischen »zivilisierten« und »primitiven« Künsten. Eine klassische Apollon-Statue einer afrikanischen Maske gegenüberstellend, erklärte Clark:

»Beide stellen Geister dar, Boten aus einer anderen Welt – aus einer Welt unserer Vorstellung. In der Vorstellungswelt der Neger herrschen Angst und Dunkelheit, die kleinste Verletzung eines Tabus ist von fürchterlicher Strafe bedroht. Die Welt der hellenistischen Vorstellung ist dagegen von Licht und Zuversicht erfüllt, in ihr sind die Götter uns gleich – nur schöner – und steigen zur Erde herab, um die Menschheit Vernunft und die Gesetze der Harmonie zu lehren.« (Clark 1977, S. 14)

Ein weiteres Beispiel: der Bildhauer Jacob Epstein sagte über eine afrikanische Arbeit, die in der westlichen Welt als »Brummer-Kopf« bekannt ist, »sie ist die Darstellung eines Geistwesens, das in eine andere Welt eindringt, eine Welt der Geister und okkulten Mächte« (Epstein 1963, S. 189).

Ganz ähnlich tadelte Werner Muensterberger die späte Anerkennung und Wertschätzung der Stammeskunst durch den Westen, indem er sich melodramatischer Bilder eines Hinabsteigens »zu den Tiefen [unserer] Urtriebe« bedient: »Warum mußten wir bis in unsere Zeit darauf warten, daß der Mensch es wagt, in die Tiefen seiner eigenen Urtriebe hinabzusteigen, nur um die dynamischen Ursachen unserer von Rasse oder Herkunft unabhängigen Grundinstinkte zu demonstrieren?« (Muensterberger 1979, S. 12)

Auch ein anspruchsvoller Band mit dem Titel *Art and Civilization* (Myers 1967) verleiht dem Bild von angsterfüllten »primitiven Künstlern« Nachdruck. Der Autor beginnt seine Erörterung »moderner Primitiver« mit der Behauptung, »der westafrikanische Neger... unterscheidet nicht wie wir zwischen Realität und Nichtrealität«, um dann über das Maß an Furcht zu spekulieren, das afrikanische Masken in denen, die sie tragen, hervorrufen müssen. »Emotional ist der afrikanische Bildhauer von Furcht vor den geheimnisvollen Elementen um ihn herum beseelt; Furcht vor den Toten...; Furcht von Dschungelbestien; Furcht vor seinem Mitmenschen; Furcht vor den Kräften der Natur.« Immer wieder führt dieser kurze Abriß der Künste Afrikas »die furchtbeladenen Emotionen der Schöpfer und Benutzer dieser

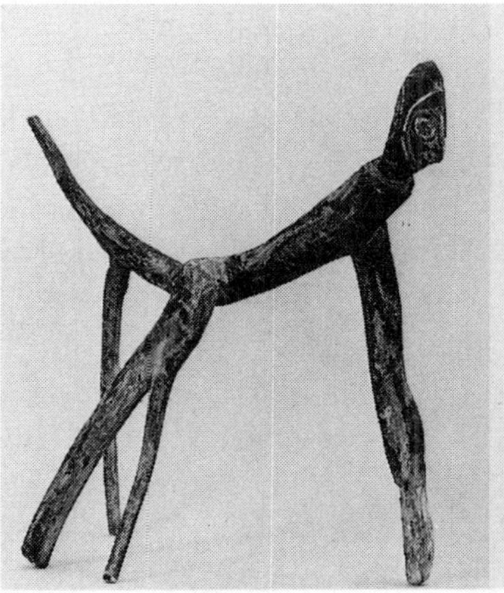

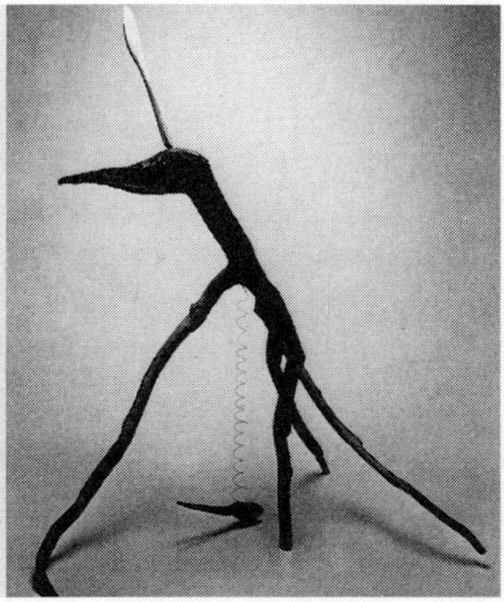

Gegenstände« an und wiederholt ständig die Auffassung, daß Afrikaner »so sehr von intensiver Emotionalität und Furcht erfüllt sind«. Nach Ozeanien wechselnd entdeckt der Autor in der Kunst der Maori ziemlich genau das gleiche Motiv: »Furcht kommt in den konventionalisierten Menschen- und Tierköpfen genauso deutlich zum Ausdruck wie in den Künsten Afrikas.« Im weiteren Verlauf seiner Reise um die Welt stellt er fest, daß die bei den Eskimo und Nordwestküsten-Indianern vorherrschenden künstlerischen Darstellungen »im afrikanischen und ozeanischen Sinne abstrakt und angsterfüllt sind«. Solche künstlerischen Ausdrucksformen werden, wie er schreibt, gewöhnlich im Kontext von »Geheimbünden« hergestellt, und »wir können«, so der Autor weiter, über das damit verbundene Angstniveau »nur Vermutungen anstellen«. Das tut er jedoch ohne Zögern und beruft sich auf seine eigene Reaktion auf solche Merkmale wie »Rechteckigkeit«, »Ruckartigkeit der Anwendung«, »starke Reduktion des menschlichen Gesichts auf eine Reihe in die Länge gezogener Ellipsen«, »dämonische Figuren« und »drohende Zähne«, um seinen »westlichen« Zeitgenossen die ziemlich konfuse und von Ängstlichkeit geprägte Weltanschauung nahe zu bringen, die, wie er vermutet, im dunklen und geheimnisvollen Kopf des »primitiven Künstlers« vorhanden sein muß. (Alle Zitate sind Myers 1967, S. 13–17 entnommen.)

In jüngster Zeit ließ William Rubin in seine sonst großartige Darstellung der Künste »primitiver Völker« das Bild von der Urangst einfließen, als er einen Vergleich zwischen zwei visuell ähnlichen Zweigskulpturen anstellte – die eine von Alexander Calder und die andere von einem unbekannten Künstler aus Papua-Neuguinea (Rubin 1984, dt., S. 66–67). Sie als Paar betrachtend, deutete Rubin die in die Länge gezogenen freien Formen der einen als Ausdruck des »Wunderlichen« und die der anderen als Ausdruck der »Bedrohung«. Diese unterschiedliche Deutung stützte sich nicht auf die unterschiedliche künstlerische Behandlung, auch nicht auf die Dokumentation der jeweiligen Objekte, sondern einfach auf die verallgemeinerte (aber explizit geäußerte) Meinung, daß »primitive Völker« in Furcht vor »Monstern« leben, während Calder und sein Publikum das nicht mehr tun.[2] Die Annahme, »Primitive« seien so angstgepeinigt, daß sie nicht zu »wunderlicher« künstlerischer Kreativität imstande wären, führt zu einer Reduktion der komplexen Menschlichkeit dieser Künstler, die (wie ich aufgrund meiner persönlichen Bekanntschaft mit einigen wenigen Künstlern sagen kann) ganz genau so wie Calder zur Ausschöpfung der vollen Bandbreite des Denkens und Empfindens, das die leichtere Seite der menschlichen Komödie zum Vorschein bringt, bereit sind.[3] Um nur ein einziges Beispiel als Beleg zu zitieren: R. F. Thompson beschreibt eine Maske, deren groteske Gesichtszüge (vor allem ein lippenloser Mund, der im wesentlichen ein »warzige Zähne einrahmender Spalt« ist) für westliche Betrachter »unermeßliche Qual und Schrecken« auszudrücken scheinen, für Nigerianer aber, bei denen sie gesammelt wurde, Hohn und Spott darstellen; in ihrem ursprünglichen Kontext »sagt man, daß sich die Maske über den Wichtigtuer und Eitlen lustig macht, indem sie einen Mangel an Schicklichkeit mit einer wohl-

2 An dieser Stelle möchte ich mich eines Kommentars zu einer Ethnographie, die nichts mit Kunst zu tun hatte, bedienen. Remo Guidieri, der I. Hogbins Buch *The Island of Menstruating Men* erörterte, bemerkt: »Der Begriff ›Monster‹ ist Teil des Vokabulars des Ethnographen. Was das der ›Ethnographierten‹ betrifft, würde ich gern ein bißchen mehr erfahren« (1984, S. 5).

3 Die Tendenz, die eigenen Ängste – vor allem bei einer rassisch gefärbten Realitätsverzerrung – auf das Bild vom »anderen« zu projizieren, wird in Toni Morrisons jüngstem Roman, *Beloved* (dt. *Menschenkind*), einfühlsam beschrieben: »Die Weißenleute glaubten, egal was für Manieren, unter jeder dunklen Haut lauere der Urwald. Reißende, nicht schiffbare Gewässer, kreischende, hin und herschaukelnde Gorillas, schlafende Schlangen, die roten Mäuler erpicht auf ihr süßes weißes Blut... Aber das war nicht der Urwald, den die Schwarzen aus jenem anderen [lebenswerten] Kontinent mitgebracht hatten, sondern der Urwald, den die Weißen in ihnen gepflanzt hatten. Und er wuchs. Er wucherte. Im Leben, durch das Leben und nach dem Leben dehnte er sich aus, bis er schließlich auf die Weißen übergriff, die ihn gemacht hatten. Sie berührte, jeden von ihnen. Sie verwandelte und veränderte. Sie blutrünstig machte, albern, schlimmer als sie selbst es eigentlich sein wollten, solche Angst hatten sie vor dem Urwald, den sie geschaffen hatten. Der kreischende Gorilla lebte unter ihrer eigenen weißen Haut; das rote Schlangenmaul war ihr eigenes« (1989, S. 272–273).

überlegten Unschicklichkeit des Ausdrucks spiegelt« (Thompson 1968, S. 65).

Ironischerweise wurde dem Buch, in dem Rubin den Calder-Neuguinea-Vergleich anstellte, von einem Rezensenten ausgerechnet vorgeworfen, es trage nicht ausreichend dem Klima der »Angst und Dunkelheit« Rechnung, in dem »primitive Kunst« entstehe und benutzt werde. Die Kritik des Rezensenten liefert ein noch besseres Beispiel für das hier diskutierte Bild:

»In ihren ursprünglichen Zusammenhängen waren diese Gegenstände mit Gefühlen der Ehrfurcht und der Angst, nicht der ästhetischen Nobilitierung verbunden. Man sah sie gewöhnlich in Bewegung, nachts, in geschlossenen dunklen Räumen, bei flackerndem Fackelschein. Ihre Betrachter standen unter dem Einfluß eines Rituals, gemeinsamer Identifikationsgefühle und oft von Alkohol und Drogen. Vor allem waren sie durch die Anwesenheit des die Gegenstände dramatisch einsetzenden Schamanen erregt, der die gewöhnlich furchteinflößende, von der Maske oder dem Bild dargestellte Macht verkörperte. Für den Betrachter ging es nicht um ästhetische Wertschätzung, sondern um Selbstverlust während der Identifizierung mit der schamanistischen Darbietung und seiner Teilnahme an ihr.« (McEvilley 1984, S. 59)

Paudrat hat – meiner Auffassung nach mit großer Sensibilität – das Bild von der »primitiven Kunst«, das ihre vermeintliche Monstrosität, Grobheit und Beziehung zur Hexerei in den Mittelpunkt rückt und damit ein Schlaglicht auf die westliche Neigung wirft, sie, wie Kenneth Clark es tat, von unserem Erbe der Aufklärung abzusetzen, folgendermaßen zusammengefaßt:

»Diese Schriften teilen uns beispielsweise mit, daß ›primitive‹ Kunst unter anderem gegen das griechisch-römische Ideal der Darstellung des Guten und Wahren verstößt. Steht nicht die ›Monstrosität‹ jener zoomorphen Figuren, denen es an konventionellen Proportionen ermangelt, im Gegensatz zur ›Wahrscheinlichkeit der Täuschung‹, die ›zivilisierte‹ Kunst zu erzielen sucht? Ist nicht der künstlerische Ausdruck in der Plastik gerade das Zeichen der Primitivheit? Stehen nicht die Anonymität der Figuren und ihre Nützlichkeit im Gegensatz zur stark individualistischen und interesselosen Kreativität des inspirierten künstlerischen Genies? Können die Materialien dieser Kunst und ihre rudimentäre und archaische Technologie den Geschmack am Perfekten, Brillanten, Angenehmen befriedigen? Schockieren nicht die schamlose

Übersteigerung der Sexualität und die Grobheit der ausgedrückten Gefühle die moralischen Empfindungen des kultivierten Menschen? Und, um allem die Krone aufzusetzen, kann man überhaupt von Kunst sprechen, wenn man weiß, daß diese mit dem Blut unschuldiger Opfer besudelten Figurinen in Riten des Fetischismus und der Hexerei verwendet werden?« (Paudrat 1972, S. 253)

Auffassungen von »primitiver Kunst«, die nächtliche Dunkelheit und Angst vor Monstern betonen, behaupten oft in ähnlichem Stil, sie bringe eine tiefe Obsession für den Tod zum Ausdruck. Mumfords Identifizierung der »primitiven Kunst« mit »Angst und Tod« war ein recht unkompliziertes Beispiel, andere Interpreten bieten jedoch eine sehr viel umfangreichere deutende Erklärungen an. Eine Untersuchung der »Wurzeln primitiver Kunst« zeigt, was bei einem psychoanalytisch orientierten Forscher aus diesem Aspekt wird. Sich auf einen »Zusammenhang zwischen der kreativen Aktivität der Primitiven und... dem Töten« sowie »der Affinität von Aggression und künstlerischer Aktivität« in verschiedenen »primitiven« Gesellschaften berufend, behauptet der Autor, daß bei einigen Völkern der »Besitz des Leichnams oder des Schädels eines Ahnen oder ein Ersatz dafür... eine Voraussetzung für das Schaffen eines Bildes zu sein scheint..., [während] wir bei anderen Völkern beobachten können, daß Mord oder ein Todeswunsch Bedingung für die Verwirklichung kreativer Aktivität ist« (Muensterberger 1971a, S. 117–118). In der Schlußfolgerung seines Artikels wiederholt der Autor »die weitverbreitete Verbindung zwischen dem Tod (oft wirklichem Mord) und der Schaffung eines Bildes... bei diesen Völkern« (1971a, S. 125, 126) und deutet sie im Sinne ödipaler Komplexe. Er führt australisches Material als Beleg an und argumentiert, daß

»die Männer, die sich in den ›Schoß‹ zurückziehen, sich ihrer prägenitalen Abwehrmechanismen bedienen und die Paraphernalien der phallischen Mutter ›stehlen‹. Angesichts der Gefahr, von ihren ödipalen Wünschen überwältigt zu werden, geben die Künstler zeitweilig die Realität auf. Das kann als Regression zu einer früheren Phase gedeutet werden, in der die Bindung an die stillende Mutter Quelle halluzinatorischer Phantasien und kreativer Imagination war. Ihre Paraphernalien zu stehlen bedeutete dann, den Penis, der ursprünglich in ihr steckte, zu stehlen. Der kreative Akt wäre eine Form der Aggression gegen die phallische Mutter, so daß der spätere Akt des Tötens als ödipale Wiederholung präödipaler Triebe gedeutet werden könnte.« (Muensterberger 1971a, S. 128)

Auf diese Weise ist in Muensterbergers Szenarium der »primitive« Säugling, dessen Redeschwall bei Leonard Bernsteins Entwicklung des »Universalitätsprinzips« eine so zentrale Rolle spielte, von Mordabsichten gegenüber seiner phallischen Mutter besessen.

Sexualität ist ganz eindeutig ein weiterer wichtiger Aspekt des Bildes vom »Primitiven« als der Verkörperung »der Nachtseite des Menschen«. Mumford führte das Interesse an afrikanischer Kunst teilweise auf die Vorstellung zurück, daß die Menschen, die sie schufen, »über ein großes Wissen bezüglich des erotischen Lebens verfügten, das der ›zivilisierte‹ Weiße über Bord geworfen hat« (Mumford 1979, S. 234). Und selbst heute noch beherrscht die Gleichsetzung ungezügelter Sexualität mit »primitiv« das Denken der »zivilisierten« Welt.

Für die westliche Betonung von Nacktheit und Sexualität in der »primitiven Kunst« liefert Jacques Maquet ein Beispiel, wenn er schreibt, daß afrikanische Ahnenstatuetten »gewöhnlich nackt dargestellt und ihre Geschlechtsorgane offen zur Schau gestellt wurden. Das ist einigermaßen überraschend, denn im traditionellen Afrika war Nacktheit bei Erwachsenen praktisch unbekannt« (Maquet 1986, S. 236). Würde man die Seltenheit von Nacktheit bei Erwachsenen in der westlichen Welt in Betracht ziehen und dann bildliche Darstellung aus der Geschichte egal welcher westlichen Kunst an seinem geistigen Augen vorbeiziehen lassen (man könnte mit Giorgione und Tizian beginnen, zu Courbet, Ingres, Manet und Renoir übergehen und sich schließlich ein paar Picassos ansehen), so könnte die afrikanische Plastik als erotisches Medium sehr gut etwas von ihrem Reiz des Neuen verlieren. Die Reaktionsweise, die Maquet zum Ausdruck brachte, muß von etwas anderem als der Kunst hervorgerufen werden.

Meiner Auffassung nach ist der Stellenwert, den westliche Beobachter der Sexualität in den Künsten »primitiver« Völker beimessen, weniger auf die Gegenstände selbst, als auf eine logische Nebeneinanderstellung mehrerer, fest im westlichen Denken verankerter Assoziationen zurückzuführen.

Die erste Assoziation ist die, daß in der westlichen Gesellschaft Künstler im Bewußtsein der Öffentlichkeit tendenziell mit einem Lebensstil in Verbindung gebracht werden, der relativ frei von bürgerlichen Zwängen – etwa dem Zwang zur Monogamie, zu regelmäßigen Mahlzeiten, konventionellen Schlafrhythmen und verbaler Höflichkeit – ist. Künstlern wird sehr viel mehr Nonkonformität zugebilligt als Bankern, Zahnärzten oder Bibliothekaren beispielsweise, da man diese Nonkonformität für einen integralen Bestandteil des kreativen Prozesses hält; und Kreativität, im Sinne des Bruchs mit der Tradition, ist das, worum es in der westlichen Kunst angeblich vor allem geht.

Zweitens gelten – aus westlicher Perspektive – auch »Primitive« als Nonkonformisten; man weiß von ihnen, daß sie Gästen ihre Gattinnen zur Verfügung stellen, sie ihre Brüste unbedeckt lassen, ihre Geschlechtsteile mit Kalebassen und Federn schmücken, klaffende Wunden in verschiedene Teile ihres Körpers schneiden, Schlangen anbeten, Menschenfleisch essen, heidnischen Göttern vorübergehend die Kontrolle ihres Bewußtseins überlassen und bei Begräbnissen fröhlich tanzen. Auf einer bestimmten Ebene westlicher Imagination erscheinen sie »frei« von sozial auferlegten Regeln. Gemäß den bereits angesprochenen evolutionistischen Assoziationen geht ihr Leben den Zwängen, unter denen wir leben, zeitlich »voraus«; nach einer weniger zeitorientierten Vision unterliegt es diesen Zwängen einfach nicht.

Drittens glaubte man von der Kunst in »primitiven« Gesellschaften generell, sie stelle kollektive Ideen mit Hilfe kollektiv entwickelter Ausdrucksformen dar. Dieser Glaube ist ein Grundstein der die Grenze zwischen »westlicher« und »primitiver« Kunst markierenden Mauer und wird in einem späteren Kapitel noch eingehend behandelt werden. Seine Bedeutung im gegenwärtigen Zusammenhang ist, daß er das Wirken nicht einzelner Individuen, sondern der Gemeinschaft als Ganzes im künstlerischen Ausdrucksprozeß impliziert.

Zusammen sind diese Assoziationen imstande, »primitive« Gesellschaften nach dem Modell einer künstlerischen Gegenkultur oder Bohème im »westlichen« Sinne zu formen. Die Schlußfolgerung liegt dann nahe, daß der künstlerische Ausdruck »primitiver« Gesellschaften um das Erotische kreist, denn Sexualität stellt *das* Ausdrucksmittel par excellence für die Abweichung vom Hauptstrom kultureller Normen dar, und »Primitive« sind, aus westlicher Perspektive, kulturell abweichend.[4] Ein Ergebnis ist die Tendenz, in jeder Brust den Ausdruck zwanghafter Fruchtbarkeitsvorstellungen und in jedem Penis eine Fixierung auf Erotik zu sehen (um nur auf ein Beispiel aus jüngerer Zeit hinzuweisen, siehe Rubin 1984, S. 36). Ganz ähnlich werden abstrakte Rhomben häufig, solange es keine gegenteiligen Beweise gibt (und manchmal sogar, wenn es sie gibt), als Vaginen gedeutet. Edmund Leachs äußerst »hypothetische« Interpretation eines Schilds der Trobriander (1971, diese Charakterisierung stammt von ihm selbst), der die gefaltete Figur einer nackten fliegenden Hexe (mit Zeichenelementen für Brust, Anus, Schamhaare, Klitoris, böse »Hoden« usw.) darstellen sollte, ist eines der geistreicheren und innovativeren Beispiele dieses Genres; weniger inspirierte Versionen sind jedoch über die ganze Literatur zur »primitiven Kunst« verstreut. Einen Teil meiner eigenen Feldforschung habe ich Kalebasse-Gravierungen gewidmet, deren freie Muster von beinahe allen Interpreten, mit Ausnahme der Künstler selbst, als explizite Koitusdarstellungen verstanden werden. Es ist auch eine Tatsache, daß sexuelle Eigenschaften die Chancen eines Gegenstands, in »westlichen« Kreisen gesammelt und geschätzt zu werden, beeinflussen. Ein Sammler »primitiver

4 Bourdieu berührt diese gedankliche Gegenüberstellung am Rande, wenn er schreibt: »Die Antithese von Kultur und körperlicher Lust (oder, so man will: Natur) gründet in der Opposition von kultivierter Bourgeoisie und Volk, diesem phantasmagorischen Ort der rohen, ungebildeten Natur, dem reinen Genuß ausgelieferten Barbarei« (1982, S. 765).

Kunst«, mit dem ich in Paris sprach, erlaubte sich die Bemerkung: »Objekte, die deutlich sichtbare Geschlechtsteile aufweisen, verkaufen sich gut.« Ein anderer erzählte mir von einer Dame, deren Entscheidung, eine Skulptur zu kaufen, im allgemeinen der ekstatische Ausruf vorausging: »Oh! Wie wunderbar *phallisch*!« Und Edmund Carpenter hat einmal im Zusammenhang mit den Reaktionen von Touristen auf Maprik-Holzplastiken aus Neuguinea darauf hingewiesen, daß »Figuren mit erigierten Penissen besonders beliebt sind« (Carpenter 1973, S. 6).[5]

In der Darstellung nichtwestlicher Völker als unzivilisierte Wilde werden die Vorstellungen über »primitive« Erotik durch einen unterschwelligen popularisierten Evolutionismus ergänzt. Im letzten Kapitel haben wir gesehen, daß die Tendenz, die Ontogenese mit der Phylogenese zu verwechseln (d.h. Erkenntnisse über die psychosoziale Entwicklung von Individuen auf die evolutionäre Entwicklung der Gattung Mensch zu übertragen), idyllische Auffassungen beeinflußt, die im »anderen« den »Bruder« sehen. Dieselbe Tendenz spielt auch bei der Darstellung »der Nachtseite des Menschen« eine Rolle. In beiden Fällen trägt das im Rahmen früher Rassen- und Evolutionstheorien entstandene Vokabular europäischer Sprachen zu der Leichtigkeit bei, mit der unbeabsichtigt vom Individuellen zum Kollektiven übergegangen wird.[6] Von besonderer Bedeutung ist hier die eigentümlich elastische (multireferentielle) Anwendbarkeit des Begriffs

5 Bildliche Darstellungen weiblicher Sexualität erzielen einen entschieden geringeren Verkaufserfolg. Mehrere Kunsthändler sagen, daß Informationen darüber, daß bestimmte Objekte mit Menstruationstabus und Schwangerschaft in Zusammenhang standen oder speziell weiblichen Symbolen ausgestattet waren, die Kunden immer wieder vom Kauf abschreckten, so daß sie sich später eines derartigen Kommentars enthielten. Mehr als einer stellte fest, daß weibliche Sexualität bei vielen Leuten Unbehagen und Verlegen auszulösen schien, während phallische Darstellungen Erregung und Interesse verursachten.

6 Ganz ähnlich betont Stephen Jay Gould, daß der Wortschatz obsolet gewordenes traditionelles Wissen über das Tierreich konservieren könne. Auf die »konventionelle Vorstellung« verweisend, »daß Beuteltiere anatomisch und physiologisch weniger entwickelt als Säugetiere mit einer Plazenta seien«, ar-

»primitiv«, die es ermöglicht, »primitive Triebe« gedanklich sowohl mit Kindern, steinzeitlichen Menschen, Geisteskranken oder emotional Gestörten als auch mit heute lebenden Völkern zu verknüpfen, die nicht dem Prozeß der »Zivilisation« – im spezifisch westlichen Sinne des Wortes – unterworfen worden sind. Ein journalistischer Bericht über Wahnsinn und künstlerische Kreativität aus dem Jahre 1985 mag zur Veranschaulichung dienen:

»Dr. Barry M. Panter, außerordentlicher Professor für Psychiatrie an der University of Southern California und Leiter einer alljährlich stattfindenden Konferenz über ›Kreativität und Wahnsinn‹ wies auf... die enge Beziehung zwischen Emotion und Kreativität hin. ›Das von Künstlern für ihre Kunst benutzte Material‹, sagte Panter, ›rührt von den primitiven Schichten ihres Innenlebens her – von Aggression, sexueller Phantasie, polymorpher Sexualität. Über die Persönlichkeitsentwicklung wissen wir, daß wir alle diese Phasen durchlaufen und daß diese primitiven Triebe in uns stecken. Wenn wir heranwachsen und ›zivilisiert‹ werden, unterdrücken wir diese Triebe. Der Künstler aber bleibt mit ihnen in Kontakt und versucht, sie zu verstehen. Und in Kontakt mit diesem primitiven Selbst zu bleiben bedeutet, auf der Grenze zwischen geistiger Gesundheit und Wahn zu stehen‹.« (Freedman 1985, S. 11)

In dem Artikel wird dann ein Bühnenautor zitiert, der sagt, daß ihm, nachdem er gerade zu trinken aufgehört hatte, das Schreiben eines bestimmten Stückes »schwerfiel, weil ich nachts nicht mehr diesen Augenblick des Wahnsinns erlebte... Ich mußte mich fragen, kann ich immer noch in den dunklen Teil meines Wesens eintauchen?« (Freedman 1985, S. 11).

Diese Passage beschwört einen beliebten begrifflichen Gegensatz, der Wasser auf die Mühlen traditioneller Vorstellungen von

---

gumentiert er, daß »schon unsere taxonomischen Begriffe dieses Vorurteil verstärken. Alle Säugetiere werden in drei Klassen aufgeteilt: die eierlegenden Kloakentiere werden Prototheria oder Vorsäugetiere genannt; die Säugetiere mit Plazenta sind die Gewinner, indem sie Eutheria oder wahre Säugetiere genannt werden; die armen Beuteltiere stellen als Metatheria oder mittlere Säuger ein Zwischenstadium dar – sie sind noch nicht oben angekommen.
Das Argument der strukturellen Inferiorität beruht hauptsächlich auf den unterschiedlichen Reproduktionsweisen bei Beuteltieren und Säugern mit Plazenta und wird durch die selbstgefällige Annahme gestützt, daß alles, was anders als wir ist, auch schlechter ist« (1980, S. 291).

»primitiver Kunst« gießt. Einerseits verweist sie auf die »primitiven Triebe«, welche den »dunklen Teil« des menschlichen Wesens repräsentieren – Aggression, sexuelle Phantasie, polymorphe Sexualität usw. Andererseits spielt sie auf das komplementäre Bild zivilisierten Verhaltens an, siedelt dieses Verhalten in der Unterdrückung jener »primitiven Triebe« an und identifiziert es mit dem allmählichen Prozeß persönlicher Reifung. Diese beiden sehr verschiedenen, von einem gemeinsamen Vokabular abhängigen Vorgänge – Reifung und Zivilisation – vorausgesetzt, kann es im Grunde keine (emotional ausgeglichenen) Erwachsenen geben, die nicht der »zivilisierten« Welt angehören. Auf diese Weise gelingt es, »Primitive« nicht nur mit der Phase der Kindheit in der Evolution des Menschen gleichzusetzen, sondern sie auch als die Kinder der Welt des 20. Jahrhunderts zu betrachten.

Während die mit dem Begriff »primitiv« verbundenen populären Assoziationen sich in unserem, dem gesunden Menschenverstand entsprechenden Wissen über Fortschritt und Zivilisation einnisten, beginnen sie, ein Eigenleben zu führen. Als stark integriertes Bündel von Eigenschaften können sie sogar dazu benutzt werden, Phänomene begrifflich zu fassen, die nichts mit Menschen zu tun haben, deren Leben – an ethnographischen Maßstäben wie Kleidung, Rituale, Verwandtschaft oder Technologie gemessen – exotisch ist. Diese metaphorischen Erweiterungen der Primitivismus-Bilder sind von den Realitäten, auf denen sie in gewissem Sinne basieren, so weit entfernt, daß sie besonders aufschlußreich sind.

Zur Veranschaulichung zitiere ich zwei Beschreibungen – die eine ist journalistisch, die andere cinematographisch –, in denen das Standardvokabular des Primitivismus und der Barbarei auf den europäischen Tanz des 20. Jahrhunderts angewendet wird.

Im ersten Falle handelt es sich um eine in der *New York Times* erschienene Kritik (Kisselgoff 1984). Nachdem die Rezensentin den »zivilisierten« Teil des zur Debatte stehenden Programms in einem einzigen Satz abgetan hat (»In der Tat fesseln die Sänger das Publikum mit vielen aus dem Mittelalter oder der

Renaissance stammenden Liedern von den britischen Inseln«), richtet sie ihre Aufmerksamkeit darauf, wie die Darbietung »zeitlich immer tiefer gräbt«, und geht dann zu einer ekstatischen Beschreibung der »alten, in Tanzform erhalten gebliebenen heidnischen Rituale« über. Ohne das abgebildete Photo einer jungen Frau, die anscheinend eine langärmelige Spitzenbluse, eine bestickte Samtjacke, einen karierten schottischen Faltenrock, karierte Kniestrümpfe und Ballerinas trägt, hätte der Text sehr gut Bilder von urtümlichen, mit Tierhäuten bekleideten und Keulen schwingenden Höhlenbewohnern heraufbeschwören können. Einer der Tänze war »schön und magisch (und) hatte etwas besonders Geheimnisvolles an sich«, während ein anderer

»in seiner symbolischen Bedeutung barbarisch wirkte…; in (einigen) älteren vorchristlichen, mit Fruchtbarkeitsritualen zusammenhängenden Schwerttänzen [wurden] spitze, mit einem Heft versehenen Schwerter [benutzt]. [Ein anderer hatte] dunkle ritualistische Untertöne… Unter den Tänzern… befanden sich traditionelle Fruchtbarkeitsfiguren [und] ein Junge…, der etwas mit der Bedeutung des Tanzes als ›alter Ritualtanz zur Sicherung des Jagdglücks‹ zu tun hatte… Der gesamte, beinahe in völliger Dunkelheit ausgeführte Tanz erweckte einen magischen Eindruck.«

Im einleitenden Absatz ihrer Kritik deutet die Autorin an, diese Darbietungen basierten auf »sorgfältig erforschten Festen«, im weiteren Verlauf aber, auf einer Innenseite des Kulturteils, führt sie vorsichtigere Wendungen ein: ein Tänzer mit einem Dolch »sticht diesen *wie* zur Verehrung in den Boden«, und »*vermutlich* wurden früher Gottkönige geopfert, um das Gedeihen der Feldfrüchte zu gewährleisten«. So ist der Leser nicht völlig unvorbereitet, wenn am Ende der Besprechung zugegeben wird, daß »über den Ursprung der meisten dieser Tänze nur wenig bekannt ist«; an diesem Punkt angelangt, ist die Frage, ob sie tatsächlich auf eine keltische Tradition zurückgehen oder nicht, nicht mehr wichtig; denn die Bilder von barbarischen Fruchtbarkeitsriten und von magieerfüllter Dunkelheit haben sich bereits festgesetzt.

Sieht man die Tanzveranstaltung nur durch die journalistische Prosa, so ist es unmöglich zu beurteilen, wieviel von dieser Rhetorik von der Tanztruppe inspiriert wurde und wieviel davon auf das Konto der Rezensentin geht. Wie dem auch sein mag, zweifellos läßt sich die endgültige Darstellung dem gut dokumentierten und als »Traditionserfindung« (Hobsbawm und Ranger 1983) bekannten Phänomen zuordnen. Daß ihr Thema ein Tanzprogramm von den britischen Inseln ist, vergrößert lediglich die Relevanz der Darstellung für das Verstehen des »westlichen« Bildes von »primitiver Kunst«; denn die Darstellung demonstriert die Kohäsionskraft der verschiedenen Bestandteile dieses Bildes (Dunkelheit, Magie, Heidentum, Fruchtbarkeitsriten, Menschenopfer und unveränderliche Tradition) – unabhängig von der in Frage stehenden Kultur. Haben es die Leser erst einmal geschluckt, daß die Darbietung »barbarisch wirkte«, könnten sie den Rest der Rezension fast selbst schreiben; ihre wesentliche Botschaft ist eine gebrauchsfertige Packung, die jeder, der in der »zivilisierten« Welt aufgewachsen ist, kennt.

Bei unserem zweiten Tanzbeispiel haben wir es wieder sowohl mit einer Darbietung als auch mit einer Publikumsreaktion auf sie zu tun, diesmal durch die kreative Einbildungskraft Federico Fellinis in seinem Film *E la nave va* (Schiff der Träume) gesehen.

Die Handlung spielt im Jahr 1914. Die Crème der italienischen Oper macht auf einem Luxusdampfschiff eine Bestattungskreuzfahrt, um die Asche einer ihrer beliebtesten Diven, Edmea Tetua, in der Nähe ihrer Geburtsinsel ins Meer zu streuen. Nachdem die Gesellschaft ein paar Tage auf See verbracht hat, wird eine große Gruppe halb verhungerter, schmutziger serbischer Flüchtlinge gerettet, und man gestattet ihnen, auf dem offenen Deck zu kampieren. Eines Nachts erregen Gesang und Tanz der Serben die Aufmerksamkeit der Operngesellschaft, deren Reaktionen deutlich erkennbar ambivalent sind.

Eine Person nennt die Serben »Gesindel«. Eine andere weist aufgeregt auf ihre »wilden Augen« hin. Eine dritte ruft aus: »Wie ausdrucksvoll! Man braucht gar nicht die Worte zu verstehen!« Einer kommentiert, daß sie »wie die Affen« sind. Und die Tanzlehrer werden gedrängt: »Ihr seid besser als sie; zeigt ihnen, wie man tanzt.« Nachdem sie das Schauspiel eine Zeitlang fasziniert, aus der Entfernung, betrachtet haben, steigen die Zuschauer mutig auf das Deck hinab – einige, um am Tanz teilzunehmen, und andere, um den Serben zu erklären, daß das, was sie da aufführten, ein altes heidnisches Ritual sei, ein Fest, das zu Ehren »der das Wachstum der Pflanzen fördernden Geister« die Fruchtbarkeit der Erde verherrliche. Die erhobenen Arme der Frauen symbolisierten das Kommen das Regens und das stampfende Tanzen der Männer das Aussäen des Samens.

Ganz ähnlich wie in der Besprechung der keltischen Tänze wird in der Szene von Fellini ein europäischer Volkstanz mit Hilfe des Primitivismus-Vokabulars exotisiert: er wird als heidnisch bezeichnet; man behauptet, er sei alt; es wird von »wilden Augen« geprochen, ein Vergleich zu Affen gezogen und der ganze (auf einem Schiffsdeck im Mittelmeer aufgeführte) Tanz im Sinne der Fruchtbarkeit der Erde interpretiert. Hier spielen die High-Society-Passagiere die Rolle der Rezensentin der *New York Times*: sie sind von echter Erregung ergriffen, daß sie eine so exotische Szene in so angenehmer Umgebung beobachten können, und als gebildete Angehörige der Welt der Hochkultur zögern sie nicht, eine Anspruch auf Richtigkeit erhebende Interpretation zu liefern. Fellinis Meisterschaft als Sozialsatiriker besteht zum Teil darin, daß er erkennt, wie wichtig es ist, die beiden Gruppen sprachlich voneinander abzugrenzen (was die mögliche Peinlichkeit einer alternativen Tanzinterpretation seitens der Tänzer selbst von vornherein ausschließt), und daß er zu verstehen gibt, wie absolut unvorstellbar es für die High-Society-Passagiere ist, daß die Tänzer ihre Analyse anders als ehrerbietig und dankbar aufnehmen könnten.

Die ganze Bandbreite der die »Nachtseite des Menschen« ausmachenden Elemente in Erinnerung behaltend, wollen wir uns nun wieder auf die statische Kunst konzentrieren und überlegen, was mit diesem Bild geschieht, wenn es den Händen von Journalisten, Filmemachern, Museumskuratoren und anderen Angehörigen der Bildungselite entschlüpft. Als Beispiel mag die spontan abgegebene Erklärung über Sinn und Bedeutung »primitiver Kunst« einer Aufsichtsbeamtin dienen, die im November 1984 den Michael C. Rockefeller-Flügel des Metropolitan Museum of Art in New York bewachte.

Richard Price und ich hatten den ozeanischen Teil des Ausstellungsraums, in dem sich sonst keine weiteren Besucher befanden, betreten und lasen gerade den Einführungstext, der eine Photowand erläuterte, auf der Michael Rockefeller in Begleitung mehrere Asmat-Männer aus Neuguinea zu sehen war, als eine leise, aber überzeugend klingende Stimme hinter uns sagte:

»Sie wissen, wer das ist, nicht wahr? Das ist Michael Rockefeller. Das ist der, der von Kannibalen aufgefressen wurde. Sehen Sie sich nur den Kerl neben ihm an (sie zeigte auf einen Jugendlichen, der mit leicht herausgestreckter Zunge lächelte). Wenn man etwas von Körpersprache versteht, dann ist klar, was *er* vorhat!«

Wir waren beide etwas überrascht – sowohl über das, was wir gehört hatten, als auch darüber, daß eine Museumswächterin eine Ausstellung kommentiert, lasen den Einführungstext zu Ende und gingen weiter. Als wir außer Hörweite waren, wunderte ich mich laut, was sie mit Körpersprache gemeint haben könnte: sie konnte doch sicher nicht die hervorstehende Zunge mit ihrer Phantasie, daß Rockefeller »von Kannibalen aufgefressen« worden war, in Zusammenhang bringen! Sehr viel weniger sicher als ich, daß sie das nicht konnte, sagte R.P., ich solle zurückgehen und mit ihr sprechen, was ich auch tat.

Sie freute sich sehr über mein Interesse an ihrer Meinung und hielt mir dann einen Vortrag, der beinahe eine halbe Stunde dauerte. Zunächst bestätigte sie, daß die Körpersprache, auf die sie angespielt hatte, tatsächlich die hervorstehende Zunge eines sich schon auf das Festmahl freuenden Kannibalen war. Mit Nachdruck verwies sie darauf, daß Michael Rockefeller damals erst 21 (sic) Jahre alt war. (Ob sie damit meinte, daß er einen besonders zarten Festtagsbraten abgegeben habe, war ein heikler Punkt, über den ich keine Nachforschungen anstellen wollte.[7])

---

7 Im folgenden Jahr in Paris hörte ich die Kannibalismus-Version von Rockefellers Tod wieder – diesmal von sehr gebildeten Leuten, die betonten, ihre Quel-

Sie versicherte mir, daß das *Metropolitan Museum of Art* einige sehr schöne Dinge besitze – sie wisse das, weil sie nicht immer nur in diesem Flügel gearbeitet habe –, die ich aber hier nicht finden würde. Die Sammlung in diesem Teil des Museums bestehe ausschließlich aus Gegenständen, die etwas mit dem Töten zu tun hätten. Tatsächlich hätten diese Leute jeden getötet, der sich in ihr Territorium gewagt hatte. »Auf diese Weise haben wir eine Menge guter Missionare verloren«, sagte sie. »Alles, was sie zu tun versucht haben, war, diesen Leuten die Anbetung von Idolen abzugewöhnen, aber am Ende wurden sie alle getötet und aufgegessen.«

Sie führte mich zu den geschnitzten *mbis*-Pfählen und erklärte mir, daß die Asmat, nachdem sie die Körper ihrer Opfer verspeist hätten, deren Köpfe an diese »Totempfähle« hängten. Nach einer Weile hätten sie die Köpfe dann weggeworfen, weil sie nichts mehr wert gewesen wären. Sie verwandte einige Zeit

---

len seien zuverlässig und jede andere Geschichte, die ich gehört haben könnte, sei von der Familie, die in ihrer Ruhe und Würde nicht gestört werden wolle, erfunden. Da mir die Frage, ob ich es mit einer phantasievollen Vorstellung über »primitives Leben« oder der Vertuschung eines unerfreulichen Ereignisses im Leben einer politisch einflußreichen Familie zu tun hatte, keine Ruhe mehr ließ, forschte ich weiter nach und schrieb einem Kollegen, von dem ich allen Grund hatte zu glauben, daß er die Tatsachen genausogut wie jeder andere, der nicht zur unmittelbaren Familie gehörte, kennen würde. Die verschiedenen Informationsteile, die er mir lieferte (und von anderen, deren Name er mir gab), haben bei mir allen nur erdenklichen Zweifel ausgelöscht und mich davon überzeugt, daß Michael Rockefeller weder verstümmelt und aufgefressen noch in eine Stammestrophäe verwandelt worden ist. Er ertrank infolge eines Unfalls im Meer. Die öffentliche Sensationslust konnte sich diese großartige Gelegenheit jedoch nicht entgehen lassen, »primitive Barbarei« mit dem Schicksal eines jungen blonden Erben zu verknüpfen. Nicht nur, daß Museumswächter in New York und Kunstsammler in Paris privat über die blutrünstigen Einzelheiten klatschen, es gibt auch eine ununterbrochene Flut von direkt an M. R.s Mutter gerichteten Briefen. Man hat ihr gegen Bezahlung seinen Schrumpfkopf angeboten; von Interviews mit den Eingeborenen, die ihn gefressen haben, berichtet; andere haben Photographien von seinem vermeintlichen Grab geschickt; und wieder andere haben förmlich um Finanzierung ersucht, um all die grausamen Tatsachen seiner letzten Tage aufdecken zu können. Der Umfang dieser Korrespondenz ist so groß, und sie dauert nun schon so lange an, daß Mrs. Rockefeller für ihre Bearbeitung schließlich eigens einen Mitarbeiter eingestellt hat.

darauf auszuführen, daß es bei den Asmat keinen natürlichen Tod gebe; jeder endete damit, getötet, verstümmelt, aufgegessen und an die Pfähle gehängt zu werden. »Sehen Sie sich diese Sitten und Bräuche an«, sagte sie und zeigte auf die ausgestellten Stücke. »Immer wenn jemand getötet wurde, zogen sich die Leute diese Kostüme an und schlichen sich mitten in der Nacht zu den Häusern der Verwandten des Toten – das machten sie immer mitten in der Nacht – und taten so, als ob sie der Geist des Toten wären. Und – Sie werden diesen Teil der Geschichte bestimmt nicht glauben – sie machten damit die Verwandten *glücklich*, weil die dann wußten, daß es dem Geist gut ging!« Sie erklärte mir, daß die Asmat keinerlei Religion hätten; sie praktizierten lediglich Voodoo, und das sei der Grund, warum sie jeden töteten.

Dann ging sie in einen Bereich der Ausstellung, in dem eine aus Schilden bestehende Decke ein Männerhaus darstellen sollte, und erklärte mir, daß es Frauen und Kindern nicht gestattet sei, dieses Haus zu betreten und die dort aufbewahrten Gegenstände zu sehen. »Sie pflegten einem Jungen im Alter von zwölf Jahren einen Schnitt auf dem Arm beizubringen, und wenn er dabei schrie, konnte er nicht zum Mann werden und dieses Haus betreten. Nicht nur das, sie schnitten auch allen Frauen die Klitoris ab – schnitten sie einfach ab! Wir haben eine Menge guter Missionare dort verloren«, wiederholte sie. »Man kann dort einfach nicht hingehen.«

An diesem Punkt schien sie aus ihrer Vision der Asmat-Welt lange genug aufzutauchen, um sich zu fragen, wie ich auf ihre Beschreibung reagierte und welches Interesse ich wohl an dem Thema hatte. Sie sah mich aufmerksam an und fragte, ob *ich* jemals dort drüben in Afrika gewesen wäre. Um meine Rolle als Zuhörerin, nicht die einer zu dieser Unterhaltung Beitragenden, aufrechtzuerhalten, wies ich sie nicht darauf hin, daß die Asmat nichts mit Afrika zu tun haben, und antwortete zurückhaltend, daß ich mich dort einmal kurz aufgehalten hätte. »Das erklärt alles«, sagte sie. »Sie haben wahrscheinlich nur die Touristenorte besucht. Sonst wären Sie niemals zurückgekommen. Sie lassen einen in Ruhe, wenn man sich nur in den Touristengebieten aufhält. Nun, man kann es ihnen nicht verübeln. Der Tourismus ist das einzige einigermaßen Gute, was sie haben. Das einzige, was sie sonst im Leben haben, ist Voodoo und das Töten.«

In ihre Rede flossen noch viele andere ethnographische Einzelheiten und wertende Kommentare ein; ich habe mich jedoch entschieden, hier nur die anzuführen, die ich unmittelbar danach in ihren eigenen Worten aufschreiben konnte; ich glaube, daß sie eine repräsentative Auswahl dessen darstellen, was die Auffassung dieser Frau von »primitiver Kunst und Gesellschaft« ausmacht. Einige Aspekte dieser Auffassung verdienen es, kommentiert zu werden.

Erstens, ihre Darstellung war nicht völlig kenntnislos. Sie war nicht einfach das Produkt ihrer Einbildungskraft, sondern das Ergebnis eifrigen Lesens der verfügbaren Quellen, deren ethnographische Details richtig wiederzugeben und zu interpretieren sie sich gewissenhaft (wenn auch nicht immer erfolgreich) bemühte. Wir wollen uns einmal folgenden, auf Tafeln gedruckten Text ansehen, der in dem Bereich angebracht war, in dem die Aufsichtsbeamtin arbeitete:

»Die Asmat feierten den Tod mit Festen und Ritualen, die sowohl die Erinnerung an die Toten wachhielten als auch die Lebenden anspornten, sie zu rächen. Zu den speziell zu diesen Anlässen hergestellten Schnitzwerken gehören die *mbis*-Pfähle. Die Grundform des *mbis* ist die eines Kanus mit einem stark ausgearbeiteten Bug, der Ahnenfiguren und ein Phallussymbol in Form eines offenen, flügelähnlichen Vorsprungs verkörpert. Auf diesen Gegenständen befinden sich noch viele andere Kopfjagd- und Furchtbarkeitssymbole der Asmat.

Für die Asmat gab es keinen natürlichen Tod; der Tod wurde immer von einem Feind verursacht – entweder von Kopfjägern oder von heimtückischeren Kräften wie Zauberern. Der Tod löste ein Ungleichgewicht in der Gesellschaft aus, das die Lebenden, indem sie dem Feind Tod brachten, wieder ausgleichen mußten. Wenn ein Dorf einige Todesfälle zu beklagen hatte, wurde die *mbis*-Zeremonie abgehalten. Dieses Ritual konnte verschiedene Formen annehmen, die spektakulärste Form praktizierten die südlichen Asmat. Man schnitzte mehrere *mbis*-Pfähle und stellte sie vor dem Männerhaus zur Schau, wo sie den Mittelpunkt eines Scheinkampfes zwischen

Männern und Frauen bildeten. Man behielt die Pfähle bis zur erfolgreichen Durchführung einer Kopfjagd. Die Köpfe der Opfer wurden dann an den ausgehöhlten Enden der Pfähle befestigt. Nach einem abschließenden Fest ließen die Jäger die Pfähle im Urwald zurück.

Die ersten Phasen des *mbis*-Rituals dramatisierten die Macht der Asmat, ihre Toten zu rächen, und stellten so die Ordnung ihrer Welt wieder her. Die letzte Phase symbolisierte die Reise der Toten, die in ihren Kanus über das Meer ins Jenseits fuhren. Durch die *mbis*-Feier gestärkt, konnten die Toten den Lebenden beistehen.«

Dieser Text – und andere der gleichen Art – lieferte viele der in der Rede der Museumswächterin auftauchenden ethnographischen Details. Diese Frau war wahrscheinlich nicht die einzige, die die Aussage »es gab keinen natürlichen Tod« als eine Anspielung auf Mord mißverstand; und daß Zauberei gewöhnlich nicht bedeutet, daß eine niederträchtige Person tatsächlich einen tödlichen Zaubertrank braut oder einen todbringenden Zauberspruch aufsagt, sondern daß die Gemeinschaft verkündet, jemand habe als übernatürlicher Aggressor gehandelt, wird in der Texttafel nicht erläutert.

Die Gesamtstruktur, zu der diese Details verbunden sind, scheint jedoch eine globalere Vision vom »Stammesleben« zu reflektieren, die nicht allein auf Museumstexttafeln über Asmat-Ethnographie zurückzuführen sein kann. Wie viele in diesem Kapitel zitierte Beobachter, hat sich die Museumswächterin Bräuche ausgesucht, die bei *einigen* nichtwestlichen Gesellschaften unter *bestimmten* Bedingungen dokumentiert wurden – und ihr Vorhandensein einfach übertrieben und verzerrt, um in ihrer Phantasie eine innerlich homogene Gesellschaft konstruieren zu können, die irgendwo jenseits der Grenzen der »zivilisierten Welt« angesiedelt ist. Als sie Afrika, Totempfähle und Voodoo einfach miteinander verschmolz, stand sie fest auf der Seite einer der Teilnehmerinnen an einem akademischen Symposium über »›Primitivismus‹ in der Kunst des 20. Jahrhunderts« (das im selben Monat am Museum of Modern Art stattfand), die nachdrücklich betonte, daß ihre Bemerkungen (zu den Künsten »primitiver« Völker im allgemeinen) Aussagen über »die Stammesgemeinschaft« waren.[8]

Auch andere Merkmale des Vortrags der Museumswächterin sind leicht erkennbar. Die Betonung, die auf Nacht und Dunkelheit, sexuelle Verstümmelung, körperliche Gewalt und die Macht böser Geister gelegt wird, sollte von den weiter oben in diesem Kapitel gegebenen Beispielen her vertraut sein. Denn die Aufsichtsbeamtin machte von einem Korpus traditionellen Wissens Gebrauch, nach dem das Leben der »Primitiven« geprägt ist von »Magie, die wir als Aberglauben bezeichnen« (Christensen), »einschüchternden Methoden [und] ekelerregenden oder gar den Körper verletzenden« Zeremonien, in denen »manchmal unangenehme Materialien wie... Blut... und Eingeweide« Verwendung finden (Wingert), »von Angst und Tod hervorgerufenen Urgefühlen« (Mumford), »Angst und Dunkelheit« (Clark), »Geistern und okkulten Mächten« (Epstein), den »Tiefen [menschlicher] Urtriebe« (Muensterberger), »furchtbeladenen Emotionen« (Myers), »Bedrohung [und der] Angst vor Monstern« (Rubin), »von Gefühlen der Ehrfurcht und der Angst [und der] furchteinflößenden Macht, welche die Maske oder das Bild verkörpern« (McEvilley), »polymorpher Sexualität« (Panter), »dunklen ritualistischen Untertönen [und] vom Opfer« (Kisselgoff) sowie von »altem heidnischen Ritual« (Fellinis Italiener). Leser, die einwenden, daß nie intendiert war, dieses Merkmalsgemisch zu einer einzigen Liste zusammenzustellen, brauchen sich nur die Symposiumsteilnehmerin in Erinnerung zu rufen, die sich über »*die* Stammesgesellschaft« ausließ, und sie werden den Sinn in der harmonischen Koexistenz von Voodoo und Totempfählen bei den Asmat in Afrika erkennen können.

---

8 Paul Wingert vermittelte den gleichen Eindruck von einem einheitlichen Ganzen, als er über »die weite primitive Welt« (1962, S. 15) schrieb. Und Jim Mosley, ein Antiquitätenhändler aus Key West, der sich für präkolumbische Kunst, UFOs und Astronauten der Vorzeit interessierte, erklärte die Beziehung in einer am 28. März 1985 von Miami übertragenen Radiosendung folgendermaßen: »Die Bezeichnung ›präkolumbische Kunst‹ wird manchmal so weit ausgedehnt, daß sie auch Afrika einschließt. In diesem Fall spricht man aber besser von primitiver Kunst.«

4

Anonymität und Zeitlosigkeit

Feuer in Goldmine bei Johannesburg tötet 177 Arbeiter. Eine südafrikanische Bergbaugesellschaft gab am Mittwoch bekannt, daß am Dienstag 177 Menschen, die meisten davon schwarze Bergarbeiter, beim bislang schlimmsten Goldminenunglück des Landes den Tod fanden, als ein Brand in den unterirdischen Schächten giftige Dämpfe verursachte... In einer Erklärung der Minenbetreiber, General Mining Union Corp., wurden fünf Tote, Weiße, mit Namen, Beruf, Ehestatus und Zahl der Kinder genannt. Die Schwarzen wurden nur nach Stammeszugehörigkeit identifiziert. – *New York Times Service*[1]

Es gehört wohl zu den charakteristischen Merkmalen der akademischen Kunstforschung, daß sich diese Forschung auf Leben und Werk namentlich bekannter Individuen und auf die historische Abfolge unterschiedlicher künstlerischer Bewegungen konzentriert. Wie im Falle der Musik, der Literatur und des Theaters wird auch die Geschichte der bildenden Künste als ein aus den Beiträgen verschiedener schöpferischer Menschen bestehendes Mosaik präsentiert – Menschen, deren Namen bekannt sind, deren Werk unterschieden wird, deren Leben und deren Beziehung zu einer bestimmten historischen Periode unsere Aufmerksamkeit verdient. Ebenso auffällig ist die Bedeutung, die der historischen Dimension bei der Erforschung der bildenden Künste zukommt; die Vorlesungsverzeichnisse der meisten über eine Abteilung für vergleichende Literatur- oder Musikwissenschaft verfügenden Universitäten führen das Wort »Geschichte« ein, wenn sie das Studium der Malerei, Plastik und Architektur auflisten. Schon unsere begriffliche Vorstellung von

1 Alan Cowell, *International Herald Tribune*, 18. September 1986, S. 1.

Kunst ist untrennbar mit der historischen Chronologie von Kunst verknüpft; von wenigen Ausnahmen abgesehen ist wissenschaftliche Forschung unter der Rubrik »schöne Künste« in der zeitlichen Abfolge aufeinanderfolgender Schulen verortet, sie wird nach Jahrhunderten, der geordneten Folge von Stilen und ästhetischen Interessen benannt.

Bei dieser allgemeinen Betonung individueller Kreativität und historischer Chronologie wird jedoch eine Ausnahme gemacht. Nach »westlichem« Verständnis muß ein außerhalb der »großen Traditionen« entstandenes Werk von einem namenlosen Wesen produziert worden sein, das seine Gemeinschaft repräsentiert und dessen Können dem Diktat jahrhundertealter Tradition unterworfen ist. Dieses Kapitel wird sich etwas eingehender mit diesem eigenartigen Burschen und den seine Kreativität hemmenden Restriktionen beschäftigen. Und es wird den Versuch unternehmen, die Urheberschaft seiner berühmten Anonymität und seines Traditionalismus zu ermitteln.

Welche Rolle spielt individuelle Kreativität im Kontext gemeinschaftlicher kultureller Tradition? Ethnologische Berichte über menschliche Gesellschaften liefern eine Fülle von Belegen dafür, daß sich das Fach Ethnologie vor einer Beantwortung dieser zentralen Frage drückt. Einerseits sind viele verfügbare Monographien »primitiver Gesellschaften« in einem als »ethnographisches Präsens« bekannten Tempus geschrieben – wodurch der kulturelle Ausdruck aus dem Fluß historischer Zeit herausgenommen wird und sowohl Individuen als auch ganze Generationen zu einer einzigen, die Vergangenheit wie die Gegenwart repräsentierenden Figur verschmelzen. Bronislaw Malinowskis »Eingeborener von den Trobriand-Inseln« oder E. E. Evans-Pritchards »Nuer-Hirte« wurden eher konstruiert, um uns etwas über kulturelle Normen und generalisierte Verhaltensmuster zu erzählen, als um in den jeweiligen Gesellschaften das Wesen individueller Unterschiede oder zeitlicher Entwicklungen zu erforschen. Diese Form der keineswegs auf Ethnographien beschränkten Beschreibung ist zwar infolge einer stärker werdenden Diskussion über die Rolle der Geschichte im Leben schriftloser Völker leicht angeschlagen und in einigen Punkten diskreditiert, doch bis heute lebendig.

Andererseits gab es immer auch Ethnologen, die sich dafür ausgesprochen haben, der Kreativität, der Innovation und dem historischen Wandel mehr Aufmerksamkeit zu schenken. Obwohl Franz Boas den Konservatismus »primitiver Kunst« und das auf ihren Schöpfern lastende Gewicht der Tradition betonte, hat er doch gleichzeitig die Aufgabe, diese Kunst zu verstehen, radikal umformuliert, indem er weniger den Gegenstand als den Künstler selbst ins Zentrum rückte. Boas beharrte sowohl in seinen Schriften als auch in seiner Lehre auf gründlicher Feldforschung aus erster Hand, er beteuerte den Wert einheimischer Erklärungen, verwies darauf, wie wichtig es sei, dem »Spiel der Phantasie« (Boas 1908/1940, S. 589) und der Rolle der Virtuosität, dem künstlerischen Prozeß ebenso wie der fertigen Form Aufmerksamkeit zu schenken. Seine Studenten, die eine ganze Generation amerikanischer Ethnologen beeinflußten, haben sich von diesen Forderungen in ihrer Forschung leiten lassen und das Zusammenspiel von Tradition und Kreativität als etwas aufgefaßt, das weniger logisch deduziert als sorgfältig empirisch untersucht werden sollte. Sie begannen, darüber zu berichten, in welchem Maß individuelle »nichtwestliche« Künstler innerhalb der weiten Grenzen künstlerischer Traditionen, in denen sie erzogen worden waren, bewußte und manchmal innovative ästhetische Entscheidungen treffen. Die Folge war, daß die Leser der Studie von Ruth Bunzel über Pueblo-Töpfer (1929/1972) nicht nur mit den charakteristischen Merkmalen der Zuni-, Acoma-, Hopi- und San Ildefonso-Stile, sondern auch mit den eher individuellen Zügen der Arbeit solcher Töpfer wie Maria Martinez und Nampeyo vertraut gemacht wurden.

Zur gleichen Zeit konzentrierte in England Raymund Firth, dessen Ansatz bei der Erforschung des sozialen Lebens die Freiheit der Individuen innerhalb des normativen Systems, welches das akzeptierte Verhalten definiert, betonte seine Aufmerksamkeit auf »die Beziehung zwischen der kreativen Fähigkeit des Eingeborenen-Künstlers und seiner Konformität gegenüber dem lokalen Stil« (1936/1979, S. 28) und führte als erster die Verwendung von Eigennamen ein, indem er ganz bestimmte Individuen, deren Leben zu seinem ethnographischen Wissen beitrug, in seiner Arbeit porträtierte. (Siehe Biebuyck 1969, der in der Einleitung zu der von ihm herausgegebenen Aufsatzsammlung einen detaillierteren Überblick über frühe Forschungen zum Wechselspiel von individueller Kreativität und kollektiver Tradition gibt.)

Kunsthistoriker haben in schriftlosen Völkern manchmal eine Art »Kontrollfall« gesehen, der die Einzigartigkeit der Rolle der Künstler in der westlichen Gesellschaft hervorhebt. In diesem vergleichenden Kontext wurde den Künstlern aus Afrika, Ozeanien und den beiden Amerikas oft die Rolle der Sklaven kollektiver Traditionen zugewiesen – Sklaven, die Gegenstände nach präskriptiven, von vergangenen Generationen übernommenen Regeln herstellten. In den letzten Jahrzehnten wurde dieses Bild jedoch von einer immer größer werdenden Zahl von Wissenschaftlern, die mit kunsthistorischer Perspektive an die Erforschung »primitiver Kunst« (vor allem in Afrika) herangingen, wesentlich dadurch modifiziert, daß sie unser Wissen über das Leben individueller Künstler erweiterten, kunsthistorische Entwicklungen im Zeitverlauf dokumentierten und stilistische Unterschiede, an denen man die Herkunft bestimmter Stücke erkennen kann, neu definierten. Wissenschaftler wie Roy Sieber und Robert Faris Thompson haben bahnbrechende Arbeit für die Anerkennung der Dynamik afrikanischer künstlerischer Traditionen und der Kreativität einzelner Künstler geleistet. Heute versuchen viele, wenn nicht die meisten Kunsthistoriker, das Werk einzelner »primitiver« Künstler ebenso zu unterscheiden, wie das ihrer euro-amerikanischen Kollegen. Und in einigen Fällen beginnt ihr Einfluß bereits, sich auf die Einstellungen ihrer eher »westlich« orientierten Kollegen auszuwirken. William Rubin, der sich der »primitiven Kunst« aus der Perspektive seiner Beschäftigung mit der westlichen Malerei des 20. Jahrhunderts nähert, vereint auf eine für seine Zeitgenossen nicht untypische Weise die Auffassung, daß »Stammeskunst eher ein kollektives Gefühl als ein individuelles zum Ausdruck bringt« (1984, S. 46) mit einem Eingeständnis, daß »die einzelnen Schnitzer viel mehr Freiheit... hatten, als viele Interpreten angenommen haben« (1984, S. 13). Sowohl bei zeitgenössischen Kunsthistorikern als auch bei Ethnologen wächst also die Erkenntnis, daß Feingefühl und Vorsicht bei der Beschreibung des delikaten Wechselspiels von individueller Kreativität und traditionellen Vorschriften notwendig sind.

Doch trotz dieser interdisziplinären Forschung (und zur gleichen Zeit wie sie) beharren viele, populäre wie wissenschaftliche Schriften über »primitive Kunst« weiter darauf, daß ästhetische Entscheidungen ausschließlich von der tyrannischen Macht der Tradition abhängig sind. Herschel B. Chipp, ein angesehener Kunstwissenschaftler auf dem Gebiet der modernen Kunst, der auch über die »Kunststile primitiver Kulturen« geschrieben hat, charakterisierte die Kunst der Maori durch

> »die rigorose Beschränkung auf den Bereich, durch den die persönliche Erfindungskraft des Künstlers begrenzt war. ... Ein technischer Irrtum – ein Fehler... von Seiten des Bildhauers beim Einhalten traditioneller Arbeitsverfahren – konnte die traditionellen Kommunikationskanäle zur Welt der Geister versperren oder zerstören und mit so harten Strafen wie dem Tod geahndet werden.« (Chipp 1971, S. 168)[2]

Über »primitive« Künstler in der Einzahl zu schreiben, ist eine weitverbreitete Konvention, die bewirkt, daß die Austauschbarkeit dieser Künstler – nicht nur in ihrer jeweiligen Gesellschaft, sondern auch im Zusammenhang mit ihren Kollegen überall in der Welt – betont wird. Selbst die persönlichen Gefühle, die Künstler ihrer Arbeit gegenüber hegen, werden manchmal als

2 Chipp ist nicht der einzige Interpret, der, um seine Leser mit der Ernsthaftigkeit lokaler Tabus zu beeindrucken, phantasievollen Gebrauch von der Todesstrafe gemacht hat. Werner Muensterberger behauptete beispielsweise: »Aschanti-Frauen riskierten früher bei dem Versuch, sich einem Bildhauer während seiner Arbeit zu nähern, ihr Leben« (1971 b, S. 9). Und im Zusammenhang mit einem anderen Thema als Kunst erklärte der Autor eines Buches über die Saramaka-Maronen in Surinam (deren Körpergröße variiert, die im allgemeinen aber kleiner als Europäer oder Nordamerikaner sind) ohne Zögern, daß »alle jungen Männer, die nicht eine Größe von mindestens 1,80 m erreichten, vertrieben werden und sterben« (Vandercook 1926a, S. 227–228).

Gemeinschaftseigentum beschrieben; hier eines meiner Lieblingsbilder von diesem generalisierten Burschen: »Der primitive Künstler bewegt sich ohne Verlegenheit vom Naturalismus zur Abstraktion« (Newton 1981, S. 53).[3] Die Verleugnung individueller Kreativität kommt oft in ziemlich summarischen Generalisierungen zum Ausdruck. Henri Kamer behauptete etwa: »In Afrika gibt es den kreativen Künstler als solchen nicht. ... Er [der afrikanische Künstler] stellt die Masken und Fetische je nach den augenblicklichen Erfordernissen, stets auf Bestellung der Würdenträger des Stammes und niemals seiner momentanen Inspiration folgend her« (1974, S. 33). Aus dieser Sicht verliert die Identität einzelner Künstler ihre Bedeutung, da sie ja ungefähr so wie ein Fließbandarbeiter zur ästhetischen Produktion beitragen. Vom Mangel an individueller Kreativität der Künstler macht man dann einen begrifflichen Sprung zu ihrem Mangel an individueller Identität. Der Künstler wird »anonym«.

In einem redaktionellen Vorwort von *African Arts* wurde zunächst »Stammeszugehörigkeit« mit »Anonymität« verwechselt, um dann die Implikationen dieser Anonymität hinsichtlich der Anerkennung einzelner Künstler zu erörtern. »Wenn der Künstler auf diese Weise zur Anonymität gezwungen ist, kann sich nicht ein solcher Kult des Indivdiuums entwickeln, der das Werk eines einzelnen europäischen oder selbst japanischen Meisterschnitzers oder -malers umgeben kann« (Anon. 1971, S. 7;

3 In eine Reihe spekulativer Berichte über die Kunst exotischer Gesellschaften schleicht sich ein Interesse an dem ein, was dem »primitiven Künstler« unangenehm ist. Dieses Interesse klingt in einigen Fällen verdächtig nach einer Projektion der eigenen Reaktion des westlichen Interpreten auf die zur Diskussion stehende Kunst. H. W. Janson zum Beispiel, dessen beschreibendes Vokabular für »primitive Kunst« Worte wie »rätselhaft«, »abstoßend« und »merkwürdig« umfaßt, schlußfolgert vorsichtig, daß es »unmöglich ist«, die Bedeutung der meisten Masken »in Erfahrung zu bringen«, legt aber, wenn er das den in der Malerei der Nootka nebeneinandergestellten linearen Formen zugrundeliegende Prinzip bestimmt, nicht dieselbe Zurückhaltung an den Tag: »Das Kompositionsbewußtsein des Künstlers geht so weit, daß ihm jede Formüberschneidung unangenehm ist; wenn er sie nicht vermeiden kann, stellt er die Körper der Tiere transparent dar, so daß man die Kontur des Walrückens durch den unteren Teil des Vogelkörpers verfolgen kann« (1986, S. 51).

die Verwendung des Worts »selbst« verdient vielleicht Aufmerksamkeit). Ein anderer Autor sieht in der Anonymisierung eine weniger freiwillige Entscheidung seitens des Künstlers: »Die Identität des einzelnen afrikanischen Bildhauers blieb gemeinhin im Verborgenen, weil er Kräfte manipuliert, die außerhalb seiner selbst existieren, so daß er, sobald er diese Kräfte in seine Skulptur hat eingehen lassen, in Anonymität versinkt« (Duerden 1968, S. 16; man achte auf das letzte Verb).

Eine im Zusammenhang mit der »Anonymität« tribaler Künstler selten erforschte Frage ist, wer diese Anonymität erzeugt. Wenn Grace Glueck in einer Besprechung des *Center for African Art* feststellt: »In unserer namenorientierten westlichen Kultur staunen wir, daß Werke wie diese anonym sind« (1984, C28), will sie *vielleicht* auf unsere eigene Unkenntnis der Künstlernamen aufmerksam machen. Ich habe aber den Verdacht, daß viele ihrer Leser glaubten, sie spiele weniger darauf an, daß die Anonymität afrikanischer Künstler ein erstaunlicher Lapsus im Zusammenhang mit der westlichen Namensbesessenheit ist, sondern darauf, daß sie ein der Stammeskunst in ihrem eigenen Kontext zukommendes Merkmal sei. Einige Interpreten nehmen die westliche Unkenntnis hinsichtlich der Identität der Künstler allzu leicht als Anlaß, die Individualität der Künstler als unwesentlich abzutun und anzunehmen, die Kunst werde von der Gemeinschaft in ihrer Gesamtheit geschaffen; ein Autor stellt in *African Art* unbekümmert fest: »... da die Namen einzelner afrikanischer Künstler selten bekannt sind, wird ein Werk im allgemeinen als das Produkt einer Kultur betrachtet« (Sigel 1971, S. 52). Und andere, die sich der individuellen Rolle bestimmter Künstler nachweislich bewußt sind, machen, wenn sie nicht darauf hinweisen, daß sie sich auf die *westliche* Rezeption nichtwestlicher Kunst beziehen, ziemlich ungenaue Aussagen zur »Anonymität« und tragen so unabsichtlich zum populären Bild vom »primitiven« Künstler bei, das diesen als undifferenzierten Schöpfer kultureller Artefakte darstellt. Als Paul Wingert »die Anonymität des Künstlers in den meisten, aber keineswegs in allen Fällen« (1962, S. 377) als eines der »die Künste aller primitiven Gesellschaften kennzeichnenden Merkmale« bezeichnete, deutete er durch nichts an, daß er über alles andere als die Lebenswirklichkeiten »primitiver Gesellschaften« sprach. Und wenn Georges Rodrigues afrikanische Kunst als »bis auf sehr wenige Ausnahmen anonym« (1981, S.23) charakterisierte, machte er diese Unterscheidung genauso wenig.

Das populäre Bild von »primitiven« Künstlern als nicht selbständig denkenden und undifferenzierten Werkzeugen ihrer jeweiligen Traditionen – als Menschen, denen ganz besonders das Privileg technischer und konzeptueller Kreativität abgesprochen wird – wirft interessante Fragen hinsichtlich der Art und Weise auf, in der »exotische« Völker zur Legitimierung der westlichen Gesellschaft und Kultur benutzt werden. Derartige Darstellungen einfach als rassistisch oder herablassend zu bezeichnen, würde die Sache zu sehr vereinfachen; ich glaube jedoch zeigen zu können, daß die »Anonymität« (und als Folge davon die »Zeitlosigkeit«) »primitiver Kunst« viel den Bedürfnissen westlicher Beobachter zu verdanken hat, die das Gefühl haben wollen, daß ihre Gesellschaft allein in der Geschichte der Menschheit eine überragende Leistung darstellt.

In einem 1973 in einer Ausgabe der *Réalités* erschienenen Artikel argumentierte der Autor, daß die Unterdrückung von Individualität zugunsten einer homogenisierten kollektiven Ideologie eine verallgemeinerbare Eigenschaft afrikanischer und ozeanischer Gesellschaften sei und in Kunstformen zum Ausdruck komme, in denen persönliche Identitäten hinter abstrakten Schematisierungen zurückträten:

»Die Kunst Afrikas ist anonym. Ihre Werke sind eher Embleme als Reproduktionen der Wirklichkeit, eher Symbole als Nachahmungen.

Der Grund hierfür liegt im Wesen jener Zivilisationen begründet, die sie hervorbringen. Die Werke spiegeln soziale Gemeinschaften, in denen das Individuum nur als Teil der Gruppe existiert. ... In Afrika und Ozeanien... muß die Kunst der Gemeinschaft Spiegelbilder zeigen, in denen sich die Gemeinschaft wiedererkennen kann. ... Kunst ist der Zement, der die Gemeinschaft zusammenhält; ohne sie wäre der Stamm zu Tode verurteilt.« (Darriulat 1973, S.42, 45)

Weiter hinten in derselben Ausgabe griff René Huyghe das Thema wieder auf und erklärte das Nichtvorhandensein von Individualität mit einem explizit evolutionären Schema, dessen rassistische Untertöne nur schlecht von Dementis wie »es gibt nicht nur *eine* ›richtige‹ Meinung« und »afrikanische und ozeanische Kunst ist der westlichen Kunst keineswegs unterlegen« (1973, S. 67) überspielt wurden. »Der Individualität, die in entwickelteren Gesellschaften eine immer wichtigere Rolle spielt, wird wenig Wert beigemessen«, schrieb er, und dieses Phänomen könne man nicht wirklich verstehen, wenn man nicht zwischen der Sprache der Worte (»die mit Denkprozessen im oberen Gehirn verbunden sind«) und der Sprache der Bilder (die »in jenen Bereichen des Gehirns, in dem die Triebe, Instinkte und Emotionen verankert sind, ihren Ursprung haben«) unterscheide. Huyghe verknüpfte diese letztere Sprache (selbstverständlich, könnte ich hinzufügen) mit »weniger entwickelten Gesellschaften…, in denen Worte weniger eng mit dem Intellekt als mit der Phantasie verknüpft sind« und erklärte, daß »Kunst in diesen Gesellschaften eine vollständige Gemeinschaftssprache für sich ist«. Weiterhin führt er aus:

»In einer Kunst dieser Art gibt es keinen Raum für individuellen Ausdruck. Formen können auf ihren geometrischen Urzustand reduziert werden, weil sie einem psychologischen Gesetz folgen, das selbst eine Reflexion des universellen biologischen Prinzips der Erhaltung der Energie ist.

Gerade Linien erfordern den geringsten Energieaufwand, und die einfachste Weise, irgendein gegebenes Merkmal der realen Welt in Erinnerung zu rufen, ist, es auf grundlegende und universelle geometrische Formen zu reduzieren. Afrikanische und ozeanische Kunst ist geometrisch, weil ihre Schöpfer instinktiv die Natur nachahmen. Keinesfalls ist sie, wie die moderne westliche Kunst, das Resultat intellektuellen und gemeinsamen Forschens. Vielmehr ist sie das Ergebnis einer angeborenen Art und Weise, die Welt zu sehen.« (Huyghe 1973, S. 67).

Hat man erst einmal die Künste Afrikas und Ozeaniens als das Werk anonymer Künstler bestimmt, die Anliegen der Gemeinschaft mit Hilfe von instinktiven, in den unteren Teilen des Gehirns verankerten Prozessen zum Ausdruck bringen, ist es nur noch ein kleiner Schritt bis zur Behauptung, diese Künste zeichneten sich durch die Abwesenheit historischen Wandels aus. Selbst einigen Autoren, die in bester Absicht das Mißverständnis, »Primitive« hätten keinen Geschichtssinn, korrigieren wollen, fällt es schwer, diesen Bestandteil überkommenen Wissens gänzlich aufzugeben. Claude Roy beginnt zum Beispiel sein Buch *Arts Sauvages* mit dem Hinweis, daß einige »Primitive« über Schrift und Geschichte verfügen, fügt dieser Aussage jedoch eine Erläuterung hinzu, die die beabsichtigte Botschaft vollständig untergräbt: »Das sind nicht Menschen ohne Gedächtnis, sondern einfach Menschen mit schlechtem Gedächtnis.« (1957, S. 7)

In der Literatur zur »primitiven Kunst« ist jedoch ein kategorisches Leugnen der historischen Dimension üblicher. Typisch ist ein 1972 erschienener Essay mit dem Titel »Kunst als universelles Phänomen«: »Primitive Künstler... sind religiösen, mythischen Vorstellungen verpflichtet. Diese anonymen Künstler fühlen sich als Glied einer endlosen Kette von Generationen.« (Bihalji-Merin 1972, S. 7)[4] Oder wie Wingert ein Jahrzehnt früher verallgemeinerte: »In allen Bereichen der weiten primitiven Welt wurden die traditionellen Kunststile infolge des Konservatismus der die Handwerkstradition wahrenden Gruppe beibehalten und fortgesetzt. ... Die Grundvoraussetzung dieses Systems war, daß der Lehrling in der Nachfolge jahrhundertealter, seinem Dorf oder seinem Stamm eigener Darstellungs- und Ausdrucksideale ausgebildet wurde.« (Wingert 1962, S. 15)

Und hier noch weitere Argumente für den Traditionalismus:

»Afrika verfügt nicht über schriftliche Berichte, es hat kein Gedächtnis. ... Afrika und Ozeanien haben keine Geschichte. Die Geschichte primitiver Kunst wird im Präsens geschrieben. Das ist auch die Lektion,

4 Daß der Autor der Faszination moderner Künstler für »primitive Kunst« eine ironische Wendung gibt, verwundert nach dieser Auffassung nicht: »Während die Künstler aus Europa und Amerika versuchen, ... von den Schnitzern afrikanischer Idole Triebhaftigkeit und Vitalität zu übernehmen, erwachen die Völker Afrikas aus ihrem Dschungelschlaf und würden sich gern sowohl von den Idolen ihrer Medizinmänner als auch vom Einfluß der weißen Weltmächte befreien.« (Bihalji-Merin 1972, S. 8)

die der Tanz erteilt: Vergiß die Vergangenheit, verliere dich in der Geste und dem Rhythmus des Augenblicks.

Afrika hat keine Geschichte, und historische Chroniken wären dort lachhaft, da sich der Sinn für vergangene Zeit nicht in der Erinnerung an den Zusammenbruch von Imperien oder die Teilung von Königreichen, sondern im Wissen um die Schöpfung der Welt äußert.

[Gerade ihr mythischer Charakter] ist so überwältigend an der afrikanischen und ozeanischen Kunst. Man denke einmal an die Lebensbedingungen ihrer armen, nackten, der natürlichen Umwelt ausgelieferten Schöpfer. Dann wäge man dieses Bild gegen die feierliche Erhabenheit der von ihnen geschaffenen Mythen, die zeitlosen Traditionen ab, die uns in den Gegenständen, die wir heute sehen, überliefert werden. Dieses großartige Erbe hat nur einen Sinn und Zweck: den Akt des Feierns, das Aufgehen des Selbst in der Gemeinschaft, die menschliche Wärme von Tanz und Gesang immerfort zu erhalten.« (Darriulat 1973, S. 50)

Während »die Geschichte der primitiven Kunst« für diesen Autor »im Präsens geschrieben wird«, wählen andere dafür häufiger die Vergangenheitsform (typische Beispiele sind Christensen 1955, Maquet 1986 oder die weiter oben in Kap. 3 erwähnte Schrifttafel im Rockefeller-Flügel des Metropolitan Museum). Wenn wir uns »primitive Kunst« zeitlos und unveränderlich vorstellen, mag uns diese Wahl der Vergangenheitsform relativ bedeutungslos erscheinen. Doch die Praxis, über »primitive Kunst« in der Vergangenheitsform zu schreiben, verrät mehr als eine zeitliche Dimension.

Wichtige Einsichten in zwei, hier besonders relevant erscheinende Aspekte des Problems verdanken wir Reflektionen über Zeit und Kultur aus jüngerer Zeit. Johannes Fabian analysiert das soziokulturelle (im Gegensatz zum rein zeitlichen) Wesen bestimmter Zeitvorstellungen zum Beispiel in seinem Buch *Time and the Other* (1983), und Patrick Manning stellt in seinem Aufsatz »Primitive Art and Modern Times« (1985) die Standardauffassung von der nur in eine Richtung erfolgenden künstlerischen Wechselwirkung zwischen »primitiv« und »modern« in Frage.

Nach Fabians Klassifikation taucht in Diskussionen über »primitive Kunst« am häufigsten das auf, was er »typologische Zeit« nennt. Dieses Konzept signalisiert im Gegensatz zu der von ihm so genannten »physikalischen Zeit«...

»eine Zeitverwendung, bei der Zeit im Sinne soziokultureller sinnvoller Ereignisse oder, genauer, Intervalle zwischen solchen Ereignissen auf einer (linearen) Skala angeordnet ist. Typologische Zeit liegt solchen Klassifikationen wie schriftlos/mit Schrift, traditionell/modern, bäuerlich/industriell und einer Menge von Permutationen zugrunde, die solche Gegensatzpaare wie tribal/feudal, ländlich/städtisch umfassen. Bei dieser Verwendung kann Zeit beinahe völlig ihrer vektorialen, physikalischen Konnotationen beraubt sein. Statt ein Maß der Bewegung zu sein, kann sie als eine Eigenschaft von Zuständen erscheinen; eine Eigenschaft aber, die unter den menschlichen Bevölkerungen dieser Welt ungleich verteilt ist. Die frühere Bezeichnung von Völkern ohne Geschichte gehört hier ebenso hin, wie subtilere Unterscheidungen, wie die zwischen ›heißen‹ und ›kalten‹ Gesellschaften.« (Fabian 1983, S. 22–23)[5]

Fabians Analyse verschiedener Arten von Zeitlichkeit hilft zu erklären, wie es möglich ist, daß bestimmte, in den achtziger Jahren des 20. Jahrhunderts geschaffene Kunstgegenstände aus der Kategorie »moderner Kunst« systematisch ausgeschlossen sind, denn *modern* bezeichnet hier die soziokulturelle Identität des Künstlers, nicht die physikalische Gleichzeitigkeit mit dem gegenwärtigen Augenblick. Wenn wir »primitive« und »moderne« Kunst kontrastieren, bedienen wir uns einer zeitlichen Metapher, um uns von Menschen und Kulturen zu distanzieren, die, historisch gesprochen, unsere Zeitgenossen sind.

Ein zweiter, im Zusammenhang mit den gängigen Auffassungen von »primitiver« und »moderner« Kunst angewandter Trick ist, daß wir unseren Blick häufig auf nur eine Spur einer zweispurigen Fahrstraße richten. Manning kritisiert die »Primitivismus«-Ausstellung des MOMA und viele andere, zur gleichen Zeit gezeigten Ausstellungen. Zur Veranschaulichung seiner Argumente konzentriert er sich auf die afrikanische Kunst. Er

5 Fabian weist darauf hin, daß die Verwendung zeitlicher Kategorisierungen als Distanzierungsmittel Grund für eine der von allen Sozialanthropologen erlebten beruflichen Frustrationen ist: »Ich bin sicher nicht der einzige Anthropologe, der, wenn er sich seinen Nachbarn – Friseur oder Arzt – zu erkennen gibt, Bilder einer fernen Vergangenheit heraufbeschwört. Wenn nach landläufiger Meinung alle Anthropologen etwas mit Knochen und Steinen zu tun haben, so ist das nicht falsch; in dieser Meinung spiegelt sich die Tatsache, daß die Anthropologie zeitliche Distanz schafft.« (1983, S. 30)

vergleicht zunächst die in diesen Ausstellungen gegebenen Darstellungen des künstlerischen Einflusses mit »einer Zen-Meditation über das Geräusch einer klatschenden Hand« und verweist dann darauf, wie wichtig es sei,

»afrikanische Künstler und die Gesellschaften, für die sie gearbeitet haben, historisch zu behandeln. Die Besucher dieser Ausstellungen gewinnen möglicherweise den Eindruck, daß die Verbindung zwischen afrikanischer und moderner Kunst allein in der Aneignung ersterer durch letztere besteht. Die Museen erwecken den Anschein, als hätten Sammler, die einer dynamischen und sich wandelnden euro-amerikanischen Tradition künstlerischen Schaffens und der Kunstkritik entstammten, Afrika durchstreift und die Glanzstücke einer zeitlosen Tradition afrikanischer Kreativität an sich gerissen, nur um sie – völlig ihres kulturellen Kontextes beraubt – auszustellen. Allem Anschein zum Trotz ist jedoch die Beziehung zwischen den Kulturen keine Einbahnstraße. Die Künste Afrikas haben sich, wie ich zeigen werde, aufgrund sich wandelnder Lebensbedingungen beträchtlich verändert.« (Manning 1985, S. 168–169)

Joseph Alsop kommt der Einsicht in die Grenzen traditioneller kunsthistorischer Perpektiven bei der Erforschung exotischer Künste verlockend nahe, wenn er nachdrücklich betont, daß »die Art und Weise unserer Kunstbetrachtung und -reflexion in einem so extremen Maße kulturgebunden ist, daß allzu oft Theoretiker, die an eine Überschreitung der historischen Grenzen unserer eigenen Kultur nicht gewöhnt sind, in ihr befangen bleiben« (1986, S. 29). Doch statt die Möglichkeit authentischer Geschichten in Erwägung zu ziehen – Geschichten, die lediglich durch die traditionellen Formen historischer Forschung nicht zum Vorschein gekommen oder unbemerkt geblieben sind, weil niemand sich die Mühe gegeben hat, hartnäckig genug nach ihnen zu fahnden –, kommt Alsop zu dem Schluß, daß in diesen Fällen gerade die Suche nach Geschichte etwas Ethnozentrisches ist und Kunsthistoriker dazu verleitet, unangemessene Fragen zu stellen:

»In Wirklichkeit hat die große Mehrzahl vergangener Kulturen, von denen wir heute Kenntnis haben – ganz gleich, ob es sich dabei um Stämme, Nationen oder Reiche gehandelt hat, ob sie von langer Dauer waren oder bald vom eisernen Schritt der Geschichte zermalmt wurden –, ihre eigenen großen Künstler nicht von Generation zu Generation im Gedächtnis behalten; ganz zu schweigen davon, daß sie ihre eigenen Kunstgeschichten geschrieben hätten. Zu diesen Kulturen, deren Künstler ihre Identität mit ihrem Tod verloren, gehören viele berühmte Hochkulturen, die das eine oder andere schriftliche Zeugnis hinterlassen haben. Wenn man diese Zeugnisse sorgfältig prüft, findet man höchstens eine Handvoll Künstler, die in Erinnerung gehalten wurden...

Es ist verständlich, daß die zahllosen Kulturen, die weder ihre eigenen Kunstgeschichten schrieben, noch ihre eigenen großen Künstler der Vergangenheit in Erinnerung behielten, unmöglich etwas hervorbringen konnten, das auch nur im entferntesten unserem Echtheitskonzept in der Kunst ähneln würde. Wenn man sagt, daß ein Werk der bildenden Kunst ›echt‹ ist, so sagt man damit lediglich, daß es tatsächlich das ist, wofür es der Händler, Besitzer, Kunsthistoriker oder Kenner ausgibt; in Kulturen ohne Kunstgeschichte sind derartige Urteile nicht nur unbekannt, sie sind auch aus offensichtlichen praktischen Gründen völlig unmöglich.« (Alsop 1986, S.29–30)[6]

Wir wollen das populäre Bild vom »primitiven Künstler«, der innerhalb einer von kollektivem Brauch beherrschten jahrhundertealten Tradition arbeitet, einen Augenblick lang ›auf Eis legen‹ und uns die Alternativen vor Augen führen. Um das tun zu können, müssen wir unsere Aufmerksamkeit von einem als ›primitiven Künstler‹ bekannten prototypischen Weltbürger ab- und den tatsächlichen, für die Herstellung der Werke »primitiver Kunst« verantwortlichen Individuen zuwenden.

In einem dem Kwakiutl-Künstler Willie Seaweed gewidmeten Artikel hat Bill Holm feinfühlig das Wesen der Stammes-»Anonymität« interpretiert:

»Künstler der Nordwestküsten-Indianer, wie ›primitive Künstler‹ anderer Kulturen, waren in unserer Zeit meist anonym. Hinzukommt, daß,

6 Die alte Vorstellung, daß das Konzept der romantischen Liebe auf die westliche Zivilisation beschränkt sei, ist eine verwandte Auffassung, deren Hinscheiden etwas schneller vonstatten zu gehen scheint. Die Annahe, Afrikaner verfügten nicht über ein derartiges Empfinden, wurde mit der Begründung kultureller Unangemessenheit gerechtfertigt, was es ermöglichte, die sexuellen Verwicklungen der Afrikaner als fleischliche Befriedigung eher animalischer Art darzustellen.

wenn ein moderner Mensch, der das Produkt einer Gesellschaft ist, die großes Gewicht auf Namen, Ruhm und individuelle Leistung legt, sich eine Sammlung von Masken oder anderen Kunstwerken aus solchen exotischen Kulturen ansieht, er wahrscheinlich keinen individuellen Schöpfer hinter jedem Stück erkennen kann. Die Schrifttafeln, die er vielleicht liest, helfen ihm bei der Personifizierung des gesichtslosen ›primitiven Künstlers‹ selten. Das Kunstwerk wird vielleicht als von der ›Nordwestküste‹, von ›Alaska‹ oder der ›Küste von Britisch-Kolumbien‹ stammend ausgewiesen. Bestenfalls wird vielleicht der Name des Stammes angegeben, allerdings mit hoher Wahrscheinlichkeit, daß der Name falsch ist. Die Vorstellung, daß jeder Gegenstand das Ergebnis der schöpferischen Aktivität einer bestimmten Person ist, die zu einer bestimmten Zeit lebte und arbeitete, deren künstlerische Laufbahn einen Anfang, eine Entwicklung und ein Ende hatte, und deren Arbeit das Werk anderer Künstler beeinflußte und von diesem beeinflußt wurde, dringt wahrscheinlich überhaupt nicht ins Bewußtsein.« (Holm 1974, S. 60)

Auch andere haben die Möglichkeiten ergründet, Licht in das die Identität »primitiver Künstler« umgebende Dunkel zu bringen. Robin K. Wright beschreibt die bei der Entanonymisierung solcher Haida-Künstler wie Charles Edenshaw, John Robson, John Cross, Tom Price, Gwaitehl u. a. gemachten Fortschritte. Selbst für Anfang oder Mitte des 19. Jahrhunderts entstandene Gegenstände konnte sie zeigen, daß eine sorgfältige Stilanalyse das Werk einzelner Individuen beschreiben und, in Fällen, in denen der Eigenname des Schnitzers nicht mehr ermittelt werden konnte, solche Bezeichnungen wie »Meister der langen Finger« hervorbringen kann (1983).

Auch in anderen Teilen der Welt sind Forscher zu ähnlichen Schlußfolgerungen gelangt. Herbert M. Cole und Chike C. Aniakor stellen in ihrem Buch über die Künste der Igbo in Nigeria fest, daß »in der Bildhauerkunst der Igbo, wie in fast aller afrikanischen Kunst, individuelle Handschriften erkennbar sind, und Künstler lokal bekannt waren und sind« (1984, S. 24). Trotz der Tatsache, daß die Mehrzahl der in diesem Katalog abgebildeten Stücke Leihgaben von Sammlern sind, denen die Namen der Künstler unbekannt waren, können die Autoren mit Hilfe der Dokumentation bekannter Künstlerpersönlichkeiten sowohl ihre

Verallgemeinerung als auch ihr Urteil belegen, daß Igbo-Schnitzer künstlerische Individuen und nicht austauschbare Techniker im Dienste irgendeines mythischen Kollektivgeists sind. Bei einigen wenigen abgebildeten Gegenständen war der Hinweis auf den Urheber überhaupt nicht zu vermeiden (z.B. stand auf einer Maske auf weißem Hintergrund in großen schwarzen Buchstaben geschrieben: »VON ODOIMILIKE«); bei vielen anderen scheint eine Nachforschung nötig gewesen zu sein, die jedoch relativ problemlos war; und ich nehme an, daß bei noch eingehenderer Anwendung kunsthistorischer und ethnographischer Methoden in Nigeria weitere Zuordnungen möglich gewesen wären. Auch Robert Faris Thompson vertrat die Auffassung, daß Künstler namentlich bekannt sind.[7] Kurz: ein Anfang ist gemacht, obwohl noch sehr viel mehr zur Entmystifizierung der Vorstellung von nicht-westlichen Künstlern im Sinne realer Menschen getan werden kann.

Eine in diese Richtung unternommene Anstrengung aus jüngerer Zeit liefert ein besonders prägnantes Beispiel dafür, wie unbeabsichtigte kulturelle Annahmen zur weiteren Anonymisierung »primitiver Kunst« beitragen. David Bennett hat die Geschichte von Malangi, einem australischen Künstler aus Arnhemland, unter dem Epitheton »der Mann, der vergessen wurde, bevor er erinnert wurde« aufgezeichnet (1980). Sie begann im Jahre 1963, als ein ungarischer Kunstsammler, der von dem »erstaunlich persönlichen Stil« der Rindenmalereien Malangis beeindruckt war, eines der Gemälde mit nach Paris nahm und es dem Musée des Arts Africains et Océaniens vermachte. Im Lauf

7 In der Praxis verfolgt Thompson dieses Ziel merkwürdig selektiv; im Verlauf seiner Erörterung vielstreifiger Textilien afro-amerikanischen Ursprungs vergleicht er zum Beispiel eine »Wolldecke, die um 1890 von Luiza Combs aus Hazard, Kentucky, hergestellt wurde« – und, wie er bemerkt, in John Vlachs Buch *The Afro-American Tradition in the Decorative Arts* von 1978 auf Seite 55 eingehender behandelt wird –, mit einem Objekt, von dem er lediglich mitteilt, daß es aus Surinam stammt und »ein zu Beginn des 20. Jahrhunderts von den Djuka und Saamaka hergestelltes vielstreifiges Textil« ist – obwohl er aus veröffentlichten wie unveröffentlichten Quellen sowohl die Größe als auch die benutzten Rohmaterialien und die Funktion des Stücks, ebenso wie Namen, Alter, Geschlecht, Stamm und Dorf des Künstlers kannte (1983, Abb. 141, 142).

desselben Jahres gelangten Photographien mehrerer Rindengemälde (einschließlich des Bildes von Malangi) zu einem Beamten, der mit der Aufgabe betraut war, die australische Währung auf das Dezimalsystem umzustellen, und der die Photographien wiederum an einen Grafiker weiterreichte, der die neuen Banknoten entwarf. Auf diesem Wege gelangte Malangis Gemälde schließlich auf den australischen Dollarschein – die Identität des Künstlers war jedoch unterwegs verloren gegangen. Dank der gemeinsamen Intervention eines Journalisten und eines Lehrers, der Malangis Bild erkannte und die Möglichkeit eines Prozesses andeutete, wurde das Versehen aufgedeckt, und Malangi erhielt sowohl eine finanzielle Kompensation als auch eine gravierte Medaille in Anerkennung seines Werks (obwohl auf dem Geldschein selbst immer noch nur die Initialien des westlichen Grafikers erscheinen). Als der Präsident der Notenbank danach gefragt wurde, wie all dies geschehen konnte, war seine Antwort aufschlußreich. Er sagte, daß alle Beteiligten einfach angenommen hätten, »daß die Malereien das Werk irgendeines schon lange verstorbenen traditionellen Aborigine-Künstlers seien« (Bennett 1980, S.45). Das gedankliche Zurückverlegen »primitiver Kunst« in eine anonyme Vergangenheit ist im Leben derer, die diese zeitliche Distanzierung vornehmen, gewiß von mehr als nur abstrakter Bedeutung; Malangis Geschichte ist zwar besser dokumentiert als die meisten anderen, stellt aber keinen Einzelfall dar.

So wie es bei der Erörterung nichtidentifizierter Stammeskünstler sinnvoll ist, genau anzugeben, für *wen* sie »anonym« sind, ist es aufschlußreich, die Frage, *wer* aus dem das historische Wissen über »primitive« Völker betreffenden »Dschungelschlaf erwachen« muß (s. Anm.4 in diesem Kapitel), sorgfältiger zu beleuchten. Neuere Untersuchungen, die mit historischen und ethnologischen Methoden an Materialien in Afrika, Ozeanien und den beiden Amerikas herangehen, liefern überzeugende Argumente dafür, daß der »primitiven« Gesellschaften anhängende Ruf der Geschichtslosigkeit eine Konstruktion westlicher kultureller Vorurteile und der Beschränkungen traditioneller westlicher Formen der wissenschaftlichen Forschung ist (siehe z. B. Cohen 1977, Dening 1980, R. Price 1983 und Rosaldo 1980). Wenn wir erst einmal nicht mehr erwarten, daß wir unser Wissen über die Vergangenheit in Form von schwarz-weißen, mit Daten übersäten Textseiten erhalten, dann ist sowohl die historische Dynamik als auch das historische Wissen und Geschichtsinteresse anderer Völker, wie diese Forschung zeigt, sehr viel größer, als westliche Interpreten es sich herkömmlicherweise vorstellen. Bis die Kunstforschung diesem verstärkten Historizitätsbewußtsein gerecht werden wird, hat sie in jenen »nichtwestlichen« Ländern noch einige Nachholarbeit zu leisten, doch ist der Grundstock gelegt, und entgegen herrschender Meinung steht das zur Dokumentation der Kunstgeschichte schriftloser Völker notwendige Material dem noch zur Verfügung, der die Geduld aufbringt, viele Stunden in Museumsmagazinen und Kolonialarchiven zu verbringen und sich auf das herausfordernde Unternehmen der Feldforschung einzulassen.

In Kapitel 8 werde ich mich einer Gesellschaft zuwenden, in der das Wissen über Künstler, Kunststile, ästhetische Prinzipien und Herstellungstechniken der Vergangenheit wachgehalten wird, obwohl es keine Kunstmuseen, keinen Kunstmarkt und auch keine schriftlichen Dokumente gibt. Bevor ich mich jedoch anhand eines konkreten Fallbeispiels mit dem Wesen kunsthistorischer Perspektiven beschäftige, möchte ich denen, die vielleicht die Gültigkeit derartiger Traditionen in »primitiven« Gesellschaften anzweifeln, eine allgemeine Warnung erteilen. Der Tatbestand, daß die Kunstgeschichte eines schriftlosen Volkes eine äußerst selektive – von zeitgenössischen Ideologien, politischen Überlegungen, geschlechtsspezifischen Konstrukten und zahllosen anderen sozialen und kulturellen Faktoren geprägte – Erinnerung der Vergangenheit darstellt, unterstreicht lediglich die Ähnlichkeit dieser Kunstgeschichten mit unserer eigenen.

5

Machtspiele

Schlau, aber der Lehrer schlug ihn trotzdem, um ihm zu zeigen, daß Definitionen denen zustehen, die definieren, nicht denen, die definiert werden.« – *Toni Morrison, einen Disput zwischen einem Weißen und einem Sklaven darüber beschreibend, ob letzterer einen Diebstahl begangen oder einfach »das Eigentum des Herrn mehr wertgemacht« hatte, als er ein zum Anwesen gehörendes Ferkel abgestochen und aufgegessen hatte.*[1]

Während ich dieses Buch schreibe, werden überall in der modernen Welt Vorbereitungen zur Feier der »Entdeckung Amerikas« getroffen. Das denkwürdige Ereignis geschah genau 500 Jahre vor dem 12. Oktober 1992, an einem Sandstrand, der vor kurzem aufgrund einer von Historikern, Archäologen, Navigatoren, Kartographen und anderen Experten durchgeführten, fünf Jahre währenden Forschung exakt ermittelt wurde (*National Geographic*, November 1986). Warum wird so viel Aufmerksamkeit auf die Einzelheiten dieses Ereignisses verschwendet, und warum wird es als »eines der größten aller geographischen Geheimnisse« bezeichnet? Die Antwort ist, wie ich glaube, für die Erörterung des Orts »primitiver Kunst« in der »zivilisierten Welt« nicht ganz irrelevant.

So wie man sagen kann, daß ein in einem Wald umstürzender Baum kein Geräusch macht, solange kein Ohr da ist, das es regi-

1 *Menschenkind*, Reinbek 1989, S. 261.

striert, so glaubt man in gewissem Sinne von den beiden Amerikas, daß sie erst Teil der Welt wurden, als die Europäer sie entdeckten; nur im Kontext dieser speziellen Logik kann unser Globus gedanklich in die »Neue Welt« und die »Alte Welt« aufgeteilt werden. Ganz ähnlich wird argumentiert, daß Gegenstände »primitiver« Kunstfertigkeit solange keine Kunst darstellen, wie westliche Kennerschaft nicht ihren ästhetischen Wert feststellt.

Die von der »westlichen Welt« über die Künste anderer Völker ausgeübte Kontrolle hat mehrere Aspekte. Erstens wird das urteilende Auge des »westlichen« Betrachters, ähnlich wie das Ohr im Wald, oft für das einzige Mittel gehalten, mit dessen Hilfe ein ethnographischer Gegenstand zum Kunstwerk erhoben werden kann; das allein ist bereits ein definitorisches Privileg von enormer Macht. Zweitens orientieren sich Sammler und Museumskuratoren, wenn sie westliche Technologie dazu benutzen, »primitive Kunst« vor dem Verrotten zu bewahren, überwiegend an ihren eigenen Prioritäten; sie entscheiden über Leben und Tod von Gegenständen, die von Menschen aus vergänglichen Materialien hergestellt worden sind, deren eigene Prioritäten für den »westlichen« Menschen wenig mehr als eine naive Sorglosigkeit gegenüber der Notwendigkeit der Erhaltung ihres Erbes für künftige Generationen ist. Drittens übernehmen »westliche« Kenner die Aufgabe der Interpretation von Sinn und Bedeutung künstlerischer Gegenstände, die, so argumentieren diese Kenner, von zur Erfüllung dieser Aufgabe weniger gut ausgerüsteten Menschen geschaffen wurden. Viertens wenden dieselben Experten die ihnen zur Verfügung stehenden beträchtlichen finanziellen und kommunikativen Ressourcen auf, um ihren aus der »anonymen« Welt des künstlerischen Könnens der »Dritten Welt« stammenden persönlichen Lieblingen nach eigenem Ermessen zu internationaler künstlerischer Anerkennung zu verhelfen. Und schließlich sind es die Angehörigen der westlichen Welt, die es – wiederum aufgrund ihres Zugangs zu Geld und Kommunikationsmitteln – in den letzten Dekaden des 20. Jahrhunderts übernehmen, das Wesen künstlerischer Produktion in praktisch jedem Winkel der Welt zu bestimmen. Kurz: der »westliche« Mensch hat die Verantwortung für die Definition, Konservierung, Interpretation, Vermarktung und künftige Existenz der Künste der Welt übernommen, bzw. er maßt sie sich an.

Der Prozeß, in dessen Verlauf all dies geschieht, umfaßt mehrere Phasen. Die erste tritt »im Feld« auf, wo unternehmungslustige Seelen »primitive Kunst« in ihrem ursprünglichen Kontext aufspüren und in direkten Kontakt mit ihren Lieferanten kommen. (Obwohl es mir hier hauptsächlich um heutige Realitäten geht, beginne ich mit den Begegnungen, die zu Beginn des 20. Jahrhunderts zwischen den ursprünglichen Besitzern exotischer Gegenstände und denen stattgefunden haben, die erpicht darauf waren, diese Gegenstände in ihren Besitz zu bekommen.) Der Grund hierfür ist nicht nur, daß diese frühen Begegnungen vor allem zur Erweiterung der Museumsbestände beitrugen, sondern auch daß sie die seitdem auf beiden Seiten gemachten Annahmen auf so entscheidende Weise prägten.

Wenn »nichtwestliche« Besitzer und angehende Sammler miteinander Handel treiben, werden Rechte, Verfahrensweisen und Bedeutungen oft weniger zwischen den beiden Parteien ausgehandelt, als einfach von jeder Seite unabhängig definiert. Hin und wieder werden einzelne Personen Opfer der sich hieraus ergebenden Unstimmigkeiten, z.B. wenn Loyalitäten manipuliert und neue Besitzvorstellungen eingeführt werden. Die Erfahrung von Louis Shotridge (1886–1937), einem Tlingit-Indianer, der vom Direktor des University Museum in Philadelphia überredet wurde, »seine eigene Kultur zu unterwandern, um an ihre Schätze zu gelangen«, verdeutlicht die dem Phänomen ethnographischen Sammelns eigentümlichen Konflikte (Carpenter 1976, S.64; siehe auch Cole 1985, S.254–266). Vom Museum mit einer Photokamera, einer Filmkamera, einer für Tlingit-Texte geeigneten Schreibmaschine, einem Haus-Motorboot und größeren Geldbeträgen für seine Einkäufe ausgestattet, machte sich Shotridge an das Sammeln für wissenschaftliche Zwecke:

»Als ich den [Kaguanton-Haifischhelm] von seinem Platz nahm, gebot mir niemand Einhalt; wäre aber nur einer der wahren Krieger des Clans noch am Leben gewesen, hätte der Helm niemals entfernt werden können. Ich nahm ihn in Gegenwart alter Frauen, den einzigen Überlebenden des Hauses, in dem der Gegenstand aufbewahrt wurde, und sie konnten nichts anderes tun als weinen, als das einst hochgeschätzte Ding weggenommen wurde. ... es wird nicht leicht sein, das Bär-Emblem wegzunehmen. ... Mein Plan ist, die alten Stücke eins nach dem anderen zu nehmen.« (Shotridge, zit. nach Carpenter 1976, S. 65–66)

Schließlich ging Shotridge frustriert dazu über, die Regenwand und die Hauspfosten des Walhauses in seinem eigenen Dorf heimlich zu stehlen, statt den Besitzern Geld dafür zu bieten. Carpenter beschreibt, wie es dazu kam:

»Zuerst bot er 3500 Dollar an. Wahrscheinlich gab es damals in ganz Klukwan keine 100 Dollar Bargeld. Er sprach lange und beredt im Walhaus. Er sagte, das Museum werde diese Schätze beschützen, sie gehörten der ganzen Welt und spiegelten den Ruhm des Walhauses. Die Antwort war ein unmißverständliches Nein.

Mit Wissen des Museums plante er schließlich, die Regenwand und die Hauspfosten zu stehlen, wenn die Männer fort zum Fischen wären. ›Wir planen, diese Sammlung gegen alle Einwände der Gemeinschaft an uns zu nehmen‹, schrieb er an das Museum. Die Antwort lautete: ›Es freut mich, daß Sie eine Möglichkeit gefunden haben, die ernsten Schwierigkeiten bei der Beschaffung zu überwinden.‹ Aber ›ein Gewehr ging los‹ und verfehlte Shotridge nur knapp. Dieser traditionelle Brauch der Tlingit, ein Zwischending zwischen Hinrichtung und Mord, war nicht bloß als Warnung gedacht. Zur Wiederherstellung des Friedens finanzierte Shotridge ein Fest.« (Carpenter 1976, S. 66)

Beinahe alle in den zwanziger und dreißiger Jahren dieses Jahrhunderts geschriebenen ethnologischen Werke offenbaren bei aufmerksamem Lesen, daß erst in allerjüngster Zeit die Gefühle der Eingeborenen hinsichtlich des Sammelns ihrer Gegenstände durch westliche Besucher zu einem Problem wurden, über das es sich nachzudenken und zu diskutieren lohnte. Die *Instructions sommaires pour les collecteurs d'objets ethnographiques* (Anon. 1931), ein in Zusammenhang mit der französischen Dakar-Djibouti-Expedition von 1931–33 vorbereiteter Leitfaden zum

Sammeln im Feld, behandelten sehr eingehend den wissenschaftlichen Wert des Sammelns, die Kriterien zur Auswahl der Gegenstände, die für jedes Stück zu dokumentierenden Daten, die zur Beschriftung, zur Klassifizierung, beim Photographieren und Verpacken anzuwendenden Methoden sowie die bei der Dokumentation der einheimischen Terminologie zu verwendenden phonetischen Symbole wie die zu benutzende Orthographie; doch nirgends werden solche Dinge wie angemessene Bezahlung, Widerstand der Einheimischen gegenüber dem wissenschaftlichen Sammeln oder andere, die persönlichen Beziehungen bzw. ethische Fragen berührende Probleme auch nur erwähnt. Das berühmte britische Gegenstück, *Notes and Queries* des Royal Anthropological Institute (1874/1951), definiert seinen Anwendungsbereich genau auf dieselbe Weise.

Michel Leiris' freimütige Chronik der ersten größeren ethnographischen Expedition Frankreichs nach Afrika ist, aus der Perspektive der 80er Jahre, besonders überwältigend, was ihre sachlichen Eintragungen zur Beschaffung der wissenschaftlich zu erforschenden Gegenstände betrifft. Ich gebe Auszüge aus seinem Tagebuch nicht etwa wieder, weil die Taktiken, die er beschreibt, so extrem sind, sondern vielmehr, weil Leiris' Darstellung, eine Mischung aus Offenheit und literarischem Geschick, diese Taktiken so deutlich werden läßt:

»6. September (1931)
[Leiris und Griaule betreten eine Hütte, in der die heiligen Reliquien aufbewahrt werden.] Links an der Decke hängt zwischen zahlreichen Kürbisflaschen ein mit Federn verschiedener Vögel verklebter scheußlicher Packen, in dem Griaule beim Tasten eine Maske fühlt. Verärgert über das Hin und Her der Leute [die eine Reihe ›lästiger‹ Forderungen nach Opfern gestellt hatten] ist unsere Entscheidung schnell getroffen: Griaule nimmt zwei Flöten und schiebt sie in seine Stiefel. Wir bringen alles wieder in Ordnung und gehen hinaus. ...

[Es folgt eine weitere ›ärgerliche‹ Diskussion über die Durchführung eines Opfers.] Griaule verfügt dann, ... daß als Vergeltung dafür, daß man uns hier offensichtlich zum besten hält, der *kono* gegen ein Entgelt von 10 Francs auszuliefern sei, wenn der Dorfälteste und die Notabeln des Dorfes nicht von der angeblich im Lastwagen versteckten Polizei nach San abgeführt werden wollen, wo sie über ihr Verhalten Rechenschaft abzulegen haben. Entsetzliche Erpressung!

... Der Dorfälteste ist am Boden zerstört. Der Chef des *kono* hat erklärt, daß wir unter solchen Umständen den Fetisch mitnehmen können. ... Mit theatralischer Gebärde habe ich dem Dorfältesten das [Opfer-]Huhn zurückgegeben, ... wir verlangen, die Männer sollen den *kono* herausholen. Da sie aber alle ablehnen, gehen wir selbst hinein, wickeln den heiligen Gegenstand in die Plane und schleichen uns wie Diebe hinaus. Der entgeisterte Dorfälteste ergreift die Flucht und treibt nebenan seine Frau und seine Kinder [denen es nicht gestattet ist, einen Blick auf diesen sakralen Gegenstand zu werfen] mit gewaltigen Stockschlägen in die Hütte zurück. ...

Dem Ältesten werden die 10 Francs überreicht, und dann machen wir, daß wir wegkommen, umgeben von einer Aura besonders mächtiger und unverfrorener Dämonen oder Schweinehunde und lassen die Leute in ihrer Verblüffung zurück.

7. September
Bevor wir Dyabougou wieder verlassen, gehen wir ins Dorf und entführen noch einen zweiten *kono*, den Griaule ausfindig gemacht hat, als er heimlich in die Fetisch-Hütte eindrang. Diesmal nehmen Lutten und ich die Angelegenheit in die Hand. Mein Herz klopft wie wild, denn seit dem Skandal von gestern ist mir mit größter Deutlichkeit die Ungeheuerlichkeit bewußt geworden, die wir hier begehen. Mit einem Jagdmesser trennt Lutten die Maske von ihrem federgeschmückten Kostüm ab, übergibt sie mir zum Einwickeln in das mitgebrachte Packleinen und reicht mir ... noch eins von den sonderbaren Gebilden ... mindestens 15 Kilo schwer. Ich wickle es zusammen mit der Maske ein. Die Beute ist schnell aus dem Dorf geschafft, und über die Felder kommen wir wieder zu den Wagen. ...

Im nächsten Dorf entdecke ich eine *kono*-Hütte mit eingefallener Tür. Ich zeige sie Griaule, und schon ist der Coup beschlossen. Wie beim letzten Mal kündigt Mamadou Vad [ein einheimischer Assistent] dem Dorfältesten, den wir vor die Hütte geholt haben, unvermittelt an, daß wir vom Kommandanten der Expedition den Befehl erhalten haben, den *kono* zu beschlagnahmen und daß wir bereit sind, 20 Francs Entschädigung zu zahlen. Diesmal übernehme ich den Auftrag ganz allein. Ich dringe in den heiligen Verschlag ein und halte, um die Bänder der Maske zu durchtrennen, Luttens Messer in der Hand. ...

6. November
Schaeffner und ich werden zu einer Beinhöhle in der Nähe von Bara geschickt, um Schädel mitzubringen. ...

Wir stoßen noch über Bara hinaus vor und finden in einem waagerechten Spalt (einer ehemaligen Maskenhöhle) ein sehr großes, zerfressenes und ausgewaschenes Holz: eine Urform der Maske in Schlangenform, eine Maskenart, wie sie heute nicht mehr hergestellt wird. ... In zwei Teile zerlegt, wird sie sorgfältig verpackt.

... Als wir hinaufsteigen, ... haben wir einen entsprechenden Armreif und einen Halsschmuck mitgehen lassen.

12. November
... Gestern hatte man uns voller Entsetzen die Mitnahme mehrerer Regenmacherfigürchen sowie einer Figur mit erhobenen Armen verweigert, die wir in einem anderen Heiligtum entdeckt hatten. Wenn wir diese Gegenstände mitgenommen hätten, hätten wir das Leben selbst des Landes mit uns genommen, sagte uns ein Junge, der ... beim Gedanken an das Unheil, das unser Frevel heraufbeschwören würde, fast in Tränen ausbrach. ... Im Herzen Freibeuter, nehmen wir heute morgen herzlich Abschied von den Greisen ... und halten dabei den gewaltigen Regenschirm im Auge, den wir gewöhnlich als Sonnenschutz aufspannen, der heute aber sorgfältig verschnürt bleibt. Von einer sonderbaren Geschwulst gebläht, gleich dem Schnabel eines Pelikans, enthält er jetzt die Statuette mit den erhobenen Armen, die ich höchstpersönlich vom Fuß des Erdhügels weggenommen habe, der ihren Altar und den Altar ähnlicher Figuren bildet. Ich habe sie zuerst in mein Hemd gesteckt. ... Dann ... habe ich sie in den Regenschirm gesteckt und dabei, um die Aufmerksamkeit abzulenken, so getan, als sei ich pissen gegangen.

Heute abend in Touyogou ... ist meine Brust ganz erdverschmiert, denn mein Hemd hat diesmal einer Art von verrostetem Sägeblatt mit zwei scharfen Seiten – in Wirklichkeit ein eiserner bull-roarer – als Versteck gedient, als wir aus der Maskenhöhle dieses Dorfes kamen.

14. November
... der Raub von Gegenständen [läuft] weiter. ... Geweihte Stätten und Spalten, in die die alten Masken geworfen wurden, werden systematisch durchstöbert. ...

15. November
Unsere Freunde Apama und Aṃbara haben gestern heimlich Fasernkostüme für Masken herbeigeschafft, um die wir sie gebeten hatten. Sie legten uns ans Herz, sie nur gut zu verstecken. Heute mache ich mit ihnen die Karteikarten dafür. Apama und Ambara achten auf jedes kleinste Geräusch. Ein Kind, das hereinkommen will, wird zusammengestaucht.

Kein Zweifel: Unsere Praktiken haben Schule gemacht und die beiden braven Jungen haben die Fasernkostüme in der Maskenhöhle mitgehen lassen, in der sie versteckt waren. Der Einfluß des Europäers ...

Immer noch niedergeschlagen. Manchmal habe ich Lust, alles kurz und klein zu schlagen, oder nach Paris zurückzukehren. Aber was soll ich in Paris?

16. November
Der ›kleine‹ Bruder von Apama, der die Maske ›mehrstöckiges Haus‹ trägt, wollte sie nicht verkaufen, denn er hatte sie von seinem großen Bruder, dem toten Jäger vom 20. Oktober. Jetzt ist er aber doch einverstanden, unter der Bedingung, daß wir selbst hingehen und sie wegholen, damit er sagen kann, er sei genötigt worden. ...

18. November
[In einer anderen Höhle] erlauben uns die Leute, einen von den Stämmen mitzunehmen. Als wir ihn dann anpacken, wenden sich aber alle ab, aus Furcht vielleicht, wir würden für dieses Sakrileg auf der Stelle bestraft werden. ...

In der rechten Mitte der Höhle steht in einem kleinen Heiligtum eine schöne Holzstatue. Wir schauen fast nicht hin, um keinen Verdacht zu erwecken; aber es ist ausgemacht, daß Schaeffner und ich uns ihrer heute nacht bemächtigen.« (Leiris 1980, S. 111–170)

Und so weiter.

Auch bei anderen »westlichen« Forschungsunternehmen fanden solche Diebstähle statt. Zur gleichen Zeit, in der die Dakar-Djibouti-Expedition unternommen wurde, ging zum Beispiel André Malraux in Kambodscha ähnlichen Aktivitäten nach, für die er kurze Zeit ins Gefängnis kam (Guiart 1985, S. 16); das Naturhistorische Museum in Wien richtete eine Neuseeland-Sammlung ein, zu den Mumien gehörten, die von zwei Maori gestohlen worden waren, die man zu diesem Job angeheuert hatte, weil sie »schon europäisch genug waren, um für Geld ihre nationalen und religiösen Prinzipien zu verleugnen« (Reischeck 1924, S. 174–175)[2]; und Melville und Frances Herskovits schwatzten im Inneren Surinams verwirrten Maronen-Frauen

2 Oder, wie der methodische Leitfaden des Royal Anthropological Institute of Great Britain and Ireland riet: »Oft ist es schwierig, menschliche Schädel und Knochen aus jüngerer Zeit zu sammeln, doch sollte in dieser Hinsicht keine Anstrengung gescheut werden« (1874/1951, S. 364).

Schnitzereien ab (siehe Kap. 8). So sahen die Begegnungen aus, durch die unsere Museen – vom Pariser Musée de l'Homme bis zum New Yorker Metropolitan Museum of Art – den größten Teil ihrer »nichtwestlichen« Kunstschätze erhielten.

Erst nachdem Erfahrungen mit der gewaltsamen Entwendung von Kunstgegenständen aus ihrem ursprünglichen Kontext gemacht wurden, und vor allem wegen der ethischen Bedenken, die solche Erlebnisse bei einigen Forschern, die diese Diebstähle begangen hatten, auslösten, fingen Anthropologen und Museumsleute an, sich Gedanken darüber zu machen, daß es zu ihrer Verantwortung als Ethnologen gehöre, den gegensätzlichen Interessen in diesem Bereich Rechnung zu tragen. Kurz nach der Expedition, über die er Tagebuch führte, setzte Leiris sich für die Achtung der Kulturen anderer Menschen ein, und das International Committee on Museums, in dem er und etliche seiner Kollegen eine wichtige Rolle spielten, trug – vor allem nach dem Zweiten Weltkrieg – viel zur Bewußtseinsveränderung der Öffentlichkeit in diesen Fragen bei (Guiart 1985, S. 16). Als Leiris 1950 vor der Association des Travailleurs Scientifiques einen Vortrag hielt, hatte er geographisch wie ideologisch Abstand von seinen beim Reliquiensammeln in den Höhlen und heiligen Schreinen Afrikas erlebten Abenteuern genommen:

»Zumindest im Falle der religiösen Objekte und der Kunstgegenstände, die in ein Museum des Kolonialstaates überführt werden, wird das kulturelle Erbgut einer ganzen sozialen Gruppe seinen eigentlichen Eigentümern entzogen – wie immer auch die Entschädigung aussehen mag, die man den früheren Inhabern zukommen läßt. Es ist offensichtlich, daß dieser, im Zusammentragen von Sammlungen bestehende Teil der Arbeit – wenn man darin etwas anderes als einen Raub zu sehen berechtigt ist [in Anbetracht der wissenschaftlichen Bedeutung und der Chance, die Gegenstände besser zu konservieren als an Ort und Stelle] –, daß dieses Sammeln jedenfalls zu den Tätigkeiten des Ethnographen gehört, die ihm besondere Pflichten gegenüber der erforschten Gesellschaft auferlegen: Der Erwerb eines normalerweise nicht zum Verkauf bestimmten Objektes stellt eine Verkehrung der Bräuche und damit auch einen Eingriff dar; und derjenige, der sich dieses Eingriffs schuldig gemacht hat, kann durchaus nicht behaupten, er stehe vollkommen außerhalb der Gesellschaft, deren Gewohnheiten auf diese Weise durcheinandergebracht worden sind.« (Leiris 1950/1977, S. 54–55)

Aufgrund der Anstrengungen einer Vielzahl von ausdrücklich zum Schutz der Rechte indigener Völker gegründeten Organisationen hat sich die öffentlich akzeptierte Haltung gegenüber der Aneignung materieller Gegenstände dramatisch in Richtung auf eine Anerkennung der Rechte der Einheimischen verändert, und auch das Machtgleichgewicht, das es den Teilnehmern an Griaules Expedition von 1931–33 gestattet, sich heimlich mit den heiligsten Schätzen der afrikanischen Dörfer, durch die sie kamen, davonzumachen, ist bis zu einem gewissen Grad ein anderes geworden. Eine optimistische Einschätzung zeitgenössischer Ethik würde wohl eine größere Sensibilität für die Gefühle und Interessen derer, die Materialien für unsere Museen liefern, konstatieren – eine Sensibilität, wie sie in zahlreichen Artikeln und selbst ganzen, diesem Thema gewidmeten Zeitschriften zum Ausdruck kommt. Gleichzeitig ist es keineswegs sicher, daß sich die Art und Weise, wie Stücke »primitiver Kunst« heute im persönlichen Umgang mit den Produzenten erworben werden, in mehr als einer statistisch vernachlässigbaren Zahl von Fällen verändert hat.

Reisen in ferne kulturelle Notstandsgebiete sind, ganz gleich ob sie von Forschern, Touristen oder Geschäftsleuten unternommen werden, einsame Unternehmen. Nicht nur, daß sich reichlich Gelegenheit für einzelne bietet, institutionell gebilligte ethische Richtlinien zugunsten persönlicher Interessen außer acht zu lassen, es herrschen auch echte Meinungsverschiedenheiten über die genauen Parameter verantwortlichen Verhaltens.

Viele Forscher scheuen einfach ganz vor dem »Sammeln« zurück, weil sie in dieser Tätigkeit eine zu große Gefährdung der ihre Arbeit ermöglichenden Beziehungen sehen und kehren nur mit den Dingen nach Hause zurück, die ihnen als Geschenke der Freundschaft überreicht worden sind. Andere formulieren Regeln zum Sammeln von Gegenständen und ethnographischen Informationen, deren Einhaltung die Achtung sowohl der Interessen individueller Besitzer als auch die der größeren Gemeinschaft gewährleisten sollen; was diese Regeln genau beinhalten, hängt vom einzelnen Forscher und von der jeweiligen kulturellen Situation ab, allen diesen Regeln ist jedoch die Berücksichtigung der Perspektiven und Interessen der zu erforschenden Menschen gemeinsam. Es gibt aber auch Forscher, deren Daten- und Karrieresucht ethische Überlegungen praktisch völlig verdrängt; ihre Methode des Sammelns (des Filmens, Fotografierens oder Tonaufzeichnens) mag zwar der Aufmerksamkeit von Verlegern und akademischen Förderungsausschüssen verborgen bleiben, ist aber bei den Leuten, deren Dörfer solche Forscher besucht haben, ein immer wiederkehrendes Gesprächsthema und trägt wesentlich, wenn auch im Verborgenen, zum Ruf der Europäer in der nichtwestlichen Welt bei.

Die am häufigsten vorgebrachte Rechtfertigung des Sammelns ist, daß die Dokumentation und Erhaltung »primitiver Kunst« einen wichtigen Beitrag zum Wissen der Menschheit leistet – auch wenn man dafür einige ethische Bedenken opfern muß. Nach dieser Auffassung haben die im »Westen« lebenden Menschen die moralische Verpflichtung, die Artefakte primitiver Kulturen zu schützen – ganz gleich, wie die ursprünglichen Besitzer dieser Gegenstände die wissenschaftliche Bedeutung dieser Rettungsmaßnahme einschätzen. Notwendigerweise vertritt jeder, der im Museum arbeitet, diese Position bis zu einem gewissen Grad. Der berühmte Senior afrikanischer Kunstforschung, William Fagg, war der Meinung, daß die Konservierung der Kultur das sei, was die »Zivilisation« von der »Stammeskultur« unterscheide[3] und daß »die Stammeskunst, wie jede andere Kunst, der Welt gehört« (Fagg 1979, S. ix; damit hat er in gewisser Weise das ähnliche, wenn auch umfassender dokumentierte

3 Claude Lévi-Strauss hat ein ganz ähnliches Argument vorgebracht, kommt aber zu einer ziemlich anderen Beurteilung seiner ethischen Rechtfertigung und seines sozialen Wertes. »Auf dieser Begierde, auf diesem Bestreben, den Gegenstand zum Wohle des Eigentümers oder auch nur des Betrachters einzufangen, beruht nach meiner Meinung eine der wichtigsten Eigenheiten der Kunst unserer Zivilisation.« (Charbonnier 1961/1972, S. 65)

Argument Joseph Alsops [1981] vorweggenommen). Aus dieser Perspektive erscheint es nur schlüssig, daß »zivilisierte« Menschen das Schicksal der »Stammes«-Kunst bestimmen, indem sie diese Kunst zum Nutzen der »Welt« in ihre eigenen kulturellen Aufbewahrungsorte einschließen.

In der Literatur zur »Stammeskunst« wird diese Perspektive immer wieder verteidigt. Eine typische Äußerung findet sich in einem von Philip Allison stammenden Artikel über das Sammeln von Yoruba-Kunst, der beschreibt, wie Menschen »sich oft nur schwer von diesen Überresten einer sterbenden Kultur [Figuren, Kupferarbeiten, Masken] trennen konnten, obwohl sie nur wenig dazu beitrugen, um sie vor dem Verfall zu bewahren« (Allison 1973, S. 66). Allison erklärt, warum er die »manchmal regelwidrigen Erwerbsmethoden«, durch die sie schließlich in seine Sammlung gelangten, billigt:

»Es war besser, daß diese wichtigen Stücke in der nationalen Sammlung erhalten blieben, als daß sie privaten Händlern oder Sammlern in die Hände fielen oder in verlassenen Schreinen dem Verrotten anheim gegeben wurden. Selbst Stücke aus weniger vergänglichem Material als Holz waren nicht sicher. In Igalla fand ich antike Kupferkugeln, die man zum Flicken eiserner Kochtöpfe verwandte.« (Allison 1973, S. 68)

Henri Kamer liefert ein weiteres Beispiel für diese Perspektive, wenn er auf das Schicksal von Gegenständen hinweist, die afrikanische Dorfbewohner nicht der Obhut westlicher Institutionen überlassen wollten:

»Wenn heute in [einem afrikanischen] Dorf ein wichtiges Ereignis [Bestattung, Dürre, Epidemie] stattfände, so würde man Masken und Fetische herstellen, um die bösen Geister zu beschwören, und diese Gegenstände hätten, je nach Seltenheit und künstlerischer Qualität, für Museen und Sammler einen mehr oder weniger großen ethnographischen oder kommerziellen Wert. Doch würden die Dorfbewohner sie unter keinem Vorwand hergeben, lieber würden sie sie zerstören oder im Busch verstecken, wo sie für immer verloren wären oder einfach von Termiten oder den Naturkräften zerstört würden.« (Kramer 1974, S. 20)

Sind sie erst einmal vor den Termiten und Naturkräften gerettet, gelangen die Gegenstände, wie Waisen eines Krieges in der

»Dritten Welt«, in die schützende Obhut westlicher Besitzer, wo sie kühl, trocken und verstaubt aufbewahrt und wo sie geliebt und geschätzt werden. Sammler geben manchmal ziemlich offen Auskunft über die Art von Aufmerksamkeit, bei der diese Artefakte gedeihen:

»Wie jeder ernstzunehmende Kunstsammler habe ich immer das Gefühl gehabt, daß Sammler dafür verantwortlich seien, die in ihrem Besitz befindlichen Kunstwerke solange zu erhalten, zu schützen und zu achten, bis sie in die Hände ihres nächsten Hüters übergehen.

Die Kunstwerke achten bedeutet natürlich, sie so vorteilhaft wie möglich zur Schau zu stellen. [Nach etlichen Tips, wie man dieses Ziel zu Hause erreicht ...]

Vor allem muß die Sammlung Teil des eigenen Lebens sein. Man muß mit ihr leben, sie betrachten, liebevoll mit ihr umgehen.« (Alperton 1981, S. 1, 3)

Neben der Rechtfertigung des Sammelns »primitiver Kunst« aus wissenschaftlichen Gründen gibt es noch eine Einstellung, die man als die des »leichtherzigen Realisten« bezeichnen könnte, die das Profitmotiv ins Spiel bringt und in gleicher Weise beim Sammeln im Ursprungsbereich wie auf dem Kunstmarkt eine Rolle spielen kann. Anhänger dieser Position schwanken, mit einem leisen, nachsichtigen Auflachen, zwischen einem freundlichen »ts, ts, ts« und der Erkenntnis, daß »Jungen nun einmal so sind«. Obwohl sie sich der ethischen Probleme des Sammelns im Ursprungsland des Kunstmarkts selbstverständlich bewußt sind und sie manchmal sogar kritisch diskutieren, sind sie vorsichtig genug, solche Überlegungen nicht mit ihrer Ansicht über die conditio humana kollidieren zu lassen. Ihre freimütigste und beredtste Stimme ist zweifellos die der »Ersten Welt«-Kolumne in der Zeitschrift *African Arts*.[4] Viele dieser Leitartikel sind eindeutig dazu gedacht, auf humorvolle Art das Unbehagen zu mildern, das Abonnenten dabei empfinden könnten, wenn sie ihrer

4 Im für *African Arts* charakteristisch cleveren Leitartikel in der August-Ausgabe von 1986 erkannte der Autor im Grunde diese Rolle (und schwelgte in ihr), als wiederholte Anspielungen auf seine eigene »typisch witzige und gebildete Rede« in den letzten fünf Worten des Essays der Erkenntnis seiner »typisch dummen und trivialen Äußerungen« wichen (Anon. 1986, S. 6).

gemeinsam gehegten Leidenschaft mit einem nach materiellem Gewinn schielenden Auge nachgehen. Zum Beispiel verweisen diese Artikel mit leichtem Sarkasmus auf »Meisterwerke ..., die dem Autor jenen quälenden Beweis liefern, einer der beschämenderen Todsünden – der Gier – zu erliegen« und machen, »wenn das nicht für eine zu kapitalistische Bemerkung gehalten wird«, witzige Anspielungen auf afrikanische Kunst als »eine der vielversprechendsten und erstklassigsten Geldanlagen auf dem Gebiet der Kunst, selbst wenn man sie unter dem knauserigen Aspekt der Wertbeurteilung, die zweifellos vorgenommen wird, betrachtet« (Anon. 1971, S. 5, 7). Aus dieser Sicht ist der Wunsch, »primitive Kunst« zum eigenen finanziellen Profit zu kaufen, zumindest ein äußerst verständliches und akzeptables, wenn nicht gar eines der erhabensten Motive des Menschen.

Das Verschwinden bestimmter Gegenstände aus Häusern, Schreinen und öffentlichen Räumen ist nur eine der vielen Veränderungen, die das Sammeln in den westliche Museen, Galerien und Wohnzimmer beliefernden Kulturen bewirkt. Das Schaffen eines »Marktes« (wie gering er auch im Vergleich zu dem im Westen eingeschätzt werden mag) beeinflußt unvermeidlich die Natur der Begegnungen einer Gemeinschaft mit Fremden, die Art ihrer wirtschaftlichen Tätigkeiten, die Rolle und Bedeutung der gesammelten Gegenstände und schließlich die Art der hergestellten Formen. Ungefähr während der vergangenen zehn Jahre ist dieser Prozeß in vielen verschiedenen Weltgegenden dokumentiert worden; zu den diesem Thema gewidmeten Aufsatzsammlungen gehören zum Beispiel Graburn 1976, Stocking 1985 und Wade 1986, und es ist schon beinahe zur Regel geworden, daß Bücher über ganz bestimmte »nichtwestliche« Künste nicht nur auf seit langer Zeit bestehende »Traditionen«, sondern auch auf die aus der Kontaktsituation entstandenen Künste eingehen. Ich selbst habe mich in meinen Arbeiten mit den subtilen und weniger subtilen Weisen beschäftigt, auf die das soziale Leben, die Wirtschaft, die Geschlechtervorstellungen, Verwandtschaftsbeziehungen und künstlerischen Produktionen eines afro-amerikanischen Volkes im Nordosten Südamerikas im Laufe dieses Jahrhunderts auf die Kaufinteressen von Außenstehenden reagiert haben. Die Erfahrungen dieser Menschen werden in Kapitel 8 kurz untersucht.

Obwohl manche Kommentatoren der Ansicht sind, daß ein finanzieller Anreiz bei der Herstellung einen Gegenstand für die Aufnahme in die Kategorie »echter primitiver Kunst« disqualifiziert, stellt die Kunstproduktion für Geld nicht das eigentliche Problem dar. Edmund Carpenter schreibt: »Ein kürzlich erschienenes Buch über Souvenirs der Inuit erinnert uns daran, daß Michelangelo, ohne seine Integrität zu verlieren, für Geld gearbeitet hat. Doch stellte er nie massenweise minderwertige, dem arabischen Geschmack angepaßte christliche Altarstücke her, mit denen er dann auf den Kais von Venedig hausieren ging« (1983). Wenn Künstler in einer genau definierten kulturellen Situation, in der sowohl der Schöpfer als auch der künftige Besitzer grundlegende Annahmen über das Wesen der Transaktion teilen, für ihre Arbeit und ihr Talent bezahlt werden, so ist das, wie ich meine, eine Sache. Wenn Rembrandt ein Portrait auf Bestellung malte und es dann dem Modell für einen vereinbarten Preis verkaufte, so kam ein Austausch zwischen voll informierten Erwachsenen zustande, die sich über die Bedingungen des Handels einig waren. Das gleiche gilt vielleicht auch noch für den Kauf von *airport art* in einem Souvenirladen; beide Parteien wissen um den Status des Objekts und der Transaktion und erkennen ihn an. Etwas ganz anderes ist es jedoch, wenn in Afrika ein »westlicher« Reisender eine interessant aussehende Holzfigur entdeckt und sie zu einem Preis kaufen will, der für den Reisenden einen äußerst geringen Betrag, für den Besitzer aber eine große Summe darstellt. In dieser Situation kennt der Käufer die Bedeutung des Gegenstands in seinem ursprünglichen Kontext nicht, der Verkäufer kennt die Bedeutung des Gegenstandes in seiner zukünftigen neuen Umgebung nicht, und für die Beurteilung des Preises, zu dem der Gegenstand seinen Besitzer wechseln soll, gibt es keine gemeinsame Grundlage.

Die meines Erachtens einfühlsamste Darstellung der dieser heute alltäglichen Situation zugrundeliegenden Ironien stammt von Edmund Carpenter, der die Entstehung einer vermarktbaren Inuit-Kunst beschreibt. (Der Leser sollte unbedingt Carpenters ganzen Text heranziehen, der eine eloquente Hommage an die »Symmetrie stillschweigender Annahmen« der Inuit und eine vernichtende Chronik »westlicher« kultureller Arroganz ist.) Henry Moores Faszination für Inuit-Schnitzereien als Beispiel anführend, weist Carpenter darauf hin, daß »die Inuit von einem kanadischen Künstler, der Moore so bewunderte, daß er ihn nachahmte, gelernt hatten, diese Souvenire herzustellen. Daher weisen Inuit-Souvenire eine mehr als zufällige Ähnlichkeit zu Moores Werk auf – eine Ähnlichkeit, die sie zu vermarkten hilft« (1983). Für Carpenter ist Sedna Sinnbild dieses Vorgangs – der Geist einer jungen Frau, die zur Rettung des Lebens der eigenen Familie von dieser aus dem Boot aus Walroßhaut gestoßen wurde, deren Finger, als sie sich verzweifelt an das Dollbord klammerte, abgeschnitten wurden und deren eines Auge ausgestoßen werden mußte, bevor sie endlich, mißhandelt und mit zerzausten Haaren, im Meer versank, von wo sie nun das Schicksal der Menschen bestimmt. Carpenter erläutert:

> »In der Vergangenheit hat man Sedna selten dargestellt und wenn, dann nur als zuerst als innere Vision erlebte surreale Form. Hier [in einer New Yorker ›Eskimo-Kunst‹-Galerie] war sie naturalistisch, als Meerjungfrau, diese sexuell unzugängliche, Seeleute frustrierende Figur wiedergegeben. Ihre Haare waren gekämmt, ihre Finger intakt; ihre Geschichte vergessen.«

In den Schriften beinahe aller Autoren, die sich mit der gegenwärtigen künstlerischen Produktion »primitiver« Menschen beschäftigen, finden sich Klagen über das Verschwinden »ursprünglicher« Traditionen. Aber nicht alle Autoren sind von den gleichen Motiven inspiriert. Carpenter beklagt die Entstehung von Speckstein-Schnitzereien, weil sie von außen aufgezwungen wurde und den Inuit etwas nahm, das ihrem Leben Wert verlieh. Mit gleicher Vehemenz machen Sammler Touristenkunst schlecht, neigen aber dazu, sie als einen, von gerissenen Eingeborenen angewandten Trick zu betrachten und sich über ihr Vorhandensein zu ärgern, weil sie ihnen für ihr Geld nicht den entsprechenden Wert bietet. Die Häufigkeit, mit der in Leitartikeln der Zeitschrift *African Arts* das Wort »meretricious« (dirnenhaft, unaufrichtig, falsch, protzig) auftaucht, spricht in dieser Hinsicht Bände; sich von einer lateinischen Wurzel mit der Bedeutung »Hure« herleitend (deren sich der gelehrte Herausgeber mit Sicherheit bewußt ist), suggeriert das Wort ein schäbiges Täuschungsmotiv (auf Seiten des Künstlers), dem der erfahrene Sammler mit festen und kompromißlosen ästhetischen Wertmaßstäben entgegentreten muß. Der Hinweis sei jedoch gestattet, daß es etwas schwierig wird, den Künstlern selbst die Schuld zuzuschieben, wenn wir uns überlegen, wer dafür verantwortlich war, die Vorstellung von außerhalb der gewohnten Umgebung vermarktbaren Kunstwerken entstehen zu lassen, und wenn wir uns das Wohlstands(un)gleichgewicht vor Augen führen, das diesen Transaktionen zugrundeliegt.

Wie sein nun altwerdender Vater, der Kolonialismus, und seine ein wenig jüngeren Cousins, der Reisejournalismus und der Tourismus, basiert das Sammeln »primitiver Kunst« auf dem »westlichen« Prinzip, das da lautet: »Die Welt gehört uns.« Zwei Beispiele mögen die Parallelen verdeutlichen:

Als ich kürzlich in einem Fischerdorf auf Martinique in einem kleinen Café saß, schob sich eine Motorjacht in die Bucht und ankerte. Vier sonnengebräunte Männer in knappen Badehosen sprangen ins hüfttiefe Wasser, und vier geschmeidige, nur mit Bikinihöschen bekleidete Frauen kletterten auf ihre Schultern, zierlich die hochhackigen Pantöffelchen, damit sie nicht naß wurden, über das Wasser haltend. Sobald sie an Land waren, zündeten sie ihre Zigaretten an und stolzierten, zu acht nebeneinander, auf der Suche nach einem Restaurant die Hauptstraße entlang. Die ortsansässigen Fischer und ihre Frauen beobachteten die hüpfenden Titten, farbenprächtig verpackten Hoden und wackelnden Ärsche und enthielten sich höflich eines hörbaren Kommentars. Den hungrigen Urlaubern kam die Frage, wessen Sitten in diesem speziellen Kontext wohl etwas galten, gar nicht in den Sinn.

Ein Korrespondent der *Washington Post* beschrieb seinen Versuch, »das journalistische Äquivalent eines massiven Angriffs« im Sudan – ein Interview mit Colonel John Garang, dem Rebellenführer – zu erreichen (Harden 1986). Er erzählt, wie Vertrauen und Optimismus schnell den durch »quälenden Hunger«, »eine normalerweise für Löwen gedachte Wasserversorgung«, Schwärmen von »Schmeißfliegen, beißenden Ameisen, Malaria übertragenden Moskitos und über unseren Köpfen kreisenden Geiern« verursachten Frustrationen wichen. Am lächerlichsten waren jedoch, wie der Leser erfährt, die »außerordentlich wenig entgegenkommenden« Gastgeber dieser Party; einige sprachen, ärgerlicherweise, »kein Englisch«, andere bauten für die Reporter dummerweise ein Zelt auf, das später bei einem Gewitter zusammenbrach, und alle reagierten auf die Probleme der Besucher mit einer Mischung aus leeren Versprechungen und irritierender Fröhlichkeit. Es überrascht deshalb nicht, daß unser Reporter, nachdem er beschrieben hat, wie Colonel Garang als Gegenleistung für die Bewilligung des Interviews, um das sich die Reporter so lange bemüht hatten, Kopien der Zeitungsausschnitte, Fotografien und Videobänder forderte, einfach mit der Bemerkung fortfährt, »natürlich taten wir so, als ob wir dazu bereit wären«. Der Journalist bekam seine Story und nutzte die Gelegenheit, Garang in der Einleitung seiner Darstellung des im Sudan geführten Krieges lächerlich zu machen, weil er so »hochgestochene« Worte wie »ungeachtet« benutzte und den Geschmack von Erdnußeis lobte. Offenbar bekam der Colonel weder fotokopierte Zeitungsausschnitte noch Fotografien, Videobänder oder irgendetwas anderes.[5]

5 Es ist nicht schwer, die in dem hier zitierten Artikel benutzten Gegensätze aufzulisten: der hart arbeitende, ernsthafte Nordamerikaner/der ausdruckslos lächelnde afrikanische Eingeborene; der schlaue Interviewer/der einfältige Interviewte (der glaubt, er würde Kopien der Endergebnisse bekommen); die Umwelt des Journalisten, die sich durch ausreichende Nahrung, trinkbares Wasser und klimatisierte Innenräume auszeichnet (was die Leser der Zeitung voraussetzen und was deshalb nicht explizit benannt werden muß)/eine durch heftige Regenfälle, Termiten, Geier, Nahrungsknappheit und verunreinigtes Wasser gekennzeichnete Welt. Letztendlich läuft der Gegensatz darauf hinaus,

Diese, in der Dritten Welt keineswegs seltenen Szenen werden tagtäglich von »westlichen« Liebhabern exotischer Kunst im Geiste wiederholt. Wir könnten, um wieder ganz wahllos ein Beispiel aus jüngerer Zeit auszuwählen, einen für die *New York Times* geschriebenen und im *International Herald Tribune* abgedruckten Artikel zitieren. »Trading in the Rich Art of Nepal« verwendet das für derartige Artikel typische Vokabular, wenn die »große Menge farbenprächtig gekleideter Tibeter«, die mit »uralten« Silbermünzen und anderen Gegenständen handeln, beschrieben werden – Dinge, die »zusammengewürfelt in Läden«, welche »in einem verfallenen, hundert Jahre alten früheren Palast« untergebracht sind, herumliegen.

»Ein guter Ort, an dem man nach Antiquitäten suchen kann, ist Bodnath. Dieser Stupa ist von den Häusern der Lamas umgeben, die die im achteckigen Grundriß aufgestellten Gebetsräder drehen. Jeder kann an der Peripherie entlang gehen und die Räder drehen; auch Sie können es (im Uhrzeigersinn) und sich dabei eine Übersicht über die ununterbrochene Reihe von Läden verschaffen, die zusammen mit dem breiten, von Tibetern in weichen Stiefeln und schwarzen oder roten Gewändern nur so wimmelnden Pflastersteinweg den Stupa umschließen.« (Tregaskis 1986)

Die Schlüsselworte sind »auch Sie können es«. Mit Kreditkarte und vernünftigem Schuhwerk ist nichts unerreichbar.

Selbstverständlich ist die Feststellung, daß Kunst für Machtspiele genutzt wird, weder originell noch auf die »primitive« Kunst beschränkt. Allerdings droht die Tatsache, daß an der De-

---

daß es Menschen gibt, die das Recht haben, Erdnußeis zu essen und komplizierte Worte zu verwenden, und andere, die es nicht haben. Obwohl dieses Beispiel stärker als andere zur Karikatur tendiert, ist es im Bereich journalistischen Schreibens längst nicht so abwegig, wie man vielleicht glaubt. Zusammen mit anderen, ganz ähnlich gearteten und tagtäglich in den USA (in Kleinstadt-Zeitungen etwas häufiger als in Zeitungen, die der *Washington Post* entsprechen) produzierten Beispielen setzt es die westliche Tradition der Aufteilung der Weltbevölkerung in »Zivilisierte« und »Andere« fort und wiederholt in jedem Bericht über letztere die Überlegenheit der ersteren. Dieses Phänomen erforsche ich gerade eingehender für ein Buch, das den vorläufigen Titel »Exotic Spots in Newsprint« hat.

finition, Bewertung, Verteilung und Ausstellung von Kunst persönliche Gewinninteressen beteiligt sind, die Glaubwürdigkeit der Kunstkennerschaft völlig zu untergraben. Als das Metropolitan Museum of Art für die Summe von 350000 Dollar bereit war, Ralph Lauren und seine »Polo«-Kleidung im Zusammenhang mit der Ausstellung »Der Mensch und das Pferd« in aller Öffentlichkeit groß herauszubringen, ist die Integrität des Museums bei dem Handel wohl auf der Strecke geblieben (McGill 1985). Oder als ein Gemälde des amerikanischen Künstlers Jasper Johns, *Out of the Window*, das dieser 1960 für 2250 Dollar verkauft hatte, 1986 bei einer Auktion 3,63 Millionen Dollar erzielte, hatte der Künstler keinen Anteil an dem Erlös (Higbee 1987). Von Lucy Lippard stammt die allgemeine Bemerkung, daß für die westlichen Künstler des späten 20. Jahrhunderts »alles Teil eines Lebensstils und einer politischen Situation geworden ist. Es wird zu einer Frage der Macht der Künstler, zu einer Frage, ob es den Künstlern gelingt, genügend Solidarität zu wahren, so daß sie nicht einer Gesellschaft ausgeliefert sind, die kein Verständnis für das hat, was sie tun.« (Lippard 1973, S.8–9; siehe auch Honan 1988) Man könnte jedoch argumentieren, daß es sich bei der »primitiven Kunst« zwar grundsätzlich um das gleiche Problem handelt, die Art und Weise aber, auf die ihre Schöpfer betrogen werden, eine ganz besondere Art von kultureller Arroganz bezeugt. Wenn sich New Yorker Künstler mißverstanden und von Kräften, die sich ihrer Kontrolle entziehen, manipuliert fühlen, wissen sie zumindest genau, was vor sich geht, und sie haben Zugang zu Kommunikationsformen, die es ermöglichen, daß ihre Stimme gehört wird. »Primitive« Künstler aber, denen man nie mehr als einen sehr partiellen Einblick in den Markt, auf den sie geworfen werden, gewährt, genießen nicht einmal diese kleinen Privilegien. Die Ausbeutung ihrer Kreativität erhält so einen leicht anderen Beigeschmack, denn sie kennen weder die Bestie, die sie mit Nahrung versorgen, noch wissen sie, wie diese ihre Mahlzeiten verteilt.

6

Objets d'art und ethnographische Artefakte

Auch das Problem museologischer Kontextualisierung ist nicht auf »primitive Kunst« beschränkt:

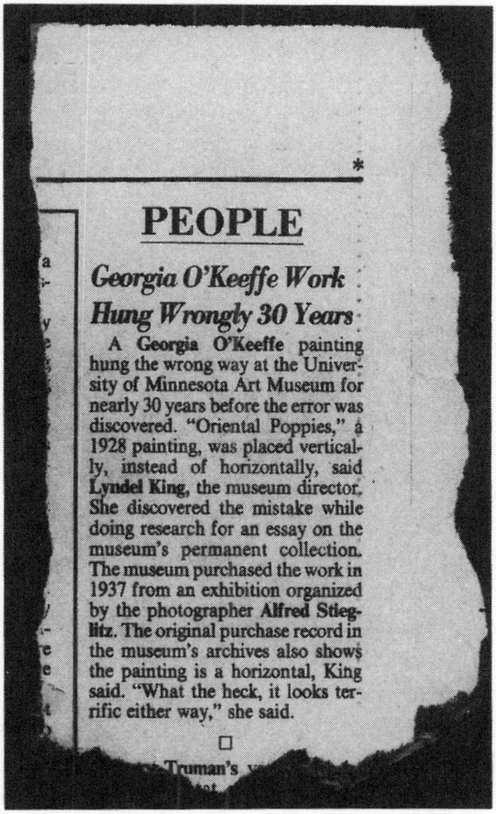

PEOPLE

Georgia O'Keeffe Work Hung Wrongly 30 Years

A **Georgia O'Keeffe** painting hung the wrong way at the University of Minnesota Art Museum for nearly 30 years before the error was discovered. "Oriental Poppies," a 1928 painting, was placed vertically, instead of horizontally, said **Lyndel King**, the museum director. She discovered the mistake while doing research for an essay on the museum's permanent collection. The museum purchased the work in 1937 from an exhibition organized by the photographer **Alfred Stieglitz**. The original purchase record in the museum's archives also shows the painting is a horizontal, King said. "What the heck, it looks terrific either way," she said.

□

Diese »Es ist doch egal«-Reaktion auf das O'Keeffe-Gemälde hätte genauso gut auf eine durchbrochen gearbeitete Holztür gepaßt, die in den späten 60er Jahren in einer Ausstellung afrikanischer und afro-amerikanischer Kunst der Yale Art Gallery gezeigt wurde. In Augenhöhe angebracht und von hinten beleuchtet, wurde das Stück als Fenster bezeichnet – trotz der Tatsache, daß ein derartiges Architekturkonzept in dem südamerikanischen Dorf, wo es hergestellt worden war, nicht existierte. Besucher der Ausstellung fanden es trotzdem schön.

Wie sehr sollten wir uns darum bemühen, die ursprünglichen Absichten der Künstler, deren Arbeiten wir ausstellen, zu ergründen? Und unterscheidet sich »primitive Kunst« in dieser Hinsicht von »westlicher Kunst«? Wir öffnen damit eine Büchse der Pandora, die auf den Schreibtisch eines jeden, für die Ausstellung »exotischer« Gegenstände verantwortlichen Museumsdirektors gestellt werden sollte.

Ausstellungen, die Gegenstände *als Kunst* präsentieren, liegt eine relativ konstante Definition dessen zugrunde, was zwischen Gegenstand und Betrachter »geschehen« soll; das ästhetische Vergnügen, das Museumsbesucher sowohl angesichts »primitiver« als auch angesichts »westlicher« Gegenstände empfinden sollen, wird zu allererst als eine perzeptuell-emotionelle, nicht als als eine kognitiv-pädagogische Erfahrung betrachtet. Nach Auffassung eines Autors beleidigt die Kontextualisierung von Kunst mit Hilfe von didaktischen Schrifttafeln »die, für die das Meisterwerk wichtiger ist als seine Bedeutung für den Nichtinitiierten und ... die, die ihre ästhetischen Stimulantien direkt erfahren wollen« (Lynes 1954, S. 261).

Der Hauptunterschied, den solche Ausstellungen zwischen »westlichen« und »primitiven« Objekten machen, besteht darin, daß nur erstere so präsentiert werden, daß dem Betrachter klar wird, daß sie von namentlich bekannten Individuen an bestimmten Punkten einer sich entfaltenden Geschichte künstlerischer Stile, Philosophien und Medien geschaffen worden sind. Auf diese Weise wird der Status westlicher Kunst als Teil einer dokumentierten Zivilisationsgeschichte (mit Namen, Daten, politischen Revolutionen, kulturellen und religiösen Wiedergeburten und so weiter) anerkannt (signalisiert), auch wenn die sorgfältige Ausarbeitung der Details anderen Kontexten (Katalogen, kunsthistorischen Texten, akademischen Vorlesungen, Kunstmagazinen usw.) vorbehalten bleibt.

Die meisten Ausstellungen, die Gegenstände *als Ethnographie* präsentieren, informieren ausführlich über technische, soziale und religiöse Funktionen und löschen so die Vorstellung aus, die ästhetische Qualität eines Werks könne »für sich selbst sprechen« – oder löschen vielmehr die gesamte Vorstellung aus, das Objekt besitze irgendwelche ästhetischen Qualitäten, die der Vermittlung wert wären. Die Präsentationsform fordert den Betrachter auf, sich ein Verständnis auf der Grundlage der erklärenden Texte zu bilden, nicht die formalen Qualitäten perzeptuell oder emotional aufzunehmen. Der Natur des Textes gemäß verdrängt die Betonung der kulturellen Distanz des Gegenstands die Betonung seines Orts in einem dokumentierbaren historischen Zusammenhang.

Im Falle der »primitiven Kunst« scheint also die Abfassung der meisten Texttafeln durch eine Art Entweder/oder-Situation eingeschränkt zu sein. Die Gegenstände werden in Ausstellungen *entweder* als Kunstwerke (in diesem Falle erhalten sie zur Erläuterung einen »Hundehalsband«-Text, der Name und Adresse des Besitzers nennt) *oder* als ethnographische Artefakte präsentiert (in diesem Falle werden geographische Herkunft, Herstellungsweise, Funktion und esoterische Bedeutung ausführlich dargelegt).

Wenn wir uns Kunstgegenstände mit erkennbar unterschiedlichen »Identitäten« ansehen, können wir tendenziell eine umgekehrte Beziehung zwischen zugeschriebenem Wert (eine Kombination aus künstlerischem Ruhm und finanzieller Bewertung) und der auf den Begleittafeln gegebenen Menge an Information feststellen. Ein »ethnographischer Gegenstand« im überfüllten Schaukasten eines Völkerkundemuseums wird typischerweise in umfangreicher Prosa erklärt – eine Prosa, die den Betrachter in die Geheimnisse von dessen Herstellung, Verwendung, Rolle in der Gesellschaft und religiösen Bedeutung einweiht. Wird derselbe Gegenstand aber zur Ausstellung in einem Kunstmuseum ausgewählt, so steigt gewöhnlich seine finanzielle Bewertung, er erhält bei seiner Präsentation mehr eigenen Raum (d.h. das Durcheinander konkurrierender Stücke entfällt) und beinahe alle didaktischen Informationen verschwinden. Die Isolierung eines Gegenstands von anderen Gegenständen und von einer wortreichen Kontextualisierung hat eine eindeutige Wertimplikation. Wenn Kunsthändler die Stücke ihrer Sammlungen jeweils nur mit einem kleinen runden Punkt versehen, auf dem eine Nummer steht, die Kunden diskret angeben können, um den Preis eines Gegenstands, dessen Kauf sie in Erwägung ziehen, zu erfahren, so erkennen jene zweifellos dieses Prinzip und bedienen sich seiner.[1] Das von ethnographischen Artefakten bis zu *objets d'art* reichende Kontinuum ist im Bewußtsein der Leute ganz klar mit einer Skala steigenden Geldwerts und einem Wechsel von der (weit definierten) Funktion hin zur Ästhetik als Bewertungsgrundlage verknüpft; was die Zurschaustellung betrifft, korreliert alles das mit einer immer verschlüsselteren schriftlichen Kontextualisierung.

Geht man von der unterschiedlichen kulturellen Vertrautheit westlicher Betrachter im Umgang mit »westlicher« und »primitiver« Kunst aus, ist es nicht ganz abwegig, daß Begleittexte, die sich auf Gegenstände aus »exotischen« Gesellschaften beziehen, mehr didaktische Informationen enthalten; das heißt, es gibt eine logische Begründung dafür, daß eine Gelede-Maske eingehender erklärt wird als etwa ein Gemälde aus dem 20. Jahrhundert, das Badende an einem Strand in Frankreich zeigt. Zum Beispiel scheint es durchaus vertretbar zu sein, daß an einer Skulptur im Musée d'Art Moderne de la Ville de Paris ein Schild angebracht ist, das lediglich den Titel des Werks sowie Name und Lebens-

1 In diesem Licht betrachtet, überrascht es nicht, daß Galeriebesitzer mit Entrüstung reagierten, als das Amt für Verbraucherangelegenheiten der Stadt New York sie aufforderte, die Preise von Gemälden und Skulpturen sichtbar anzubringen; ein Galerist bemerkte dazu: »Das entspricht nicht der Atmosphäre, die wir zu schaffen versuchen« (McGill 1988).

daten des Künstlers nennt: »*Hommage à Chagall*/Paul Gargallo (1881–1934)«. In diesem Fall können Kuratoren vernünftigerweise damit rechnen, daß das Publikum nicht nur formal das Werk beurteilen, sondern auch die Absicht des Künstlers deuten kann; das spiralförmige Band, das einen offengearbeiteten Kopf umgrenzt und die flüchtige weibliche Figur, die träumerisch durch den so gebildeten inneren Raum schwebt, stellen eine ausreichend verständliche Verbindung zum Werk Chagalls her, so daß keine Exegese benötigt wird. Einem australischen Aborigine dagegen, der sich dieselbe Arbeit ansieht, wäre wahrscheinlich mit einer Erklärung der Beziehung zwischen Titel und Gestaltung des Kopfs sehr gedient; und ein westlicher Betrachter, der sich mit dem Werk eines Künstlers aus Neu-Guinea konfrontiert sieht, braucht wahrscheinlich die gleiche Hilfestellung, um die – für das Auge des »Eingeborenen« – genauso selbstverständlichen Anspielungen zu verstehen.

Die Überlegung, wieviel eigenes Wissen Betrachter mitbringen, ist jedoch gewöhnlich nicht das für die Entscheidung zwischen Hundehalsband-Texten und didaktischen Diskursen verantwortliche Kriterium; nicht immer wird »westliche Kunst« mit minimalistischen Informationsschildern und »primitive Kunst« mit erschöpfenden ethnographischen Schrifttafeln versehen. Statt der kulturellen Identität des *Objekts* ist oft die des Museums der entscheidende Faktor. Ähnliche Gegenstände wie die, die das Pariser Musée de l'Homme füllen, werden auch im Musée des Arts Africains et Océaniens derselben Stadt gezeigt; viele der Stücke könnten von einem zum anderen Museum gebracht werden, ohne daß es auffiele. Im New Yorker American Museum of Natural History und dem Center for African Art, wie in den Museen anderer Städte überall auf der Welt, herrscht die gleiche Materialredundanz. Dennoch wird den Besuchern dieser Ausstellungen – mit Hilfe einer Vielzahl von Hinweisen wie Beleuchtung, Raumzuteilung, Gruppierung usw. – deutlich gemacht, daß die eine Sammlung von Gegenständen aus Artefakten exotischer oder wilder Lebensweisen, während die andere Sammlung aus Kunstwerken der Weltklasse, manchmal sogar »Meisterstücken« besteht.

Das Museum of Primitive Art in New York ist einzigartig in seinem Bemühen, »primitive« Werke als *Kunst* zu präsentieren. Die diesem Bemühen zugrundeliegende Philosophie offenbart sich in der Art und Weise, wie die Stücke ausgestellt werden. Ein Kritiker stellte fest:

»Primitive Kunstwerke werden gewöhnlich, wenn sie nicht gerade wie die Pfeilspitzensammlung eines Pfadfinders ausgestellt werden, mit Raffia überhäuft, in Dschungelfarben angestrahlt und mit den Geräuschen von Schnalzlauten oder mit Bongomusik untermalt.

Die Tatsache bleibt jedoch bestehen, daß wir dem, wer wir sind, nicht entrinnen können, und alle Sprünge der Phantasie können uns nur tiefer zu uns selbst führen – oder zur Vermenschlichung der Natur.

Das Museum of Primitive Art arbeitet mit der einfachen, aber brillanten Idee, diese Wahrheit zu akzeptieren. Es beurteilt seine Neuanschaffungen und Sammlungen nach modernen ästhetischen Maßstäben. Mit anderen Worten – danach, was für das am besten informierte Auge am besten aussieht. Es versucht weder das Unmögliche, sich in die primitiven Künstler zu versetzen, noch versucht es, das Gefühl für Blut und Magie zu beleben, das ursprünglich vielen seiner Sammlungsstücke Gestalt gab. Es bleibt ehrlich.« (Hess 1968, S. 27)

Die Befürwortung des Aus-dem-Zusammenhang-Nehmens findet sich immer dann, wenn der Wert »primitiver Kunst« von äußeren Interessen in die Höhe getrieben worden ist. Adrian Marrie (1985, S. 17) hat auf einen, die Kunst der australischen Aborigines behandelnden Artikel von Ann Stephen (1980) aufmerksam gemacht, in dem diese darauf hinweist, »daß die Unkenntnis über die Kultur der Aborigines als positiver Wert bewahrt wird«. Sie zitiert Margaret Preston, die »Mutter der Kitsch-Australiana«: »Der Forscher sollte sich nicht mit der Frage herumschlagen, welche Mythen der Schnitzer vielleicht zu veranschaulichen versucht hat. Mythologie und religiöse Symbolik interessieren bloß den Anthropologen, den Künstler nicht.« Marrie zitiert außerdem J. A. Tuckson, der eine ähnliche Auffassung vertritt und für die Ausstellung der Gegenstände in Kunstgalerien (statt in Völkerkundemuseen) eintritt, weil der Betrachter dort die Möglichkeit hat, »Werke der bildenden Kunst zu würdigen, ohne ihre ureigene Bedeutung und ihren ursprünglichen Zweck kennen zu müssen« (Tuckson, zitiert nach Marrie 1985, S. 17).

Die Art und Weise, wie ein Gegenstand »primitiver« Herkunft präsentiert wird, ist von ganz bestimmten, im Lauf der Zeit aber veränderlichen hierarchischen Systemen abhängig. Michel Leiris erzählte mir einmal, daß nach dem Umzug der Sammlungen des Trocadéro-Museums in das (1937 an derselben Stelle errichteten und die Gründung des Musée de l'Homme markierenden) Palais de Chaillot die Gegenstände zusammen mit umfangreicher ethnographischer Kontextualisierung in nüchternen Metallschränken untergebracht wurden, und zwar deshalb, weil man damit den Status der Ethnologie als einer legitimen *Wissenschaft* betonen wollte; immer größer werdende didaktische Texttafeln ermöglichten also die Aufwertung der früher als Kuriositäten betrachteten Gegenstände zu wissenschaftlichen Belegstücken. Im Verlauf der vergangenen Jahrzehnte, in denen man sich weniger Sorge um den Status der Ethnologie als Wissenschaft zu machen brauchte, wurde das Prestige bestimmter Stücke häufiger durch die Reduktion der Begleittexte aufgewertet; ethnographische Artefakte wurden in dem Moment zu Meisterwerken der Kunst der Welt, als sie ihre ethnologische Kontextualisierung verloren und man sie für fähig hielt, allein nach ihrem ästhetischen Wert beurteilt zu werden.

Die zeitgenössische populäre Literatur besteht auf ihrer Unterscheidung zwischen »primitiven Artefakten« und »primitiver Kunst«, wobei der letzteren ein höherer Status (und natürlich ein diesem Status entsprechender höherer finanzieller Wert) zugeschrieben wird. Kenneth Murray soll zum Beispiel einen Sammler, der dem nigerianischen Museum Yoruba-Kunst angeboten hatte, kritisiert haben, weil der »künstlerische Standard« dieser Stücke »zu hoch« war für ein Museum, das »eine ethnologische Sammlung und keine Kunstgalerie« ist (Allison 1973, S. 67). Der Herausgeber von *African Arts* billigte die gleiche Hierarchie, als er schrieb:

»Eine derartig große Zahl hervorragender Beispiele afrikanischer Kunst ist zweifellos bereits seit vielen Jahren ausgestellt worden, doch mußte man sich die Stücke gewöhnlich inmitten einer völkerkundliche Museumsausstellungen oft kennzeichnenden Ansammlung von Speeren, Textilien und Kochutensilien ansehen. Der Wandel in der Beurteilung muß sich teilweise in unserem Blick vollziehen; in der Weise, in der wir heute diese Werke betrachten – als Kunstwerke, als Mittel, jene grundlegende ästhetische Erfahrung mitzuteilen, *statt* als bloße Veranschaulichung anderer Lebensformen. Heute sind wir in der Lage, mit unserem Schönheitssinn, *statt* mit unserer Neugier zu reagieren.« (Anon. 1971, S. 5, Hervorhebungen von S. P.)

Durch diese »statt«-Konstruktion werden ästhetisches Erleben und Schönheit nicht mit ethnographischen Belegstücken und sozialer Neugier *verbunden*, sondern ihnen entgegengesetzt. In einer Unterhaltungskolumne der *New York Times* konnte man – geprägt vom gleichen Geist des Isolierens ästhetischer von ethnologischer Einfühlsamkeit – lesen, daß »die neue Ausstellung des African-American Institute... die Schönheit, nicht die Ethnologie der Gegenstände in den Vordergrund zu rücken sucht« (29. September 1984, S. 10). Und Paul Richard zeigte, daß er sich dieses Unterschieds bewußt war, als er schrieb, daß der für die »Primitivismus«-Ausstellung verantwortliche Kurator am MOMA, William Rubin, »kein Ethnologe ist. Ihm ging es um Qualität« (1984a, S. H8). Tatsächlich sah Rubin im Unvermögen der Ethnologen im Feld, diese Trennungslinie zu ziehen, das eigentliche Hindernis für das Sammeln bedeutsamer Kunst: »Da die Ethnologen im allgemeinen zwischen Kunst und Artefakt keinen Unterschied machten ..., ist die Mehrzahl der von ihnen mitgebrachten Objekte von nur geringem oder überhaupt keinem künstlerischen Interesse.« (Rubin 1984, S. 33)

Für Personen, die, wie Rubin es gern hätte, eine Trennungslinie zwischen Kunst und Artefakt ziehen, und die wahrer Kunst, ganz gleich in welcher Gesellschaft sie geschaffen wurde, Anerkennung verschaffen wollen, nimmt die Aufgabe manchmal den Charakter einer Rettungsmission an. Susan Vogel stellte die Eröffnungsausstellung des Center for African Art in diese Tradition, als sie im Begleitkatalog schrieb, »unter den Tausenden von ethnographischen Artefakten im Musée de l'Homme befinden sich viele Kunstwerke und unter diesen eine kleine Zahl von

Meisterwerken. Dieses Buch zeigt eine Auswahl dieser Meisterwerke. ... Das Musée de l'Homme erkannte schon vor langer Zeit, daß unter den ethnographischen Stücken seiner Galerien Kunstwerke verborgen waren« (Vogel und N'Diaye 1985, S. 11).

Die Verantwortung für die Identifizierung jener seltenen, verborgenen Stücke »primitiver« Produktion, denen »ästhetische Qualität« eigen ist, wird ganz von westlichen Kennern getragen. Obwohl Wissenschaftler gelegentlich die ästhetischen Kriterien von Eingeborenen eingehender sozialwissenschaftlicher Forschung unterziehen, fordert man afrikanische Dorfbewohner selten auf, Ausstellungsorganisatoren bei der Auswahl von »Meisterstücken« zu beraten, und südamerikanische Indianer werden, wenn es um die Entscheidung geht, welcher Federkopfschmuck im Museum zentral plaziert werden sollte, im allgemeinen nicht als Berater hinzugezogen. Tatsächlich wirft man den Künstlern selbst (ähnlich den von Rubin getadelten Ethnologen) oft vor, sie beachteten die wahre Kunst kennzeichnenden ästhetischen Eigenschaften nicht. Diesen Standpunkt hat Henri Kamer mit der Behauptung rationalisiert, afrikanische Kunst sei »von ihren Schöpfern nicht als solche aufgefaßt worden. Das in Afrika geschaffene ›Objekt‹ ... wurde erst bei seiner Ankunft in Europa zum ›Kunstobjekt‹« (Kamer 1974, S. 33). Die gleiche Ansicht belegt Daniel Thomas für einen ganz anderen Teil der Welt, wenn er bemerkt, daß »die Kunst der australischen Aborigines, soweit es die europäisch-australische Kunstwelt betraf, in den vierziger Jahren zur Kunst wurde. Vorher war sie Ethnologie« (zitiert nach Marrie 1985, S. 17). Und Jacques Maquet, der sich André Malraux' Unterscheidung zwischen »Kunst durch Bestimmung« und »Kunst durch Metamorphose« anschließt (Maquet 1986, S. 18), ordnet »primitive Kunst« der letztgenannten Kategorie zu und äußert kategorisch: »Gegenstände, die wir als ›primitive Kunst‹ bezeichnet haben, waren keine Kunst für die, die sie geschaffen haben. ... In der von Männern und Frauen der schriftlosen Welt konstruierten Wirklichkeit war Kunst weder eine sprachliche Kategorie noch eine soziale Praxis« (Maquet 1986, S. 66).

Am Ende hängt das Problem, wieviel Informationen man zu Kunstwerken geben muß, von der Einschätzung dessen ab, was in den Köpfen der Künstler und Betrachter vor sich geht. Im Grunde müssen wir uns mit der Absicht des Künstlers, der Reaktion des Betrachters und damit befassen, in welchem Maße die Beurteilung von Kunst eine sinnvolle Beziehung zwischen beiden Faktoren erfordert. Üben Künstler die von ihnen getroffenen ästhetischen Entscheidungen bewußt aus? Oder stellen sie ihre Objekte aufgrund einer Kombination von instinktivem Verhalten und ererbter Tradition her? Und unterscheiden sich »westliche« von »primitiven« Künstlern in dieser Hinsicht? Hängt das ästhetische Urteilsvermögen der Betrachter eines Kunstwerks von der Beherrschung erlernter Prinzipien sowie von sozialer, kultureller und historischer Kontextualisierung ab? Oder ist es vor allem eine Frage angeborenen Geschmacks und eines guten Auges? Und unterscheiden sich »westliche« von »primitiven« Künsten in dieser Hinsicht? Diese Fragen sind bereits in früheren Kapiteln aufgeworfen und teilweise beantwortet worden; an diesem Punkt möchte ich sie wieder aufgreifen und meine Aufmerksamkeit besonders darauf richten, wie populäre Vorstellungen über den Unterschied zwischen »primitiven« und »zivilisierten« Künstlern die Präsentation der jeweiligen Werke in Museen und Galerien beeinflussen.

Mit der Absicht des Künstlers beginnend, wollen wir uns zunächst überlegen, ob die jeweiligen Arbeitsweisen von »primitiven« und »zivilisierten« Künstlern unterschiedlich auf einem von bewußter Beherrschung bis zu unbewußtem Ausdruck reichenden Kontinuum verteilt sind. Michael Baxandall, der über europäische Kunstwerke schreibt, erklärt etwa, daß »man hinter einem überragenden Bild eine überragende – perzeptuelle, emotionale, konstruktive – Organisation vermutet« (Baxandall 1985, S. 135). Das gesamte Unternehmen der westlichen Kunstkritik basiert auf dem Glauben, daß der Künstler, wenn er einem Kunstwerk eine besondere Gestalt verleiht – indem er etwa gewisse Details hinzufügt, andere nicht, Licht und Schatten setzt, Perspektiven, Farbkombinationen usw. wählt, was alles zu einer *beabsichtigten* Wirkung beiträgt –, auf einer bestimmten Bewußtseinsebene begründete Entscheidungen trifft. Michael Frieds Analyse des Bildes *Gross Clinic* (1985) von Thomas Eakins, nur um ein Beispiel anzuführen, ist gerade deshalb von Belang, weil es Fried gelingt, genau darzulegen, wie die Absicht des Künstlers, von der man früher glaubte, sie sei auf die Themenwahl und eine allgemeine Bindung an den Realismus beschränkt, in Wirklichkeit auf subtile und komplexe Weise in zahlreichen Details seiner Komposition erkennbar ist und dieses Gemälde mit anderen Werken, die auf den ersten Blick ohne Beziehung zueinander zu sein scheinen, desselben Künstlers verbindet.[2]

Die grundlegende Prämisse der Intentionalität gilt jedoch keineswegs für alle Künstler. Wie ein Besucher des Rockefeller-Flügels freiwillig zum besten gab, bestand zwischen Picasso und »primitiven« Künstlern der Unterschied, daß Picasso »selbst dann, wenn er drei Augen malte, genau wußte, was er tat« (Novack 1982). Die Annahme, »primitive Kunst« werde spontaner und weniger reflektierend – mit geringerer künstlerischer Intentionalität – als Werke »westlicher« Urheberschaft produziert, stellt einen allgemeinen Bestandteil der westlichen Vorstellungen von »primitiver Kunst« dar. Afrikanische, ozeanische und indianische Handwerker mögen sich, so ist die Überlegung, um die rituelle Wirksamkeit ihrer Schöpfungen Gedanken machen, sie erkennen aber weder die ihnen zur Verfügung stehenden ästhetischen Entscheidungsmöglichkeiten, noch die Konsequenzen der von ihnen getroffenen Entscheidungen und halten schließlich das, was sie herstellen, noch nicht einmal für

2 Selbstverständlich möchte ich nicht den Anschein erwecken, als ob es sich bei der künstlerischen Intentionalität um ein einfaches Problem handelt oder als ob alle feinsinnigen Beurteilungen ihres Anteils am künstlerischen Schaffen und Reagieren zu den gleichen Ergebnissen kämen. (Siehe z.B. Krauss 1988, um nur einen Vorgeschmack von der über diese Frage geführten Auseinandersetzung zu bekommen.) Ich möchte jedoch darauf hinweisen, daß es sich um einen Akt kultureller Arroganz handelt, wenn man »nichtwestlichen« Künstlern ästhetische Intentionalität summarisch abspricht, sich im Falle der »westlichen« Kunst aber mit der Frage ernsthaft intellektuell auseinandersetzt.

»Kunst«. Einige, auf diesen Standpunkt zurückzuführende Äußerungen kommen als Ausdruck von Vorurteilsfreiheit und Liberalismus daher, wenn sie etwa erklären, die Kategorie »Kunst« sei ein rein westliches Konstrukt und sie bei »primitiven« Völkern zu erwarten, ein ethnozentrischer Trugschluß. Die Bequemlichkeit dieser Schlußfolgerung, die dem »westlichen Menschen« völlige Kontrolle über die ästhetische Beurteilung der Kunst der Welt mit der Begründung gibt, ein Bemühen um einheimische ästhetische Konzeptualisierungen sei kulturell unangemessen, mag viele Menschen dazu bringen, sich ihr etwas zu rasch anzuschließen. So wie die Annahme, exotische Kunst sei »anonym«, den »westlichen Menschen« von der mühsamen Aufgabe enthebt, den individuellen Urheber bestimmter Stücke festzustellen und anzuerkennen, so entbindet die Behauptung, »Primitive« hätten kein Konzept, das unserer Vorstellung vom »Kunstwerk« entspricht, von der Notwendigkeit, einheimische *ästhetische* Systeme ernst zu nehmen.

Auf diese Weise gelangt man zu äußerst klaren und einfachen Wahlmöglichkeiten. Entweder man präsentiert ein gegebenes Objekt in seinem ethnologischen Kontext, zusammen mit verwandten Artefakten und aufgrund didaktischer Texttafeln, die seine Herstellung, seine Rolle im traditionellen Leben der Gemeinschaft und seine soziale und religiöse Bedeutung erklären, verständlich für den Betrachter. Oder man stellt es auf einen eigenen Sockel oder in eine eigene Vitrine, gibt ganz grob den Kontinent oder Archipel an, wo es erworben wurde, und gewährt ihm allein dadurch, daß man es »für sich selbst sprechen« läßt, Mitgliedschaft in der elitären Gesellschaft der Kunstwerke, die aufgrund ihres rein ästhetischen Werts Anerkennung finden.

Ist ein Gegenstand erst einmal dieser zweiten Kategorie zugeordnet (das heißt, ist er erst einmal als Kunstwerk statt als Artefakt definiert), kehrt sich die Logik, nach der er eine umfangreichere Kontextualisierung als ein Werk westlicher Herkunft verdient hätte, interessanterweise um. Als ethnographischer Gegenstand braucht eine Yoruba-Maske oder ein Kwakiutl-Totempfahl oder ein Tanzstab von der Osterinsel selbstverständlich einen ausführlicheren Erklärungstext als, sagen wir einmal, van Goghs Gemälde *Die Kartoffelesser*, um von Museumsbesuchern richtig eingeschätzt zu werden. Als »Kunstwerk« braucht er vielleicht, wenn wir bestimmte herkömmliche Vorstellungen über »westliche« und »primitive« Kulturen akzeptieren, sogar einen weniger umfangreichen Text. Menschen, für die Vincent van Gogh ein individueller schöpferischer Künstler ist, der zu einer bestimmten Zeit in der Geschichte lebte und der sogar (dank seiner Selbstportraits) visuell präsent ist, dessen persönliche Konflikte und Familienbeziehungen mehr oder weniger allgemein bekannt sind und dessen gesamte künstlerische Produktion als kohärentes Ganzes aufgefaßt wird, das mit der Produktion bestimmter anderer, ebenso gut dokumentierter individueller Künstler in Zusammenhang steht – diese Menschen verfügen über eine Grundlage, auf der sie versuchen, seine künstlerische »Intention«, seine ästhetischen Entscheidungen, die Entwicklung von einer Periode seines Lebens zu einer anderen sowie andere Fragen von kunsthistorischem Interesse zu erklären. Eine Katchina andererseits, deren »ursprüngliche Bedeutung« (einschließlich technologischer, religiöser und sozialer, aber nicht ästhetischer Überlegungen) im Völkerkundemuseum zurückgelassen wurde, und von deren »anonymen« Hersteller man glaubt, daß er rein gefühlsmäßig, in Kombination mit jahrhundertealten, künstlerische Reflektion oder die innovative Lösung von Gestaltungsproblemen ausschließenden Traditionen der Gemeinschaft arbeitet, ist ein Gegenstand, über den man kaum etwas im Sinne einer kunsthistorischen Deutung zu sagen weiß. Angesichts eines solchen Gegenstands bleibt uns nichts anderes übrig, als ein stummes Zwiegespräch mit seiner universellen – ergreifenden, unartikulierbaren und geheimnisvollen – Schönheit zu führen.

Tatsächlich geschieht genau das. Der »geheimnisvolle Nimbus«, der die enge Verbindung zwischen der hohen Weltkunst und den großen Kunstkennern der Welt umgibt, verstärkt sich im Fall der »primitiven Kunst«, da diese, in ihrer Rolle als *objet d'art*, mehr als ihr westliches Pendant dafür geeignet erscheint, zur kontextfreien ästhetischen Essenz destilliert zu werden. Wir wollen uns einige persönliche Bekenntnisse anhören, um die Stimmung dieser ganz speziellen Erfahrung einzufangen.

»Es gibt innere Kräfte im Leben, die manchmal unabhängig vom bewußten Denken zu sein scheinen. Das kann sowohl auf das Kunsterleben als auch auf das Kunstschaffen zutreffen.

Ein Großteil der sogenannten primitiven Kunst wurde als unmittelbare Reaktion auf starke Gefühle geschaffen. Mein Verständnis war eine unmittelbare Reaktion auf die Kraft und Schönheit dieses – verschiedenartigen und von verschiedenen Völkern stammenden – Schaffens, das immer aber Ausdruck jener mit unwiderstehlichen Unmittelbarkeit und einfacher Schönheit interpretierten inneren Kräfte ist. ...

Glücklicherweise gelang es mir – aufgrund von Osmose, glaube ich –, die unterschiedlichsten Formen von Kunst zu verstehen und zu genießen. Das war kein bewußtes intellektuelles Bemühen von mir, auch keine Frage von Disziplin. Primitive Kunst schien mir nie fremd zu sein.« (Nelson Rockefeller, in Newton 1978, S. 19)

Ein anderes Beispiel:

»[Beim ersten Anblick afrikanischer Statuen] fühlte ich eine merkwürdige, mit Angst gemischte Erregung.

Diese, Vergnügen und Schmerzen kombinierende Empfindung habe ich nie vergessen. Obwohl ich damals nicht wußte, was mir geschah, war mir klar, daß es sich um ein starkes, ja überwältigendes Erlebnis handelte ..., dessen Eigenart ich nicht definieren konnte. ... Was mich damals so tief bewegte, wußte ich nicht. Ich hatte keine Kenntnisse oder Informationen über den Hintergrund afrikanischer Kunst. ... Der plastische Aspekt afrikanischer Kunstwerke ›sprach‹ mich an, ohne daß ich etwas über das harmonische Zusammenspiel dieser erregenden Formen wußte. ... Erst jetzt erkenne ich, daß ich mich diesen Kunstwerken aus phänomenologischer Perspektive näherte, das heißt ohne irgendwelche Voranahmen oder Informationen *über* sie. Ich war mit ihnen konfrontiert, ich war ihnen, sobald sie in meinem Gesichtsfeld auftauchten, ausgeliefert.« (Segy 1975, S. 3; Hervorhebung im Original)

In ähnlichem Sinne argumentierte Werner Muensterberger:

»Als Betrachter von Kunstwerken und phantasievollen Schöpfungen können wir uns nicht an ihre festgelegte oder dokumentierte Bedeutung klammern. Wir würden uns damit auf einen rigiden, von der Stammestradition vorgeschriebenen Determinismus beschränken. ... Unsere

Reaktion auf diese Kunstwerke ist unentwirrbar mit dem Beitrag verflochten, den der Bereich unseres eigenen Unbewußten zu diesen Gegenständen leistet. ... Die Absicht [der Stammeskunst] entzieht sich oft (da sie vorkognitiv ist) konkreter Beschreibung. Darüber hinaus kann einen die Spurensuche, das heißt die Suche nach den diesen Beispielen anhaftenden ursprünglichen Vorstellungen, von den eigenen ästhetischen Empfindungen wegführen.« (Muensterberger 1979, S. 9–10; siehe auch Kamer 1974, S. 38, zitiert in Kap. 1)

Und schließlich sorgt Jacques Maquet, Ethnologe an der University of California in Los Angeles, für eine besondere, von meditativen Techniken geprägte Variante dieses Ansatzes, Techniken, die Maquet während seiner Aufenthalte in südostasiatischen buddhistischen Klöstern erlernte und die zumindest einen seiner Leser an den Trend der achtziger Jahre erinnerte, als die von Shirley MacLaine propagierten und von Garry Trudeau parodierten »außerkörperlichen Erfahrungen« in Mode waren. Auf die ihm eigene kontemplative Art und Weise beschreibt Maquet, wie »ich meinem gewöhnlichen Strom von Gedanken, Sorgen und Gefühlen« enthoben wurde (Maquet 1986, S. 29). Das sei eine notwendige Voraussetzung für das ästhetische Erleben: »Kunstbetrachtung erfordert ein Verstummen diskursiver Aktivitäten; sie ist nicht mit einer analytischen Einstellung vereinbar« (Maquet 1986, S. 33). Maquet kultiviert diese Kräfte »leerer Aufmerksamkeit« zur Kontemplation so unterschiedlicher Dinge wie die Stabiles von Calder, die Gemälde von Pollock, die Buddhas von Sri Lanka und die üppigen Körper nackter Sonnenbadender (Maquet 1986, S. 29, 80–82, 112, 137):

»Nach wenigen Minuten ästhetischer Kontemplation war ich von der in diesen Formen zum Ausdruck kommenden inneren Vitalität beeindruckt. Es war, als ob von der Statue eine Kraft ausstrahlte. Mein Körper nahm eine der Statue analoge Position an, meine Atmung wurde langsamer, tiefer und regelmäßiger. Meine Augen konzentrierten sich auf das visuelle Zentrum, den Unterleib, der von vielen Meditierenden gewählt wird, weil er der Ort ist, an dem sie jedes Ein- und Ausatmen wahrnehmen. Ich hatte die visuelle Wahrnehmung geistiger Konzentration. Die Statue war Symbol geistiger Konzentration, und die Statue machte das sichtbar. Die Statue war geistige Konzentration selbst. Und das vermittelte mir die Erfahrung geistiger Konzentration.

Während dieser Erfahrung wurde die Wahrnehmung konzentrierter Kraft nicht einmal verbalisiert, noch weniger analysiert. Ich habe die Erfahrung oben so beschrieben, wie ich sie erinnere; während ich die Erfahrung durchlebte, benutzte ich keine Worte. Die Wahrnehmung war reine Intuition.« (Maquet 1986, S. 112)

Es sollte bereits klar geworden sein, daß mir aufgrund meiner verschiedenen Tätigkeiten als Ethnographin und Ausstellungskuratorin einige Zweifel an der Eigenart dieser stummen Begegnungen zwischen »primitiven« Gegenständen und »zivilisierten« Betrachtern gekommen sind. Paul Richard drückte seinen Zweifel recht freundlich so aus: »Vielleicht ist allen Meisterwerken der Stammeskunst und allen großen Kunstwerken, ganz gleich aus welchen Kulturen sie stammen mögen, ein gewisses Etwas eigen – ›Ich erkenne es, wenn ich es sehe‹ –, das feinsinnige Kunstkenner wahrzunehmen imstande sind. Vielleicht, vielleicht auch nicht« (Richard 1984b, S. K2). Und David Attenborough stellte einen wohlbegründeten Vergleich zu den sprachlichen Künsten an, um so ziemlich die gleiche Frage aufzuwerfen:

»Niemand würde ein Gedicht in einer fremden Sprache allein aufgrund seiner formalen Metrum- und Rhythmusqualitäten beurteilen – ganz gleich wie berückend oder erfindungsreich diese erscheinen mögen. Beinahe genauso ungerechtfertigt wäre es, die Beurteilung des Urpaares [einer im Text abgebildeten Dogon-Statue] allein auf die Würdigung seiner geometrischen Eigenschaften zu gründen.« (Attenborough 1976, S. 138)

Der Kern des Problems, so wie ich es verstehe, ist, daß sich die Beurteilung »primitiver Kunst« beinahe immer an zwei irrigen Alternativen zu orientieren hatte: Entweder sollten wir uns aufgrund eines undefinierten Begriffs universeller Schönheit vom ästhetisch wahrnehmenden Auge leiten lassen. Oder wir sollten uns, um die nützliche oder rituelle Funktion der in Frage stehenden Objekte zu entdecken, in die »Stammestradition« vertiefen. Im allgemeinen werden diese beiden Wege als konkurrierend und unvereinbar betrachtet – vor allem im Kontext von Museumsausstellungen, da Kuratoren, wie wir gesehen haben, vor die Wahl gestellt werden, sich entweder für die »Schönheit«

oder den »ethnologischen Hintergrund« ihres Materials zu entscheiden.[3]

Ich möchte auf die Möglichkeit einer dritten Konzeptualisierung hinweisen, die irgendwo zwischen den beiden Extremen angesiedelt ist und vielleicht ein realistischeres Bild sowohl von der Eigenart der ästhetischen Erfahrung als auch von der Eigenart der Kunst in »primitiven« Gesellschaften zeichnet. Diese Vorstellung hat zur Voraussetzung, daß zwei, bisher unter gebildeten Angehörigen der westlichen Gesellschaften noch wenig anerkannte Grundsätze akzeptiert werden.

– Der erste Grundsatz lautet, daß das »Auge« selbst des begabtesten Kenners nicht nackt ist, sondern Kunst durch die Linse westlicher kultureller Erziehung betrachtet.

– Der zweite lautet, daß auch viele »Primitive« (Künstler wie Kritiker) über ein urteilsfähiges »Auge« verfügen – das in ähnlicher Weise mit einer ihre eigene kulturelle Erziehung reflektierenden optischen Einrichtung ausgestattet ist.

Im Rahmen dieser beiden Grundsätze besteht die ethnologische Kontextualisierung nicht in einer langweiligen Darlegung exotischer Bräuche – eine Darlegung, die mit »der eigentlichen ästhetischen Erfahrung« konkurriert –, sie ist vielmehr ein Mittel, die ästhetische Erfahrung über die Grenzen unserer eigenen, kulturgebundenen Sicht hinaus auszudehnen. Nachdem wir akzeptiert haben, daß Werke »primitiver Kunst« es wert sind, zusammen mit den Werken der angesehensten Künstler unserer eigenen Gesellschaften ausgestellt zu werden (das haben Ausstellungen in den wichtigsten Kunstmuseen der Welt in jüngerer Zeit deutlich gemacht), besteht unsere nächste Aufgabe darin, die Existenz und Berechtigung der ästhetischen Systeme, inner-

3 Maquet hat zur Verfeinerung der ersten der beiden Alternativen Wissenschaft mit Mystizismus verknüpft, die ästhetische Erfahrung säuberlich in zwei Teile geteilt und sich dafür ausgesprochen, auf die nichtverbale Kontemplation eine artikulierte formale Analyse folgen zu lassen. Autorität (sowohl im Sinne von Autorenschaft als auch im Sinne von Beurteilungskompetenz) hat jedoch eindeutig der westliche Betrachter. Es wird kein Versuch unternommen, die analogen Erfahrungen »nichtwestlicher« Künstler und Kritiker zu ergründen, die für die zur Diskussion stehenden Formen verantwortlich sind.

halb derer sie entstanden sind, anzuerkennen. Kontextualisierung bestünde dann nicht länger in der erdrückenden Erörterung esoterischer, unsere Psyche von der Schönheit der Gegenstände ablenkender Glaubensvorstellungen und Rituale, sondern käme einer neuen Brille gleich, die uns die Dinge in einem anderen Licht erscheinen läßt.

Mehrere Dimensionen der Unterschiede und Ähnlichkeiten zwischen »moderner« und »primitiver Kunst« sind bereits wissenschaftlicher Forschung und Analyse unterzogen worden – die formalen Eigenschaften, die Arten der dargestellten Wirklichkeit (z.B. der sichtbaren, begrifflichen oder symbolischen) und die Rolle, die die Kunst in der Gesellschaft spielt. Bei diesem Vergleich hat man (meines Wissens) jedoch noch nicht die Rolle der westlichen »Authentizitäts«-Vorstellungen berücksichtigt.

Einem Großteil der von den Angehörigen der westlichen Welt tendenziell für selbstverständlich gehaltenen Qualitätsvorstellungen liegt das Postulat einer Beziehung zwischen »Originalen« und »Kopien« zugrunde, bei der den Originalen jeweils eine größere Legitimität und ein größerer Wert als den Kopien zukommt. Ein echter Rembrandt ist besser als ein gefälschter; ein echter Diamant besser als seine Imitation aus Bergkristall; eine gemeißelte Skulptur ist besser als ihr Gipsabdruck; eine gedruckte und mit Schreibmaschine geschriebene Geburtsurkunde ist besser als ihr fotokopiertes Gegenstück. Was die »Originale« von ihren Konkurrenten unterscheidet, ist zeitliche Priorität und höherer Wert. Ohne die Anerkennung des Werts eines Originals gäbe es keinen Grund für die Anfertigung einer Kopie, und definitionsgemäß kann eine Kopie nur zeitlich nach einem Original angefertigt werden.

Dennoch erkennen wir auch die Leistung hervorragend ausgeführter Kopien an. Man rühmt etwa die Feinheit der Goldschmiedefälschungen von Reinhold Vaster; beglückwünscht einen Buchverleger zu einer gelungenen Farbreproduktion der Decke der Sixtinischen Kapelle; und Bekleidungsfirmen erinnern uns manchmal an die vollkommene Ehrbarkeit einer Imitation von hoher Qualität.

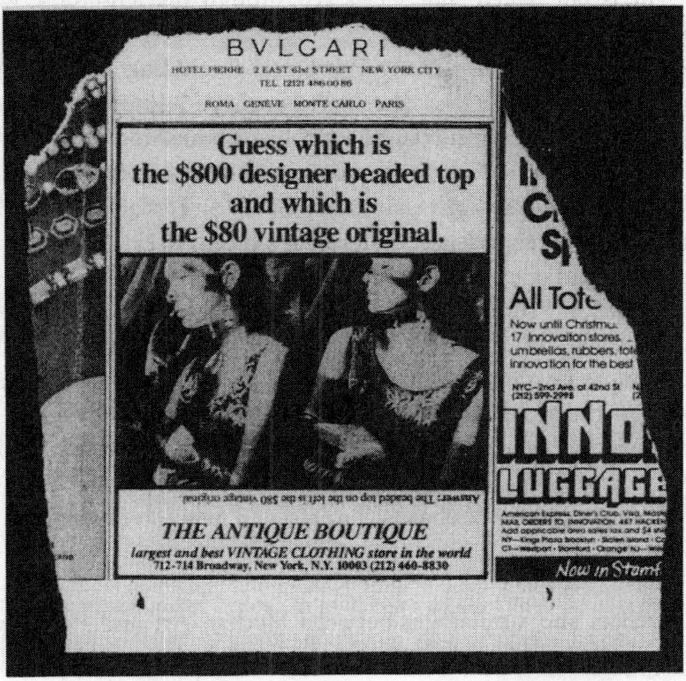

In jedem Fall setzt jedoch das Original den Maßstab; das Original ist per definitionem selbst der geschicktesten und genauesten Kopie überlegen. Ziel des Kopisten ist es, dem Original so nahe zu kommen, daß die Kluft unbemerkt bleibt, die Original von Kopie trennt. Die Kluft ist aber immer da, und das Original ist anerkanntermaßen immer der Gewinner; nur dieses gilt als »echt«. Das einzige, was die Kopie als Kompensation für ihre Zweitrangigkeit anbieten kann, ist leichtere Verfügbarkeit oder einen geringeren Preis.

Zieht man in Betracht, daß das westliche Verständnis von der Beziehung zwischen »primitiver« und »moderner Kunst« die Anerkennung einer gewissen künstlerischen Nachahmung einschließt (was erklärt, warum es zum Beispiel wichtig ist, genau zu bestimmen, wann Picasso zum erstenmal das Trocadéro-Museum besuchte und welche Stücke er dort sah), dann kann es kaum noch überraschen, daß auch »primitive« und »moderne« Kunstwerke mit Hilfe einer »Was ist was?«-Gegenüberstellung vermarktet worden sind.

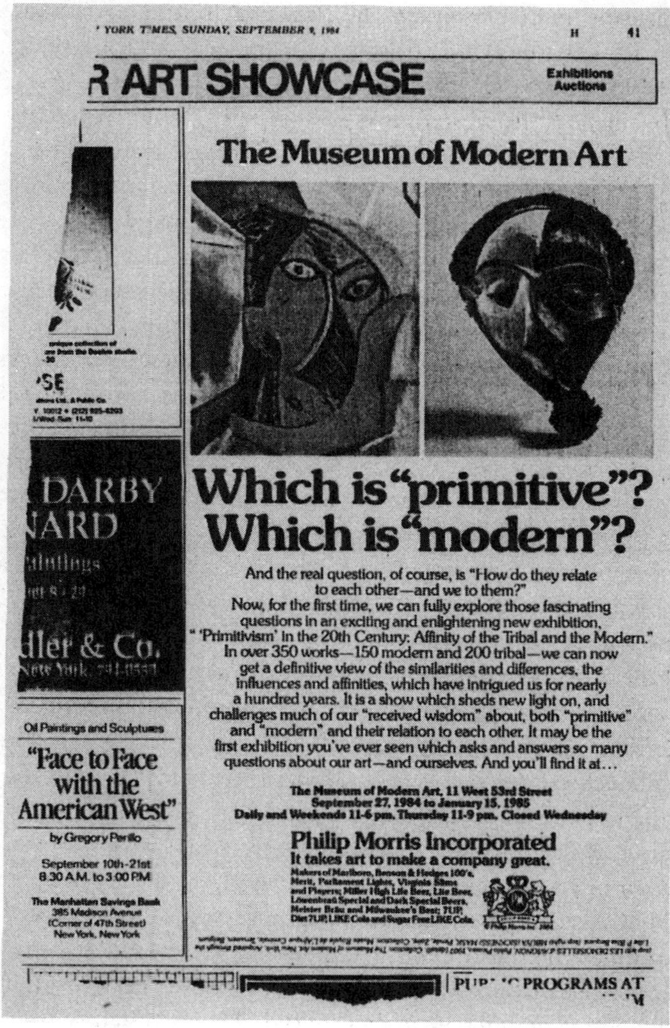

Man wirbt für die perlenbesetzten Tops und verzerrten Gesichter mit einem identischen Format, verspottet uns mit scheinbaren Ähnlichkeiten und impliziert stillschweigend, daß sie sich in gewisser Hinsicht entsprechen. In beiden Fällen wird ein Rätsel gestellt, die beiden Alternativen werden nebeneinander abgebildet, und die Antwort wird am unteren Ende des verfügbaren Raumes abgedruckt. Beide Male sollen Leser zu Kunden werden.

Was die zeitliche Beziehung der paarweise angeordneten Stücke betrifft, ging das 800 Dollar-Top dem 80 Dollar-Top und das verzerrte afrikanische Gesicht dem von Picasso voraus; das 80 Dollar-Top ist dem 800 Dollar-Top nachgebildet, und Picassos »Demoiselles d'Avignon«, so werden wir vorgewarnt, hatten afrikanische Masken zum Vorbild.

Wenn wir uns jedoch das Paar Picasso/»primitive Kunst« genauer ansehen, wird uns auffallen, daß mit der Standardbeziehung zwischen Original und Kopie gespielt und ein interessantes Paradox enthüllt worden ist. Denn Picassos künstlerisches Genie macht es, in den Augen westlicher Betrachter, möglich, daß seine »Kopie« das »Original«, das als Vorlage diente, übertrifft. Zwar werden beide Werke allein schon aufgrund der Tatsache, daß sie im Museum of Modern Art gezeigt werden, als künstlerische Meisterwerke anerkannt; der wesentliche Unterschied zwischen ihnen ist aber, ganz ähnlich wie im Falle der beiden Damen, die *charmante* bzw. *charmeuse* waren, mehr eine Frage der zugrundeliegenden Intention als der visuellen Erscheinung. Wie sollten sich denn, nach Erwartung der Werbetexter, die in den Köpfen der Leser stattfindenden Originalitäts-, Wert-, Genie- und Authentizitätsassoziationen auf diese beiden Bilder verteilen? Picassos Bild übernimmt in gewissem Sinne die Rolle des »Originals«, die afrikanische Maske die des überraschend guten Zweitbesten, dessen Status von seiner Ähnlichkeit mit dem anerkannten Meisterwerk abhängt. Historisch gesehen war die afrikanische Maske zuerst da, und Picasso wurde von ihr beeinflußt; für den potentiellen Besucher einer Ausstellung im Museum of Modern Art sind aber Name und Ruhm Picassos seit langem bekannt, die afrikanische Maske muß er erst kennenlernen. In diesem Falle (wie im Falle von »moderner« und »primitiver Kunst« generell) stehen Herstellungs- und Beurteilungsgeschichte in umgekehrter Beziehung zueinander. »Primitive Kunst« erfährt, wenn sie im Kontext der »modernen Kunst« gezeigt wird, eine Statuserhöhung; das umgekehrte Vorgehen (das heißt eine Ausstellung, die moderne Kunst im Völkerkundemuseum zeigte) würde nicht die gleiche Wirkung erzielen. »Moderne Kunst« erhebt den Anspruch auf Authentizität und den anerkannten Status des Meisterwerks. Die populäre Bewunderung der »primitiven Kunst« basiert zum großen Teil darauf, daß sie mit Merkmalen assoziiert wird, die zuerst durch die Werke westlicher Künstler des 20. Jahrhunderts unser Interesse erregten.

Viele Leser der vorangegangenen Absätze werden das dort entwickelte Argument bereits mit der Begründung abgetan haben, daß man von Picasso nicht sagen könne, er habe das Werk seines afrikanischen Kollegen »kopiert«, weil er sich lediglich von ihm inspirieren ließ, was wirklich etwas ganz anderes sei. Das ist sicherlich richtig. Aber die Dokumentation der Kunstgeschichte und die Werbung für Kunstausstellungen sind zwei verschiedene Dinge, und letztere ist im populären Bewußtsein sehr viel stärker präsent. Als die mit der Werbung für Philip Morris und die MOMA-Ausstellung betraute Agentur diese spezielle Aufmachung wählte, manipulierte sie geschickt einen auf der Vorstellung vom vergleichbaren Wert konkurrierender Produkte basierenden Reklametrick. Die Leser sollen von der Ähnlichkeit der beiden Kunstwerke beeindruckt sein. In den Zusammenhang von Anzeigenseiten einer Tageszeitung gerückt, kann die Ähnlichkeit einander gegenübergestellter Bilder nichts anderes als vergleichbaren Wert bedeuten. Und wenn der Status eines der Objekte davon abhängt, daß es im Grunde »ebenso gut wie« das andere ist, dann handelt es sich dabei gewiß nicht um den Picasso; denn Picasso ist im Bewußtsein der Öffentlichkeit für sich allein ausreichend etabliert, um einen »ebenso gut wie«-Status undenkbar werden zu lassen.

Die afrikanische Maske ist also deshalb großartig, weil sie »ebenso gut wie« das Bild von Picasso ist. Sie spielt die Rolle des perlenbesetzten Top für 80 Dollar – sie ist etwas anderem von bereits anerkanntem Wert so ähnlich, daß wir auch ihr Wert beimessen. Die anspruchsvolle New Yorkerin mit bescheidenen finanziellen Mitteln wird ihre Vintage Original-Kleidung zwar voller Stolz tragen und die Komplimente, die ihr gemacht werden, gnädig entgegennehmen; sie wird aber immer wissen, daß sie nicht das wirkliche Original gekauft hat. Ihr Mann, ein Sammler moderner Kunst, wird – zur Vervollständigung seiner Nolands und Pollocks – in einige afrikanische Figuren investieren, aber ein flüchtiger Blick auf seine Versicherungspolice verrät den unterschiedlichen Wert, den die Kunstwerke für ihn haben.

Das Problem der relativen Werts von Kunstwerken aus unterschiedlichen Gesellschaften umfaßt mindestens zwei Dimensionen. Was ein Objekt, gemessen an der kritischen Aufmerksamkeit, die es erzielt, wert ist, entspricht seinem Wert in harter Währung, und »primitive Kunst« steht hinsichtlich beider Dimensionen generell ziemlich tief unten auf der Liste. Ein ehemaliger Kunsthändler (der einmal sowohl in Paris als auch in New York Galerien besessen hatte) antwortete auf meine Frage, was seine Kunden dazu bewegte, »primitive« statt andere Kunst zu kaufen, daß eine wichtige Überlegung in diesem Zusammenhang die Möglichkeit sei, eine beachtliche Sammlung zu einem Bruchteil der Kosten anderer Kunst anzulegen. Folglich ruft es bei niemandem ein Stirnrunzeln hervor, wenn Douglas Newton erzählt, wie er Kwoma-Künstlern in Neu-Guinea einen Dollar für jedes Rindengemälde bezahlte, die jetzt im 18,3 Millionen Dollar teuren Rockefeller-Flügel des Metropolitan Museum of Art gezeigt werden (Kramer 1982). Selbst wenn zwischen dem Sammeln im Ursprungsgebiet und dem Galerieverkauf eine schwindelerregende Inflationsrate liegt, wird »primitive Kunst« zunächst zu einem so geringen Preis angeboten, daß sie für das Budget eines jeden Kunstsammlers immer leicht erschwinglich bleibt. Mit dem unleugbaren ästhetischen Vergnügen, das Sammler beim Betrachten »primitiver Kunst« empfinden, geht die Einschätzung einher, daß, wohin auch immer einen die eigenen Vorlieben führen werden, es möglich sein sollte, sie zu einem vernünftigen Preis zu befriedigen.

Ich beende diese Überlegungen zur Unterscheidung von Kunst und Ethnographie, indem ich mein Versprechen, eine Diskussion fachlicher Kategorien zu vermeiden, kurz breche. Die folgenden Bemerkungen mache ich in der Hoffnung, ein konstruktiveres Wechselspiel von ethnologischen und kunsthistorischen Perspektiven anzuregen und ein erhöhtes Bewußtsein für die Annahmen zu schaffen, die die jeweiligen Vorstellungen von »primitiver Kunst« geprägt haben.

Mir erscheint die Erkenntnis wichtig, daß der erlernte kulturelle Hintergrund, von dem wir beim Betrachten von Kunstwerken ausgehen, eine ästhetische Komponente einschließt. Angesichts einer Kunst, die uns nicht vertraut ist, brauchen wir deshalb besondere Hilfe, um nicht nur ihre soziale, ökonomische, rituelle und symbolische Umwelt, sondern auch ihre ästhetischen Zusammenhänge – das heißt die Vorstellungen über Form, Linie, Gleichgewicht, Farbe, Symmetrie usw., die zu ihrer Schöpfung beitrugen – zu verstehen. Die Dokumentation der Kunst der Welt macht nämlich überdeutlich, daß die ästhetischen Ziele ihrer Schöpfer und Kritiker *nicht* universell sind; die Beurteilung einer afrikanischen Maske nach unseren eigenen kulturell erworbenen ästhetischen Kriterien kommt in etwa der Beurteilung eines Miró-Gemäldes nach den von Michelangelo geschätzten Kriterien gleich. Daß es ein geteiltes kulturelles Wissen und Perspektiven gibt, die allen »westlichen« Kunstbetrachtern eigen sind, trägt zu der Illusion bei, daß das, was diese westlichen Betrachter an einem Kunstwerk schätzen, seine reine und unverfälschte ästhetische Qualität sei. Werden das kulturelle Wissen und die kulturellen Perspektiven eher implizit als explizit angewandt, können ästhetische Bewertungen eine scheinbar universelle, zeitlose und uneingeschränkte Autorität erlangen. Dieser Zusammenhang hat, wie Gary Schwartz es nennt, »das Axiom [aufkommen lassen], daß ›das Werk an sich‹ Ausgangspunkt, Richtschnur und Endzweck der Kunstgeschichte« sei (Schwartz 1987, S.4), was wiederum das Ziel kunsthistorischer Forschung definiert (und begrenzt); über holländische Kunst schreibend, stellt Schwartz fest, daß die meisten Kunsthistoriker

»die direkte Konfrontation mit dem Kunstwerk an sich als ihre Aufgabe ansehen. Bei dieser Aufgabe mag die Untersuchung der historischen und sozialen Umstände manchmal hilfreich oder auch so zwingend sein, daß sie sich nicht vermeiden läßt. Die Integration der Kunst ins tägliche Leben würde aber als eine vom zentralen Wert der Kunstgeschichte als wissenschaftlicher Disziplin ablenkendes Ziel betrachtet werden.« (Schwartz 1985, S. 8)

Aus dieser Perspektive tut sich zwischen der kunsthistorischen und der ethnologischen Forschung – so wie sie allgemein verstanden wird – eine Kluft von monumentalen Ausmaßen auf. Glaubt man, daß sich der Wert der Kunstgeschichte verringert, wenn man der Integration der Kunst ins »tägliche Leben« Beachtung schenkt (was in Schwartz' Rembrandt-Studie alles – Ökonomie, Mäzenatentum, Politik bis hin zu Persönlichkeitskonflikten – umfaßt), so wird man wahrscheinlich von der Ethnologie glauben, daß sie größtenteils genau darauf beschränkt ist. Der Vorschlag, ein gemeinsames Graduiertenprogramm für Studenten der Ethnologie und der Kunstgeschichte zu entwickeln, stieß bei einem Kunsthistoriker auf Widerstand mit der Begründung, daß »die Ethnolgoie die Einzigartigkeit des Kunstwerks leugne«. Für die intellektuelle Spannung, welche die Beziehung zwischen den aus diesen beiden Disziplinen stammenden Kulturwissenschaftlern charakterisiert, ist weitgehend dieser Unterschied in der Fokussierung verantwortlich. Obwohl er auf verschiedene Interpretationsansätze zurückgeht, ist dieser Unterschied traditionellerweise ebenso eng mit spezifischen Inhalten verknüpft worden. Die europäische Malerei etwa ist im allgemeinen im Sinne des »Werks an sich«, die Malerei der Nordwestküsten-Indianer dagegen im allgemeinen im Sinne des Orts, den sie in ihrer kulturellen Umwelt einnimmt, erforscht worden. Ein großer Teil der jüngsten »Aufwertung« »primitiver Kunst« ging einfach damit einher, daß man ausgewählte »Meisterstücke« der einen Sphäre entnahm und sie – ohne die große, sie trennende Kluft zu verringern – in der anderen Sphäre unterbrachte. Meines Erachtens sollte der nächste Schritt auf dem Wege zu einem eingehenden Verstehen der Eigenart künstlerischen Ausdrucks und seiner Rezeption in zwei Richtungen erfolgen: der ästhetische Diskurs über »westliche Kunst« sollte durch eine bis in alle Einzelheiten gehende Diskussion ihrer sozialen und historischen Umwelt und der ethnographische Diskurs über »primitive Kunst« durch eine ernsthafte Erforschung der speziellen ästhetischen Systeme, in denen sie lebendig ist, ergänzt werden.

7

Von der Signatur zum Stammbaum

»Wenn der Künstler nicht anonym ist, dann ist die Kunst nicht primitiv.« – *Ein Kunsthändler, Paris, 16. Februar 1987*

Urheberschaftsfragen machen den bereits trüben Kanal, den Kunstgegenstände auf ihrem Weg von der Stammesobskurität zur westlichen Bescheinigung ihrer Echtheit als Kunst passieren müssen, noch schlammiger – was für die transkulturellen künstlerischen Begegnungen grundlegende und gelegentlich absurde Folgen hat.

»Solange Kenneth Chapman vom Museum of New Mexico die Oberaufsicht über das Wiederaufleben der Pueblo-Töpferei hatte, bestand er darauf, daß Maria Martinez etwas tat, das Pueblo-Töpferinnen nie zuvor getan hatten – nämlich daß sie die Echtheit ihrer Töpferei durch ihre Signatur bescheinigte und damit den Wert ihrer Keramik vergrößerte. Als die anderen Töpferinnen des Dorfes erkannten, daß die Töpfe mit Marias Signatur höhere Preise erzielten, baten sie sie, auch ihre Töpfe zu signieren, was sie auch gerne tat, bis die Behörden in Santa Fé merkten, was da passierte und dieser semiotischen Wucherung ein Ende setzten.« (Babcock 1987, S. 394–95; siehe auch Warner 1986, S. 185–187)

Zwischen den Perspektiven von Kunstliebhabern, die ihre Passion mit Hilfe von Museen, Büchern und Zeitschriften befriedigen, und denjenigen derer, die die Kunst selbst besitzen, besteht ein feiner, aber wesentlicher Unterschied. Selbstverständlich kommt es bei diesen beiden Gruppen zu beträchtlichen Überschneidungen; zu analytischen Zwecken wollen wir uns aber einmal die einschränkenden Fälle a) von Leuten ansehen, die regelmäßig Ausstellungen besuchen, die Texte und Bilder in Büchern und

Zeitschriften verschlingen, gewöhnlich aber nicht den Kauf eines Originals in Betracht ziehen und b) von solchen, die ihre Museumsbesuche und ihre Lektüre durch eine regelmäßige Teilnahme an Auktionen, Sammlertreffen und Galerieeröffnungen ergänzen. Sowohl »Laien« als auch Professionelle (Kunsthistoriker, Museumsdirektoren u.ä.) unterscheiden sich im Hinblick darauf, ob und wie stark sie ihr Kunstinteresse auf das Sammeln von Kunst ausdehnen.

Die gemeinsame Basis von Sammlern und Nichtsammlern ist groß: Sinn für Linie, Form, visuelle Ausgeglichenheit und Textur; Interesse an der zeitlichen Entwicklung individueller Karrieren sowie ganzer Schulen und Bewegungen; Entstehung von besonderen Vorlieben und Spezialgebieten; subtile Verflechtung von spontanen Reaktionen und erworbenem Wissen; und Freude an solchen Diskussionen, die eine persönliche Passion in ein soziales Vergnügen verwandeln.

Sammler unterscheiden sich jedoch zumindest in zweierlei Hinsicht von anderen Kunstliebhabern: hinsichtlich des Besitzes von Kunstwerken selbst und hinsichtlich des finanziellen Engagements. Da der persönliche Besitz eines Kunstwerks, was seine (verglichen mit Museumsbesuchen, Reproduktionen, Büchern und Zeitschriften einerseits und mit Konsumgütern wie Autos, Fernsehgeräten und Kleidung andererseits) Verfügbarkeit betrifft, stark eingeschränkt ist, operieren Sammler und Händler in einem von der Vorstellung des knappen Guts beherrschten System. Stücke wechseln auf Auktionen den Besitzer, und einzelne Verkäufe können den finanziellen Spielraum des Marktes augenblicklich neu bestimmen; es regiert das Gesetz von Angebot und Nachfrage, wobei das Angebot klein und die Nachfrage formbar ist. Die soziale Welt derer, die originale Kunstwerke sammeln, ist schon deshalb exklusiv, weil nur wenige Menschen über genügend Mittel verfügen, um an ihr teilhaben zu können. Und weil die Angehörigen dieser Welt durch das gemeinsame Ziel der Ausdehnung des eigenen Besitzes auf eine begrenzte Menge von Objekten vereint sind, zeichnen sich ihre Beziehungen durch eine Mischung von Kollegialität und Rivalität aus.

Während das Kunstwerk prinzipiell selbst im Mittelpunkt des Interesses sowohl von nicht sammelnden als auch von sammelnden Kunstliebhabern steht, ist das sekundäre Interesse an seiner Geschichte in den beiden Gruppen unterschiedlich definiert. Leicht übertreibend möchte ich behaupten, daß Sammler manchmal ein Interesse daran haben, daß die Besitzer eines Werks dem Künstler des Werks die Schau stehlen. Oder, immer noch grob verallgemeinernd: Nichtsammler neigen dazu, ihre Aufmerksamkeit auf das Objekt selbst und die Geschichte seiner ursprünglichen Schöpfung zu richten, während Sammler dazu neigen, ihre Aufmerksamkeit auf das Objekt selbst und die Geschichte seiner späteren Rezeption zu richten. Das sollte nicht weiter überraschen, da Sammler – *zusätzlich* zum, die *raison d'être* ihrer Passion bildenden ästhetischen Vergnügen – ungeheure persönliche Mittel auf ein Spiel verwenden, dessen Einsätze von einer außergewöhnlich prekären Struktur persönlicher Urteile abhängen, die, auch wenn wir das Wort »Beliebigkeit« sorgfältig vermeiden, letztlich durch nichts anderes als einen allgemeinen Konsens der Spieler zu verifizieren sind.

Dieses Spiel konkurrierenden Erwerbs ruft eine besondere Erregung hervor, die nicht sammelnden Kunstliebhabern fremd ist. Die von Sammlern zur Schilderung ihrer Gefühle beim Sammeln verwandten Metaphern reichen von der Jagd und der Drogensucht bis hin zur sexuellen Eroberung; einige Sammler haben den Kitzel des Sammeln mit dem Heranpirschen an wilde Tiere verglichen, andere ihre Obsession als Toxikommanie bezeichnet, wieder andere von ihrem Wunsch zu besitzen als von Don Juanismus gesprochen. Ein Händler sagte mir, er ordne Museumskuratoren der gleichen Kategorie wie Männer zu, die ihre einzige Kenntnis von Frauen aus pornografischen Zeitschriften beziehen; nur Sammler wüßten, was Liebe ist, weil sie die Objekte besitzen. Er behauptete: »Wissen beruht auf Besitz«, das hätten Kopfjäger schon immer gewußt.[1]

1 Die sexuelle Analogie kann sogar auf esoterische Formen des Geschmacks ausgedehnt werden. Ein Händler erzählte mir, daß mehrere seiner Kunden ihr besonderes Interesse am Kauf von »jungfräulichen« Stücken – Objekten, die

Wenn wir das Phänomen der Kennerschaft im speziellen Kontext ernsthaften Sammelns betrachten, sehen wir, daß ästhetische und historische Überlegungen zwar nichts von ihrer Relevanz verlieren, aber einige neue Elemente ins Spiel kommen. Die hinzukommenden Faktoren spiegeln die Identität eines gegebenen Kunstwerks nicht im Sinne seiner äußeren Form oder seiner ursprünglichen Herstellung, sondern im Sinne seiner späteren Besitzergeschichte. Gemeinsam definieren sie den Stammbaum des Objekts.

Der Stammbaum eines Kunstwerks ist, wie der eines Hundes, die beglaubigte Abstammungslinie, die dem potentiellen Käufer den Wert des Kaufobjekts garantiert. In diesem Sinne ist er der Urkunde, die einen historischen Grenzstein dokumentiert, oder den vergilbenden Abbildungen in einem seltenen Buch nicht unähnlich; er gibt genau die Gesellschaft an, der man sich, rückblickend, wenn man Besitzer wird, beigesellt. Der Stammbaum eines Kunstwerks führt jedoch nicht nur frühere Besitzer auf, sondern auch die Ausstellungen, auf denen das Stück gezeigt, und die Veröffentlichungen, in denen es reproduziert wurde, die Auktionen, auf denen es den Besitzer wechselte, und die Preise, die bei jedem Wechsel bezahlt wurden.

Stammbäume können positiv wie negativ sein und müssen manchmal »frisiert« werden. Ein äußerst unbeliebter Sammler/Händler, der seine afrikanische Skulpturensammlung bei einer Sotheby-Auktion mit großem Werbeaufwand zum Verkauf anbot, erhielt kaum ein Gebot, und die wenigen Stücke, die verkauft wurden, erzielten lediglich Preise, die weit unter dem Marktwert lagen, den sie gehabt hätten, wenn nicht er der Besitzer gewesen wäre. Man sagte mir, daß jede Bemerkung, ein bestimmtes Objekt sehe wie ein Stück aus dieser Sammlung aus, als gemeine Herabsetzung aufgefaßt werde. Oder ein anderes Beispiel: der Stammbaum einiger, illegal im Schutz von Nazi-

(mit Ausnahme von Käufer und Verkäufer in privatem Rahmen) »nie gesehen worden sind«; nach dem Erwerb, so erfuhr ich, wird ein solches Objekt sogleich mit nach Hause genommen und im Verborgenen gehalten, um von praktisch niemand anderem als dem Besitzer betrachtet zu werden.

Uniformen erworbener Stücke ist mit Geschichten über den deutschen Hobbysammler als ursprünglichem Besitzer »gesäubert« worden.

Wir wollen aber zur »primitiven Kunst« zurückkehren, denn das Sammeln auf diesem Gebiet bedarf einiger besonderer Erwägungen, die beim Sammeln anderer Kunstarten keine Rolle spielen.

Nachdem ein »primitiver« Gegenstand aus dem »Feld« (ganz gleich ob durch Kauf, Raub oder eine andere Variante des Übergangs in westlichen Besitz) entfernt worden ist, erhält er gewöhnlich einen neuen Paß. Normalerweise liefert der Stammbaum eines solchen Objekts keine eingehenden Informationen über den Produzenten oder die ursprünglichen (Eingeborenen-) Besitzer; vielmehr zählt er nur die »westlichen« Hände auf, durch die der Gegenstand gegangen ist.[2] Eine afrikanische Figur, die einmal Henri Matisse, Charles Ratton oder Nelson Rockefeller gehörte, hat in diesem System keine Beziehung zu einer Skulptur desselben Künstlers, die sich nicht im Besitz der genannten Personen befand.

Für diese Art der Identität ist die in Kapitel 4 beschriebene »Anonymisierung« der »primitiven Kunst« unbedingt erforderlich; denn wenn Leute, die mit »primitiver Kunst« handeln, sowohl den Künstler als auch die einheimischen Besitzer unter den Tisch fallen lassen, können sie sich ganz auf einen Stammbaum konzentrieren, dessen Vornehmheit leichter erkennbar ist. Edmund Carpenter hat darauf hingewiesen, daß indianische Gegenstände routinemäßig nach berühmten früheren Besitzern benannt werden (persönliche Mitteilung vom 17. Okt. 1986); der in Kapitel 3 erwähnte »Brummer-Kopf« hat seinen Namen nicht von dem afrikanischen Bildhauer, der ihn gemacht hat, sondern von einem ungarischen, in dessen Besitz er sich befand[3], und selbstverständlich lassen die Schrifttafeln in Museen, auf denen

2 Die einzige, regelmäßige Ausnahme von dieser Praxis bilden Objekte, die ursprünglich im Besitz von Königen oder zur königlichen Familie gehörenden Personen waren.

3 Zu Joseph Brummer siehe Rubin 1984, S. 153f.

die Anonymität »primitiver« Künstler einfach hingenommen wird, weniger Indifferenz (und größere Dankbarkeit) gegenüber den Personen erkennen, die die Gegenstände, nachdem sie die »zivilisierte Welt« erreicht haben, in Besitz genommen haben.

Der Schauspieler Vincent Price betonte, daß der verführerische Reiz der »Anonymität« ganz wesentlich zu seinem eigenen Enthusiasmus als Sammler afrikanischer Kunst beiträgt. »Die Anonymität des Schöpfers erhöht den Wert eines Kunstwerks, ... gerade unsere Unkenntnis der Menschen trägt teilweise zum Geheimnis [seiner] Schöpfung bei.« (Anon. 1972, S. 22–23) Und ein Pariser Sammler, mit dem ich sprach, sagte: »Ich bin ganz entzückt von der Anonymität des Künstlers. Daß ich den Künstler nicht kenne, bereitet mir großes Vergnügen. Sobald man erfährt, wer das Objekt gemacht hat, hört es auf, primitive Kunst zu sein.«

Es überrascht nicht, daß für Sammler »primitiver Kunst« Stammbäume eine besondere Bedeutung haben. Wenn wir uns vor Augen halten, daß die Identität eines Objekts aus seiner bekannten Geschichte konstruiert wird, dann ist es klar, daß die eines europäischen Gemäldes beispielsweise im Augenblick seiner Entstehung beginnt – im speziellen Kontext von künstlerischen Bewegungen, von in Wechselbeziehung zueinander stehenden Schulen und persönlichen Beziehungen, von innovativen Reaktionen auf eine bekannte Vergangenheit und vielleicht im Kontext des Mäzenatentums einer historisch dokumentierten Person; zusätzlich – aber immer zusätzlich – hängt die Identität eines bestimmten Stückes von seiner folgenden Lebensgeschichte ab. Bei einem Goldgewicht der Aschanti oder einem Federkopfschmuck der Xingu ist das normalerweise nicht der Fall. Die Etablierung seiner »Anonymität« hat für westliche Sammler, Museen, Auktionen und Kataloge die Reduktion seiner dokumentierten Geschichten zur Folge.

In meinen Diskussionen mit Händlern »primitiver Kunst« habe ich mehrmals die Sprache auf die verlorengegangenen Künstler gebracht und deren vermeintliche Bedeutung angesprochen. Ich erhielt zwei Arten von Antworten.

Die eine zielt darauf ab, daß es der talentierte oder ausgebildete Kenner (per definitionem ein Mitglied der »westlichen« Zivilisation) ist, der die künstlerische Qualität eines Stücks zuerst »sieht«. Ein Händler war bereit, ausführlich mit mir über seine Auffassung von Kennerschaft zu sprechen und analysierte feinsinnig sein eigenes »Auge« für Qualität – welche ästhetischen Elemente entscheidend waren, welche Rolle das subjektive Empfinden dabei spielte, wie er sehr ähnliche Stücke beurteilte und mit Hilfe welchen Diskurses er andere Sammler von der von ihm erkannten Schönheit überzeugen konnte. Am Ende dieser ziemlich eingehenden Erörterung fragte ich ihn, ob er sich vorstellen könne, daß das, was er in einem bestimmten Objekt sehe, vielleicht auch von dem Künstler, der des geschaffen hat, erkannt worden oder gar beabsichtigt gewesen sei. Seine Antwort kam sofort und mit Nachdruck: »Sicherlich nicht!« Der Künstler eines solchen Objekts sei, so erklärte er, äußerstenfalls daran interessiert, gemäß der (technischen und anderen nichtästhetischen) Maßstäbe seiner Gemeinschaft handwerklich gut zu arbeiten; die ästhetischen Qualitäten seiner Arbeit könne er nicht beurteilen, sie müßten erst durch den europäischen Blick entdeckt werden. Nach dieser Argumentationsweise tragen westliche Kenner die Verantwortung dafür, daß Gegenstände zu *Kunstwerken* werden; deshalb hat es wirklich keinen Sinn, soviel Aufhebens über die genaue Identität derer zu machen, die diese Kunstwerke zufällig geschaffen haben. Als Künstler sind sie mit anderen Künstlern der Gemeinschaft austauschbar, für den ästhetischen Wert ihrer Schöpfungen haben sie keinen Sinn. Sammler und Händler benutzten in den Gesprächen mit mir Wendungen wie »künstlerische Intervention« und »Durchsetzung von Geschmack«, um mir verständlich zu machen, daß sie eine enorm aktive, dem künstlerischen Schöpfungsakt nicht unähnliche Rolle spielten; einer bezeichnete diese Rolle als *geste artistique*. Nach ihrer mir eindringlich vor Augen geführten Sicht waren sie für die Entstehung eines »ästhetischen Ganzen« verantwortlich; sie wählten nach eigenem Empfinden herausragende Werke aus, deren Schöpfer über kein vergleichbares Empfinden verfügten und Qualitätskriterien anwandten, die keine signifikante ästhetische Komponente einschlossen. Im Grunde glauben Händler und Sammler, daß das, was sie (beispielsweise) für afrikanische Kunst tun, mit dem vergleichbar ist, was Andy Warhol für Brillo-Kartons oder, krasser ausgedrückt, Marcel Duchamp für Urinbecken getan hat.

Die zweite Argumentationsweise verweist nicht auf den Ort der Kennerschaft, sondern unterstellt, daß es bedauerlicherweise keine Informationen zur Identität der Künstler gibt. Nach dieser Auffassung ist die Praxis, daß (auf Museumsschildern oder in den Dossiers der Händler) der Name des Sammlers, aber nicht der des Künstlers dokumentiert wird, einfach darauf zurückzuführen, daß persönliche Identitäten nicht ausfindig zu machen sind, denn 1. messen »Eingeborene« den Namen der Künstler keine Bedeutung bei (da der Zweck dieser Kunst rein »gemeinschaftlicher« Natur ist), 2. gibt es keine schriftlichen Dokumente und 3. haben die frühen Sammler den Namen der Künstler unglücklicherweise keine Bedeutung beigemessen. Diese Perspektive wurde bereits in Kapitel 4 anhand von mehreren Beispielen veranschaulicht. Wir wollen deshalb einen kurzen Umweg über die klassische Kunstgeschichte machen, um uns die Implikationen dieser Argumentation vor Augen zu führen.

Es stimmt, daß viele westliche Kunstwerke eine Form der »Signatur« aufweisen, die Gegenständen etwa aus Nord- und Südamerika, Afrika oder Ozeanien fehlt. Doch selbst eine nur oberflächliche Kenntnis kunsthistorischer Forschung reicht aus, um die Illusion zu zerstören, diese Signaturen ordneten bestimmte Gegenstände unanfechtbar und eindeutig ihren jeweiligen Herstellern zu. Stattdessen ist eine große Zahl dieser Signaturen Anlaß für komplexe, fortdauernde Diskussionen, die sich – ganz zu schweigen von den fortgeschrittensten Techniken visueller und chemischer Laboranalysen – auf die beträchtliche Gelehrsamkeit der größten Spezialisten stützt (und diese manchmal übersteigt). Da Joseph Alsops »The Faker's Art« (1986) eines der eindrucksvollsten, von mir in jüngster Zeit gelesenen Beispiele dieses Phänomens enthält, komme ich hier auf diesen Artikel zurück.

Alsop faßt zunächst die Ergebnisse kunsthistorischer Forschung zur früher so genannten »Cellini-Tasse« zusammen und gibt dann einen kurzen Überblick über die langjährige, diesem Gegenstand gewidmete Untersuchung von Dr. Yvonne Hackenbroch. Seine Geschichte konzentriert sich auf Hackenbrochs Konvertierung von der auf der Grundlage ihrer Analysen aus den sechziger Jahren angenommenen Position (die »Cellini-Tasse« sei stilistisch zu spät, um das Werk Benvenuto Cellinis sein zu können, stattdessen die Schöpfung eines Delfter Goldschmieds namens Jacopo Bilivert oder Biliverti aus dem 16. Jahrhundert) zu der von ihr eineinhalb Jahrzehnte später vertretenen und in ihrem »nüchternen, mehr als hundert Seiten umfassenden und reich illustrierten« Beitrag im *Metropolitan Museum Journal* belegten Auffassung (daß es sich bei der Tasse um eine, wahrscheinlich im 19. Jahrhundert vom Sohn eines deutschen Schlossers, dem bekannten Reinhold Vaster, hergestellte »Fälschung« handelte).

Die Schlußfolgerungen, die sowohl Hackenbroch als auch Alsop aus der Geschichte ziehen, sind schon für sich genommen äußerst interessant. Setzt man sie aber mit der generellen Anonymität »primitiver« Artefakte im Westen in Beziehung, so kann man noch etwas weiteres aus ihnen lernen. Forscher, die sich mit den »Schönen Künsten« befassen, scheuen bei der Suche nach dem wahren Ursprung von Meisterwerken keine Mühe; sie erlernen viele Sprachen, fliegen um die ganze Welt, heuern Techniker an, die durch Mikroskope sehen, sitzen stundenlang in Bibliotheken, ertragen den Staub von Archiven und Museumsmagazinen und widmen der Wahrscheinlichkeit alternativer Zuschreibungen zahllose gelehrte Diskussionen und veröffentlichte Debatten mit ihren ebenso intensiv forschenden und versierten Kollegen. Das alles erfordert vom Forscher jahrelanges Arbeiten – von all den schlaflosen Nächten ganz zu schweigen (auf die Sherman E. Lee in seiner Erwiderung auf Alsops Kommentar zur »Cellini-Tasse« hinwies; Lee 1986, S. 76).

Teilweise infolge der traditionell zwischen den Fachdisziplinen Kunstgeschichte und Ethnologie bestehenden Abgrenzung weist selten jemand darauf hin, daß die gleiche Art von Energie vielleicht auch dazu beitragen könnte, die Identität der Person zu ermitteln, die, sagen wir einmal, eine Skulptur aus Nigeria gemacht hat. Da nur ein relativ kleiner Teil solcher Gegenstände aus der Zeit vor dem 19. Jahrhundert datiert, besteht eine gute Chance, daß die Urheberschaft der meisten Stücke mit der gleichen Sicherheit wie die der Goldtasse von Reinhold Vaster zu ermitteln ist. Ich habe zum Beispiel die Erfahrung gemacht, daß im Falle der aus dem Regenwald von Surinam stammenden Kunst des frühen 20. Jahrhunderts persönliche Zuordnungen eine herausfordernde Aufgabe sind – eine Aufgabe, die von der Sprachbeherrschung, dem methodischen Geschick wie dem theoretischen Hintergrund des Forschers abhängig, aber ebensowenig ein unmögliches Unterfangen wie im Sinne traditioneller Kunstgeschichte betriebene Forschung ist.

Die Nichtberücksichtigung der sozialen und kulturellen Situation, in der ein Kunstgegenstand ursprünglich geschaffen wurde, gestattet es nicht nur, seinen Wert mit Hilfe vertrauterer Variablen zu definieren, sondern läßt auch eine Umwelt entstehen, in der es möglich wird, daß Betrachter an der in Kapitel 1 beschriebenen Art der »rein ästhetischen Erfahrung« teilhaben. Die Unvereinbarkeit der Leidenschaft eines Sammlers mit der Gelehrsamkeit eines Wissenschaftlers war ein immer wiederkehrendes Thema im Diskurs der von mir befragten Sammler und Händler. Für viele (nicht alle) von ihnen war das Vermeiden einer wissenschaftlichen Analyse nicht nur akzeptabel, sondern eine *notwendige* Voraussetzung für befriedigendes ästhetisches Vergnügen. Wie Paul Valéry und viele andere, die im Sinne dieses Vergnügens über »westliche« Kunst geschrieben haben (siehe Kap. 1), meinen viele Kenner »primitiver Kunst« – besonders die, die sich als Sammler betätigen –, akademisches Wissen behindere die zwischen Betrachter und Kunstwerk bestehende spirituelle Verbindung. Alain Schoffel war so freundlich, mich ein Manuskript, an dem er gerade arbeitete, einsehen zu lassen, in dem diese Perspektive klar zum Ausdruck kommt:

»Ich glaube, die Zeit ist reif für die Erkenntnis, daß wir, um den Wert eines Kunstwerks – ganz gleich, was für eines – einschätzen zu können, es aus seinem Kontext herausnehmen, mit Erklärungen, Rechtfertigungen und Analysen aufhören und uns darauf beschränken müssen, es mit sehenden Augen zu betrachten. Mit anderen Worten, es sollte nicht durch ein belastendes Wissen verhüllt sein, das uns daran hindert, die Schönheit seines Stils und seinen inneren Gehalt für sich allein zu betrachten.«

Er führte seine Position weiter aus, indem er feststellte:

»Das Auge ist ein Spiegel der Seele. Das Auge denkt nicht; das Auge sieht. Der Verstand interpretiert. Sehen (*le regard*) kommt dann zustande, wenn der Verstand sich dem Auge unterwirft. Wahres Sehen ist das Sehen, das sich verliert.«

Seiner ursprünglichen Urheberschaft und, allgemeiner, der konzeptuellen Fußnoten beraubt, ist der Gegenstand dem Blick des westlichen Betrachters nackt ausgesetzt. Der Diskurs einiger der Sammler, mit denen ich sprach, erinnerte mich an Claude Lévi-Strauss' Erwähnung der brasilianischen Abenteurer, die Caduevo-Indianerinnen heirateten und ihm später »vor Erregung bebend die mit gemalten verschlungenen Arabesken von perverser Feinheit völlig bedeckten Körper der nackten jungen Mädchen« beschrieben (1958/1974, S. 280). Beim Kunstsammeln vereinigt sich das Geheimnis des Gegenstands (kulturelle Exotik, die explizit durch die »Anonymität« des Objekts verstärkt wird) mit dem (durch physischen Besitz und die »Durchsetzung von Geschmack« im Kontext des Kunstmarkts geprägten) Machtgefühl des Sammlers und läßt bei einigen Sammlern eine starke Leidenschaft entstehen.

Wenn ein »primitives Kunstwerk« in eine westliche Kunstsammlung aufgenommen wird, findet eine Übertragung der ästhetischen Verantwortung statt. Ein Sammler erläuterte diesen Aspekt des Prozesses mit folgender Erklärung:

»Bei dieser Art von Kunst gibt es so etwas wie eine Signatur nicht. Wer was besaß, füllt hier die Lücke. Wenn man weiß, daß ein Objekt Epstein, Rasmussen, Ratton oder Paul Guillaume gehörte, heißt das etwas; denn das waren Leute, die ein Auge für Kunst, die Geschmack und wirkliche

Maßstäbe hatten. ... Eine datierte Fotografie von einem Objekt zusammen mit Kahnweiler ist mehr wert, als eine Signatur es je sein könnte. ... Ein Stammbaum – das entspricht einer Signatur.«

Wenn Stammbäume (anders als bei »westlicher« Kunst, bei der sie die Signatur lediglich ergänzen) die Signatur des Künstlers ersetzen, bildet sich sogar eine neue Auffassung von Authentizität heraus. Ein »gutes« Museumsschild »bürgt für die Echtheit« eines zum Kauf angebotenen Objekts, und die Idee, ein Objekt (bzw. ein Foto davon) zu veröffentlichen, wird ausdrücklich als ein Mittel verstanden, »seine Echtheit nachzuweisen«.

Von Vincent Price sagt man, er habe, als er einmal seine Leidenschaft für afrikanische Kunst bekannte, gesagt, in primitiven Gesellschaften schreibe sich der Künstler »aus seinem Werk heraus« (Anon. 1972, S. 22). Wenn wir uns vor Augen führen, daß eines der im allgemeinen zur Rechtfertigung der Kategorie »primitive Kunst« herangezogenen Kriterien das Nichtvorhandensein einer Schrift ist, mag – im Zusammenhang mit einer Analyse der nicht zu leugnenden Vertreibung des »Primitiven« aus der Welt anerkannter künstlerischer Kreativität – die Frage angemessen sein, ob tatsächlich er derjenige ist, der die Feder in die Hand genommen hat.

8

Ein typischer Fall

»Die Hütten an den Flüssen von Surinam sind wie die Hütten an den Ufern des Kongo zur Zeit Stanleys und der frühen Forschungsreisenden. Und in diesen Hütten leben die polygamen Busch-Neger.« – *Morton C. Kahn*[1]

Da wir uns dem Ende dieses Büchleins nähern, ist es an der Zeit, genauer zu erforschen, was die bisher erörterten Verallgemeinerungen und Abstraktionen für das tatsächliche Leben wirklicher Menschen bedeuten. Statt weiter weltweit anekdotische Belege aus zweiter Hand zusammenzutragen, wollen wir nun einem einzelnen Fall aus meinem eigenen Erfahrungsbereich Aufmerksamkeit schenken und uns einmal ansehen, welche Auswirkungen westliche Vorstellungen über »primitive Kunst« dort hatten. In diesem Kapitel werden die Maronen in Surinam, Nachfahren von im 17. und 18. Jahrhundert als Sklaven nach Südamerika eingeführten Afrikanern, im Mittelpunkt stehen – aus dem einfachen Grund, weil ich, zusammen mit Richard Price, sowohl ihre Lebensweise vor Ort, in ihren Dörfern, als auch ihre in unseren Museen befindlichen Kunstwerke erforscht habe.

Die Maronen bilden aufgrund ihrer Geschichte der Rebellion gegenüber der Unterdrückung der Plantagensklaverei eine Einheit, unterteilen sich aber in sechs politisch unterschiedene Gruppen; die Saramaka und Djuka umfassen jeweils 22000, die Paramanka, Aluku, Matawai und Kwinti zusammen ungefähr 6000 Menschen. Die von ihren Vorfahren geführten Befreiungskriege endeten im 18. Jahrhundert mit Friedensverträgen, die

1 *Djuka: The Bush Negroes of Dutch Guiana*, New York 1931, S.4.

ihnen Unabhängigkeit von der holländischen Kolonialverwaltung, territoriale Rechte im Innern des Landes und regelmäßige Lieferungen in Form von Waren wie Seife, Kochtöpfe, Stoffe, Gewehre und Äxte von der Küste garantierten. Die Djuka, Paramanka und Aluka (in Ostsurinam) sprechen alle Varianten einer Sprache, die Saramaka, Matawai und Kwinti (in Zentralsurinam) Varianten einer anderen Sprache; die kulturellen Unterschiede (hinsichtlich der Kleidung, der Speisen, Rituale und so weiter) folgen tendenziell der gleichen Zweiteilung. Als Surinam 1975 von den Niederlanden unabhängig wurde, lebte der größte Teil der maronischen Bevölkerung noch in kleinen Dörfern entlang der Flußläufe des tropischen Regenwaldes, obwohl die Männer (wie bereits ihre Väter und Großväter) einen wesentlichen Teil ihres Lebens als Erwachsene mit Lohnarbeit außerhalb der Stammesterritorien verbrachten, und selbst Frauen hatten, als die Gemeinschaften den Töchtern der Sippe erlaubten, ihre Ehemänner für ein Jahr oder länger an die Küste zu begleiten, an diesem System teil. 1986 wurde die friedvolle Ausweitung der Beziehungen der Maronen mit anderen Bevölkerungsgruppen Surinams brutal beendet, als eine neue Rebellion (ein von den Djuka geführter Angriff auf das Regime Desi Bouterses) an den militärischen Mitteln und Taktiken der »modernen Welt« scheiterten. Mit Hilfe von Todeskommandos, der Bombardierung der Dörfer und »Verhören« im Hof der aus dem 17. Jahrhundert stammenden Festung wurde die maronische Bevölkerung dezimiert – einer Festung, die früher als Nationalmuseum von Surinam die künstlerischen Schätze der Maronen und anderer Bewohner dieser kulturell verschiedenartigen Republik beherbergte. Während ich dieses Buch schreibe, ist die Zukunft der Maronen von Surinam – als Individuen wie als soziokulturelle Gruppe – äußerst ungewiß.

Die Kunstfertigkeit der Maronen gehört zu den besser dokumentierten Aspekten ihres kulturellen Lebens. Ihr am besten bekanntes Medium ist die Holzschnitzerei, der die Männer sowohl für den eigenen Gebrauch als auch für den Verkauf an Fremde nachgehen. Schön geschnitzte Gegenstände – von Kämmen, Kochlöffeln, Worfelkästen und Erdnußmahlbrettern bis hin zu Paddeln, Kanus, Türen und ganzen Hausfronten – dienen in den Dörfern als Geschenke für Frauen und Geliebte. Die Frauen ihrerseits nähen für die Männer mit Stickerei, Patchwork und Applikationen kunstvoll verzierte Kleidungsstücke, fertigen für sie farbenprächtige Bänder aus Kalbsleder an und schnitzen elegantes Eßgeschirr. Auch bei der Kunst der Narbentatauierung stehen die sexuellen Beziehungen im Vordergrund; Frauen (zu einem geringeren Teil auch Männer) schmücken sich mit erhabenen Wulstnarben, die ihre erotische Anziehungskraft visuell wie taktil erhöhen sollen. Im Gegensatz hierzu werden rituelle Gegenstände – von Bestattungsmasken bis hin zu Ahnenschreinen – nur grob verziert und gehören nach Auffassung der Maronen nicht dem Bereich des Ästhetischen an. In diesen Gesellschaften ist Kunst also eher Teil des sozialen als des religiösen Lebens. Kunstgegenstände sind in der Tat beim ständigen Tauschhandel zwischen den Geschlechtern das primäre Zahlungsmittel.[2]

Schwarz, narbentatauiert, polygyn, ohne Schrift, schlangen- und ahnenverehrend und (je nach Alter und Geschlecht) entweder nackt, barbusig oder lediglich mit einem Lendentuch bekleidet, erfüllen die Maronen (oder »Buschneger«) die wichtigsten Kriterien für primitive Exotik. Daß ihre Gemeinschaften in Reaktion auf den europäischen Kolonialismus entstanden sind, trägt nur zu diesem Vorstellungsbild bei, fügt ihm den stolzen Widerstand kriegerischer Rebellen gegen eine imperialistische Gesellschaft hinzu, die zeitlich gesehen weit genug zurückliegt, um die Gefahr einer gedanklichen Verknüpfung mit »uns selbst« nicht aufkommen zu lassen. Aspekte ihres Lebens, die äußere Beobachter als »die Künste« deuten – Tanzen und Trommeln, Gesänge in Alltags- wie in esoterischer Sprache, eine Vielzahl dekorativer Ausdrucksmittel sowie geschnitzte »Fetische«, Ahnenschreine und Masken –, tragen stark zur Faszination des »westlichen Menschen« für ihre Lebensweise bei.

2 Zur Erörterung von Kunst und Tauschhandel s. S. Price 1984; weitere Beispiele maronischer Kunst finden sich bei Hurault 1970 und Price und Price 1980.

Die historischen und kulturellen Verbindungen der Maronen mit Afrika sind für diese Vorstellung von zentraler Bedeutung gewesen. Ein Interpret äußerte die Ansicht, die Maronen stellten ein »kleines Afrika in Amerika« dar (Kahn 1954), ein anderer schrieb ein Buch mit dem Titel *Bush Negro Art: An African Art in the Americas* (Dark 1954), und ein dritter bezeichnete die Schnitzkunst der Maronen als »eine echt afrikanische Kunstform« (Volders 1966, S. 141). Die Titel der über das Leben der Maronen geschriebenen Artikel nennen das primitivistische Vorurteil manchmal explizit beim Namen: »We Find an African Tribe in the South American Jungle« (Vandercook 1926b), »African Customs and Beliefs Preserved for Two Centuries in the Interior of Dutch Guiana« (van Panhuys 1934) und »Africa's Lost Tribes in South America: An On-the-spot Account of Blood-chilling African Rites of 200 Years Ago Preserved Intact in the Jungle of South America by a Tribe of Runaway Slaves« (Kahn 1939). Der erste Afro-Amerikanist, Melville J. Herskovits, dessen erste Feldforschung außerhalb der USA den Saramaka galt, schrieb einen »Bush Negro Art« betitelten Artikel, in dem er von den Maronen sagt, sie »sind ihren afrikanischen Traditionen treu geblieben [und stellen so] das einzigartige Phänomen einer autonomen Kultur dar, die von einem Kontinent – Afrika – auf einen anderen – Südamerika – verpflanzt wurde« (Herskovits 1930, S. 160). Die unlängst vorgebrachte Behauptung, Maronen-Gemeinschaften des 20. Jahrhunderts seien »afrikanischer als ein Großteil Afrikas« (Counter und Evans, o. J.), läßt erkennen, wie grenzenlos die Begeisterung für diese Idee sein kann.

Für die auf diesen Seiten behandelten Probleme ist – zusätzlich zu den solchen Darstellungen zugrundeliegenden primitivistischen Implikationen – die Behauptung, ihre Sitten und Bräuche seien über die Jahrhunderte hinweg »intakt geblieben«, von zentraler Relevanz. Ein Autor drückte diese Vorstellung folgendermaßen aus:

»Die Hochfluten des Imperialismus sind über diese Menschen hinweggespült und haben sie praktisch unverändert und unbekannt gelassen, was unter den Negervölkern der Welt einzigartig ist. Sie haben die Lebensweise von Dschungelbewohnern aus uralten Zeiten bewahrt. Am Tage jagen sie mit dem langen Bogen Wild. Nachts wiegen sich ihre Körper zu den monotonen, dumpfen Klängen des Tamtams in den gewundenen Bewegungen afrikanischer Tänze.« (Kahn 1931, S. 3–4)

Oder, wie eine Beschreibung aus jüngerer Zeit lautet:

»Wir hatten nie erwartet, daß die Menschen so klassisch, ... so rein afrikanisch und von der Außenwelt abgeschnitten sein würden. ... mit jeder Meile, die wir in den Regenwald eindrangen, schienen wir ein Jahr in die Vergangenheit zurück zu gehen, bis wir schließlich mehr als zwei Jahrhunderte hinter uns gelassen hatten.« (Counter und Evans 1981, S. 32–33)

Wie andere Aspekte des maronischen Lebens halten viele Außenstehende auch die Künste für statische Traditionen, die ursprünglich im 17. und 18. Jahrhundert von versklavten Afrikanern nach Surinam importiert und von deren Nachfahren bis heute intakt und unverändert erhalten wurden. An anderer Stelle haben wir den Nachweis erbracht, daß diese Auffassung mindestens ebenso von westlichen Vorurteilen wie von solider historischer oder ethnographischer Dokumentation geprägt und genährt worden ist (Price und Price 1980, Kap. 8; R. Price 1970; S. Price 1984, 1986). Statt deshalb an dieser Stelle die vollständige und ziemlich komplexe Argumentation zu wiederholen, gebe ich einfach einige der Ergebnisse wieder, die mich, im Falle der Maronen, von der Relevanz des Konzepts »Kunstgeschichte« – sowohl was die Tatsache stilistischen und technischen Wandels als auch der anerkannten individuellen Kreativität wie der kollektiven Feststellung chronologischer Entwicklung betrifft – überzeugt haben.

Wichtig ist, daß sich die Existenz einer maronischen »Kunstgeschichte« im Verlauf von Gesprächen im Feld (zwischen Maronen und uns und, häufiger, in Gesprächen, die Maronen in unserer Hörweite untereinander führten) herauskristallisierte und sich erst später aufgrund unserer Konsultation von Museumssammlungen und schriftlichen Dokumenten bestätigte und in ihren Umrissen klarer abzeichnete. Hauptsächlich (aber nicht ausschließlich) im Kontakt mit Saramaka erfuhren wir von namentlich bezeichneten Stilen und Techniken, die seit der Mitte des 19. Jahrhunderts für unterschiedliche Perioden charakteristisch waren, von Personen, die für die Einführung dieser Stile und Techniken verantwortlich waren, von Art und Weisen, in denen bestimmte Innovationen angenommen und erweitert wurden, und von den Beziehungen, die zwischen den verschiedenen Medien bestanden, daß etwa Muster und Stile oft von einem Medium in ein anderes übertragen wurden. Hätte Joseph Alsop traditionelle wissenschaftliche Quellen daraufhin untersucht, ob es in den Dörfern des Inneren von Surinam Hinweise auf eine bekannte Kunstgeschichte gibt, wäre er sicherlich zu dem Schluß gekommen, daß eine solche Vorstellung nicht existiert. Maronen verfügen weder über Museen noch über schriftliche Dokumente, auch bewahren sie keinen, *formell* von Generation zu Generation weitergegebenen Korpus oraler historischer Traditionen, wie man ihn in vielen afrikanischen Königtümern finden kann. Dennoch ist das Wissen über die Vergangenheit und, wichtiger noch, das Interesse an ihr groß.

Bei ihrer Holzschnitzkunst unterscheiden Saramaka vier benannte Stile, die sie ziemlich genau (nicht im Sinne von Daten, sondern durch gedankliche Verknüpfung mit individuellen Persönlichkeiten und mit diesen zeitlich verbundenen Ereignissen) zeitlich einordnen können. Auf ähnliche Weise sind sie sich wichtiger Veränderungen in ihrer Kalebassenkunst bewußt (z.B. des Wandels von äußerer zu innerer Dekoration und der damit verbundenen Übertragung des Mediums von den Männern auf die Frauen). Und im Zusammenhang mit der Periodisierung ihrer textilen Künste, die sich von einer aus freien Formen bestehenden Stickerei zunächst zu einem mosaikähnlichen Patchworkstil, dann zu aus engen Streifen bestehenden Kompositionen und schließlich zu einer kunstvollen Kreuzstich-Stickerei entwickelt haben, erweisen sie sich als ebenso kenntnisreich. Ihr Diskurs unterscheidet sich in seiner Rhetorik von dem der westlichen »Kunstgeschichte«, und die Beispiele, auf die sie verweisen, werden nicht in lokalen Museumsschränken aufbewahrt; aber das Niveau der Analyse entspricht in jeder Hinsicht dem Interesse für künstlerische Entwicklungen im Zeitverlauf und die mit ihnen verbunden ästhetischen Vorstellungen, welches wir mit unserem Begriff von Kunstgeschichte verbinden.

Vorstellungen von Zeitlosigkeit werden oft, wie wir in Kapitel 4 gesehen haben, durch Anonymitätsannahmen verstärkt, und die Behandlung der Maronen-Kunst bildet hier keine Ausnahme. Ein literarisches Mittel, das häufig dazu gedient hat, die Anonymität der Maronen-Künstler zu verfestigen, ist die Verwendung des maskulinen Singulars zur Bezeichnung der ungefähr 50000, zu den sechs Maronen-Gruppen gehörenden Männer, Frauen, Jungen und Mädchen. Viele Autoren sprechen von »dem Maronen« (oder »dem Buschneger«) und »seinen« Frauen und Kindern. »Er« rodet den Wald, um Gärten anzulegen, jagt und fischt, führt Riten aus, um sich Geister und Ahnen wohlgesonnen zu machen, und stellt wunderschöne Holzschnitzereien für »seine« Frauen her. Diese Schreibpraxis hilft nicht nur, Verzerrungen in der Darstellung der Maronen-Frauen als Künstlerinnen zu verewigen (dieses Problem wird in S. Price 1982/1988, 1984 erörtert), sondern trägt auch dazu bei, daß man vergißt, daß die zur Diskussion stehenden Menschen hinsichtlich ihrer Persönlichkeit, ihres Temperaments und ihres Talents ebenso verschieden sind wie z.B. Cézanne, Gauguin und Matisse.

Die Maronen dagegen verallgemeinern weder ihre toten noch ihre lebenden Gruppenangehörigen. Auch ignorieren oder minimieren sie die besonderen Beiträge individueller Künstler nicht. Die am Upper River lebenden Saramaka erkennen das Werk Seketimas, eines Schnitzers aus dem frühen 20. Jahrhundert, ebenso leicht wie ein häufiger Besucher des Museum of Modern Art einen Jackson Pollock. Die meisten Frauen können Kalebassen, die in den sechziger Jahren von Keekete graviert wurden, zuverlässig und genau von den vielen Nachahmungen unterscheiden, für die sie Anregung waren. Und Neuerungen in der Gestaltung wie in der Technik – ganz gleich, in welcher Umgebung sie auftreten –, werden den ursprünglich für ihre Entwicklung verantwortlichen Personen zugeschrieben. Kurz, die Verschmelzung einzelner Personen zum generalisierten Konstrukt des »Buschneger-Künstlers« ist ein Aspekt der maronischen Kunstgeschichte, für die die Maronen selbst eigentlich nicht als Beleg angeführt werden können.

Auch das Universalitätsprinzip hat die Darstellung der Maronen-Kunst beeinflußt. Wie wir in Kapitel 3 gesehen haben, glaubt man von »Primitiven« oft, sie stellten die auf ihre wesentlichen Bestandteile reduzierte menschliche Natur dar und seien deshalb zentrale Figuren in der »Familie Mensch«. In diesem Zusammenhang werden Maronen, wie andere »Primitive« auch, als die einfacheren, kindhafteren Versionen von uns selbst beschrieben, die zwar den gleichen, doch weniger von der »Zivilisationsschicht« überdeckten »Urtrieben« unterworfen sind wie wir. Für diese Auffassung werden vor allem linguistische Belege angeführt. Das *Guinness Buch der Rekorde* erinnert an die Sprache der »Buschschwarzen« (die fälschlicherweise als eine einzige Sprache aufgefaßt, fälschlicherweise als »Taki Taki« bezeichnet [ein pejorativer Begriff für die Sprache der Küstenbewohner Surinams] und fälschlicherweise nach Französisch-Guayana verlegt wird) und kürt sie zur »am wenigsten komplexen« Sprache der Welt, indem es behauptet, ihr Vokabular, das ingesamt angeblich nur 340 Worte umfaßt, sei das kleinste der Welt (siehe R. Price 1976, S.44).

Das Vorhandensein von aus dem Englischen stammenden Worten in den von Maronen tatsächlich gesprochenen Sprachen hat viele Interpreten zu der Meinung veranlaßt, die Sprache der Maronen sei eine Art stark gebrochenes Englisch oder eine Art Babysprache. Wenn man für Englisch sprechende Leser schreibt, erleichtert das das Zitieren direkter Rede. Morton Kahns Bericht von einem Versuch, Holzschnitzereien zu erwerben, vermittelt eine Vorstellung von diesem Stil. Kahn beginnt seinen Bericht, indem er ein paar praktische Ratschläge erteilt:

»Die einzige Möglichkeit, diese Gegenstände zu erwerben, besteht darin, sie gegen holländisches Geld, Tabak oder billigen Schnickschnack einzuhandeln. In den ferner gelegenen Dörfern ist Geld nutzlos. Blaue

Perlen sind beim Handeln sehr nützlich, da Blau die Lieblingsfarbe der Djuka ist. Ohrringe sind auch gut, aber Parfum nicht; sie ziehen den scharfen Geruch von Insektiziden vor.«

Kahn beschreibt dann sein eigenes Erlebnis:

»Wir sagen: ›*Me wanny buy timbeh*‹ – ›Ich möchte Holzstücke kaufen.‹

Meistens antwortet der Neger dann, daß er keines zu verkaufen habe: ›*Me no habbe, maasra*.‹ Das Wort *maasra* ist eine Verballhornung von ›master‹, ein Überbleibsel aus der Sklavenzeit.

Wir zeigen auf einen durchbrochen geschnitzten Schemel mit Einlegearbeit und sagen: ›*How many?*‹, was heißen soll, wieviel er dafür verlangt.

›*Me no wanny fu selly*‹ – ›Ich möchte nicht verkaufen.‹

Um ihm zu zeigen, daß wir es ernst meinen, machen wir ein konkretes Angebot: ‹*Me gon gibbe sixa banknoto*‹ – ›Ich bin bereit, sechs Banknoten zu zahlen.‹

Der Handel wird in silbernen, *banknoto* genannten Halbguldenstükken durchgeführt. Die Djuka haben kein Verständnis für große Geldsummen, es sei denn, sie werden in Halbguldenstücken gezählt.

Wenn er sechs Münzen ablehnt, bieten wir sieben, acht, neun und legen als zusätzlichen Anreiz ein paar Tabakblätter dazu. Auf jedes dieser Angebote hin schüttelt er verneinend den Kopf und sagt hartnäckig: ›Nein, nein.‹

Schließlich sagen wir in einem Ton, der zum Ausdruck bringt, daß wir über unsere eigene Großzügigkeit erstaunt sind: ›*Me gon gibbe tena banknoto, nanga twee weefee tabak*.‹ – ›Ich bin bereit, zehn Banknoto und außerdem drei Tabakblätter zu geben.‹

Die Antwort ist kurz und energisch.

›*Gimme*.‹

Was nicht übersetzt zu werden braucht.« (Kahn 1931, S. 48–50)

Für Kahns Leser muß diese Äußerung nicht übersetzt werden, aber wahrscheinlich muß sie (und vielleicht der ganze Dialog) für die Maronen, die angeblich daran teilnahmen, übersetzt werden. Nach Kahns Bericht fand der Handel auf dem Territorium der Saramaka statt, wo die zitierten Worte, selbst wenn man orthographische Freiheiten großzügig einkalkuliert, wenig Beziehung zur lokalen Sprache haben. Wenn wir Kahns Schreibkonventionen übernehmen, könnte man »Ich möchte« mit *Me kay*, aber nicht mit *Me wanny* wiedergeben; »Ich bin bereit, dir zu geben« wäre *Me o da-ee*, nicht *Me gon gibbe*; und »drei Blätter« wäre *dee u-wee*, nicht *twee weefe*. Tatsächlich enthält die Saramaka-Sprache aus dem Englischen stammende Worte (z.B. lautet das Wort für »tobacco« – in Kahns Schreibweise – *tabaku* und »six« *seekeessee*), und tatsächlich verwenden die Männer der Saramaka in Kontaktsituationen die stärker anglizierte Küstensprache, das heißt aber noch lange nicht, daß ihre Art zu sprechen der amerikanischen Babysprache entspricht.[3]

Die sprachlichen Irrtümer Kahns sind bei weitem kein der Unwissenheit des frühen 20. Jahrhunderts entspringendes Relikt. Während eines von mir in den späten siebziger Jahren in Surinam verbrachten Sommers hörte ich, wie sich zwei Saramaka-Männer mit großer Belustigung daran erinnerten, daß vor kurzem ein aus den USA stammender afro-amerikanischer Besucher ihres Dorfs Gestikulationen mit an den tropischen Kontext angepaßten einfachen englischen Äußerungen kombinierte, um seine Sicht kulturübergreifender Brüderschaft zum Ausdruck zu bringen; mit dem Zeigefinger erst auf den Arm des Saramaka-Zuhörers und dann auf seinen eigenen deutend, soll der Besucher wiederholt beteuert haben: »Du Schwarza, ich Schwarza, wir Brüdda.«

Zusätzlich zu den sprachlichen Mißverständnissen spiegelt Morton Kahns Bericht vom Handel im Busch das Wesen der Begegnungen wider, bei denen die Kunst der Maronen in die Hände von Nicht-Maronen übergeht. Seinen Bericht mit dem Hinweis auf »billigen Schnickschnack« und der Behauptung

3 Kahn 1931 erwähnt beiläufig, daß die »Djuka«, wie er die Saramaka nennt, auch noch eine andere Sprache sprechen, deren Bedeutung er aber herunterspielt, indem er sie mit dem, was er als ihre »gewöhnliche Sprache« bezeichnet, kontrastriert. Diese beschreibt er als Mittel zur Erhaltung der Stammestradition, historischer Berichte über Sklavenaufstände und anderer sorgfältig gehüteter Geheimnisse. Seine Spracherörterungen stehen außerdem am Ende seines Buches (Kap. 10, Dujka Talk), nachdem das Bild von den wie Babys sprechenden Eingeborenen sich bereits lange im Bewußtsein seiner Leser verfestigt hat. (Angesichts ihres allgemeinen Rufs der Einfachheit ist es vielleicht wert darauf hinzuweisen, daß die tatsächlichen Vielschichtigkeiten der Saramaka-Sprache ins Zentrum der historischen und theoretischen sprachwissenschaftlichen Forschung gerückt sind und daß ihnen in jüngerer Zeit zahlreiche Artikel und Bücher gewidmet wurden.)

beginnend, Insektizide würden einem Parfum vorgezogen, droht die Preiseskalation nie den Rahmen der zugegebenermaßen überraschenden Großzügigkeit des »weißen Mannes« zu sprengen. Alles was man dann noch braucht, ist Ausdauer. Von Melville und Frances Herskovits stammt ein weiterer Bericht über das Einhandeln von Holzschnitzereien aus derselben Region von Saramaka:

»Als wir zu verstehen gaben, daß wir das Brett möglicherweise gern erwerben würden, wurde die Frau ängstlich. Sie nahm das Brett auf und verschwand, sich entschuldigend, mit ihm im Innern ihrer Hütte.

›Nein, nein‹, rief sie aus dem Haus heraus, als ihr Bruder zu ihr hineinging und ihr unser Angebot für das Brett unterbreitete. ›Ich möchte kein Geld dafür. Es gefällt mir. Ich will es nicht verkaufen.‹

Die von uns gebotene Summe war bescheiden genug, jedoch nicht zu gering, wenn man bedenkt, daß wir uns im tiefen Landesinneren befanden. Wir erhöhten und verdoppelten dann unser ursprüngliches Angebot. Die Frau wurde noch immer nicht schwankend, das Angebot stieß aber bei ihrer Familie auf Interesse, die meinte, daß ein solcher Reichtum nicht zurückgewiesen werden sollte. Bassia Anaisi begann, die Frau in unserem Sinne zu drängen.

›Mit diesem Geld kannst du in der Stadt des weißen Mannes eine Hängematte und mehrere feine Stoffe kaufen. Du solltest das nicht ablehnen.‹

Die alte Frau schaltete sich in die Diskussion ein, dann eine andere Schwester und ein Bruder. Schließlich nahm uns der Bassia beiseite und bat uns, seine Schwester und sie allein zu lassen.

›Wir werden ein krutu [eine Versammlung] abhalten, und morgen werdet ihr von uns hören. Es ist dumm von ihr, nicht zu verkaufen. Sie hängt aber an dem Brett. Es ist auch gut, wenn eine Frau das liebt, was ihr Mann für sie geschnitzt hat. Wir werden darüber beraten, und ihr werdet hören.‹

Drei Tagen vergingen, bevor die Frau in den Verkauf des Stückes einwilligte.

›Wenn eure Leute das sehen, werden sie wissen, daß unsere Männer schnitzen können!‹ rief sie mit einer Stimme, in der ebenso viel Bedauern wie Stolz mitschwang.« (Herskovits 1934, S. 281)

Interpretationen der Bedeutung dieser Kunst folgten einem ähnlichen Muster – die Maronen gaben der Beharrlichkeit und offenbaren Macht fremder Besucher nach. In diesem Zusammenhang wurden westliche Vorurteile über die das Leben von

»Primitiven« durchdringende erotische Symbolik durch die Einstellungen der Maronen zur Schrift verstärkt, die immer als ein mit Macht verbundenes und irgendwie mystisches Phänomen aufgefaßt worden ist. Obwohl nur sehr wenige Maronen die Gelegenheit hatten, Lesen zu lernen, hatten sie immer Kontakt zu Leuten, die schreiben konnten (Plantagen-Buchhalter, Regierungsbeamte, Missionare, Ladenbesitzer, Arbeitgeber usw.), und sie haben vor der durch die Schrift vermittelten Macht Respekt.

Grundsätzlich halten sie jede Markierung für potentiell kommunikativ, sich selbst aber in der Kunst des Entzifferns für ungeübt. Aus diesem Grund verwenden Maronen zu rituellen Zwekken unverzierte Kalebassenschalen. Eine gravierte Kalebasse muß, nach ihrer Argumentation, eine Botschaft enthalten; da sie jedoch nicht »lesen« können, wissen sie nicht, was diese Botschaft beinhaltet; statt deshalb das Risiko einzugehen, die Geister, für die ein bestimmtes Ritual durchgeführt wird, zu verletzen, benutzen sie besondere unmarkierte Schalen.

In Büchern und Artikeln über die Kunst der Maronen finden sich jedoch keinerlei Hinweise darauf, daß das so ist, vielmehr wird dort der Anschein erweckt, bei den Verzierungen handele es sich um symbolträchtige Motive. Ein in der Stadt lebender Surinamer namens F. H. J. Muntslag schrieb ein äußerst populäres Buch über die Kunst der Maronen (1966, 1979), das im wesentlichen ein Lexikon der Motive und ihrer (angeblichen) ikonographischen Bedeutung ist. Auf einer Seite ist zum Beispiel ein kreisförmiges Element abgebildet, das als *koemba* bezeichnet wird – ein Wort, das in der Sprache der östlichen Maronen »Nabel« bedeutet. Der Text erläutert, daß »der Nabel für den Buschneger eine sehr große mystische Bedeutung hat. Junge Frauen sind oft um den Nabel herum tatauiert (sic; ihre Verzierungen sind Narben, keine Tatauierung), was ein Symbol erotischer Liebe ist« (Muntslag 1979, S. 59). Auf einer anderen Seite ist ein halbmondförmiges Gestaltungselement dargestellt, das als *liba* bezeichnet wird – ein Wort, das in der Sprache der Zentral-Maronen »Mond« bedeutet; im Begleittext werden Fruchtbarkeits- und Liebessymbole behandelt, was die Behauptung der beiden Herskovits, dieses Element stelle »das männliche Glied« (1934, S. 280) dar, auf eine poetischere Ebene projiziert. Im Verlauf unserer Feldforschungen fragten wir uns, wie wohl Maronen auf diese Art von Lexikon reagierten?

Erstens, Maronen geben Gestaltungselementen tatsächlich solche Bezeichnungen wie *koemba* und *liba*, wie sie auch jedem anderen Ding in der physischen Umwelt – von bestimmten Textilienmustern und Arten des Haareflechtens bis hin zu fein unterschiedenen Reis- und Machetenarten – Namen geben. Diese Namen sind für sie jedoch deskriptive Bezeichnungen, nicht symbolische Anspielungen. Ein als *koemba* (»Nabel«) bekanntes Gestaltungselement wird im Grunde genau auf die gleiche Weise identifiziert, wie wir das Wort »Navel« benutzen, wenn wir über eine Orangenart sprechen – das heißt, ohne Fruchtbarkeitsimplikationen, ohne Erotik oder ohne mystische Assoziationen. Behauptungen, eine Halbmondform habe sexuelle Bedeutung, werden durch die Reaktion eines sechzigjährigen Maronen, der seinen Wohnort als Erwachsener mal in östlichen, mal in zentralen Maronen-Dörfern hatte, in die richtige Perspektive gerückt. Als wir ihm erzählten, was die beiden Herskovits über dieses Motiv zu sagen wußten, war der Mann ziemlich verdutzt und weigerte sich, dazu Stellung zu nehmen, am nächsten Tag kam er jedoch wieder, um uns die Frage zu stellen, die ihm Kopfschmerzen bereitet hatte; sich für sein Unwissen in dieser Angelegenheit entschuldigend, wollte er wissen, ob vielleicht die Penisse der *weißen* Männer bei der Erektion eine gebogene und spitz zulaufende Form annähmen.

Autoren, die ihre Begegnungen im Feld beschreiben, geben uns einen gewissen Eindruck davon, wie der Ruf der Maronen, sie seien auf Symbolik konzentrierte Künstler, nichts von seiner Überzeugungskraft verliert, obwohl er keinerlei Entsprechung in den Absichten und Auffassungen der Maronen selbst hat. Die beiden Herskovits schreiben beispielsweise frustriert, wie ihre Pläne während ihrer ersten beiden Besuche »völlig von der mangelnden Bereitschaft der Buschneger, ihre Schnitzwerke zu diskutieren, durchkreuzt wurden« (1934, S. 276), verschweigen aber auch ihre eigene Weigerung nicht, ein Nein als Antwort auf Fragen nach der symbolischen Bedeutung zu akzeptieren. Auf ihrer zweiten Reise spornten sie Saramaka mit von ihnen selbst erfundenen Erklärungen an, die ihre Gastgeber schließlich – zusammen mit genügend Geld als Kaufpreis für die diskutierten Stücke – akzeptierten (1934, S. 276–277).

Dieses Vorgehen ist von vielen späteren Besuchern des Inneren von Surinam übernommen worden. Selbst wenn Maronen sich weigern, sich einer vorgeschlagenen Deutung anzuschließen, so hat doch immer derjenige, der den Bericht schreibt, das letzte Wort. In einem Artikel über »Volkskunst im allgemeinen und die von Surinam im besonderen« verfolgte der Autor sein Ziel, die »heidnische« Bedeutung eines bestickten Stück Stoffes, das im Hauseingang eines christlichen Maronen hing, zu ermitteln, mit Entschlossenheit:

»Auf Fragen nach der Bedeutung des [zentralen] Motivs gab niemand eine direkte Antwort. Die Frauen des Dorfes... antworteten:... ›eine Blume‹. Da diese Antwort nicht sehr aufschlußreich war, fragten wir einen sehr alten Mann. Seine unbefriedigende Antwort war die gleiche, ›eine Blume‹. Offenbar hielt man es für unangebracht, fremden Besuchern die Bedeutung dieses privaten Schmucks mitzuteilen, vor allem, da sie auf religiöse Glaubensvorstellungen verwies, zu denen man sich (öffentlich) nicht mehr bekannte.« (De Vries-Hamburger 1959, S. 109)

Manchmal wurden die Deutungen der Maronen lediglich als Beispiele für falsches Denken angeführt; zum Beispiel bevorzugte L. C. van Panhuys, der produktive Erforscher der Maronen-Kultur, diese Methode. Eine Form stellte, so schrieb er, »eine menschliche Figur dar, auch wenn uns die Busch-Neger erklärten... [usw.].« Eine andere stellte etwas dar, »von dem mein Informant glaubte, daß es vielleicht... sein könnte, was aber in Wirklichkeit... [usw.] ist.« Bei einer dritten konnte ein Marone »keine andere Erklärung als... [usw.] geben. Wenn man aber die Zeichnung, wie in unserer Abbildung, auf den Kopf stellt, glauben wir, daß das Ganze... [usw.] darstellt.« (1928, 1930)

Der jüngste Versuch, für die Kunst der Maronen ein Lexikon

der Symbole zu erstellen, wurde von Jean Hurault unternommen, der als Ziel seiner Arbeit angab, »ein besseres Verständnis der *Intention der Künstler* und ihrer Kompositionsprinzipien« (1970, S.94; Herv. von S. P.) zu gewinnen. Seine Methode beschreibt er folgendermaßen:

»Wir haben die Gesamtheit der symbolischen und ornamentalen Motive auf diesen [4000] Objekten aufgelistet und klassifiziert, indem wir [im Analyseteil dieses Buches] die Art und Weise ihrer Gruppierung und Gegenüberstellung untersucht haben. Diese Bestandsaufnahme hat es uns ermöglicht, Bedeutung und Wert einer großen Zahl von Motiven, an die sich die heutigen Maronen nicht mehr erinnern, mit fast absoluter Sicherheit zu ermitteln.« (Hurault 1970, S.94)

Obwohl Huraults Technik offensichtlich systematischer und wissenschaftlicher ist als die von van Panhuys oder den beiden Herskovits angewandten Methoden, ist allen dreien eine Mißachtung dessen, was die *Maronen* über die Bedeutung ihrer Kunst zu sagen wissen, gemein. Sie alle sorgen dafür, daß die Tradition des Deutens der Maronen-Kunst nicht von den Verstehensweisen und Absichten der Maronen selbst gestört wird.

Die Folgen einer derartig arroganten Haltung hinsichtlich der Deutung der Kunst eines anderen Volkes sind vielfältiger Natur. Schreiben westliche Autoren Bücher für westliche Leser, so stellt die Verbreitung von den Maronen Rätsel aufgebenden Vorstellungen (wie die, daß ein spitzzulaufender Halbmond einen Penis darstellt) selten ein Problem dar. Manchmal treten solche Mißverständnisse aber in Kontaktsituationen auf, und dann sind es für gewöhnlich die Angehörigen der »primitiven«, nicht der »zivilisierten« Welt, die schließlich, um der harmonischen Beziehungen willen, Zugeständnisse machen. Ein Beispiel mag diesen Sachverhalt verdeutlichen.

In den sechziger Jahren baute ein Saramaka neben der Straße, die zum Flughafen von Surinam führt, einen Stand auf, wo er verschiedene Gegenstände schnitzte und sie den vorbeifahrenden Touristen zum Kauf anbot. Auf die wiederholten Fragen seiner Kunden nach der symbolischen Bedeutung der von ihnen gekauften Stücke erklärte der Künstler jedesmal, daß seine

Schnitzereien nur einen dekorativen Zweck erfüllten. Da er ihnen aber jedesmal ihre Unzufriedenheit ansah und manchmal von ihnen in eine Diskussion über dieses Thema verwickelt wurde, gab er schließlich auf und verfolgte eine andere Strategie. Er besorgte sich Muntlags Lexikon der maronischen Motive (die Quelle für die weiter oben behandelten »Nabel«- und »Halbmond«-Beispiele), obwohl er das, weil er nie lesen gelernt hatte, gar nicht verstehen konnte. Dann benutzte er die darin enthaltenen Abbildungen als Modell für die in seinen Schnitzereien dargestellten Motive und zeigte das Buch einfach seinen Kunden, damit diese die Bedeutung der von ihnen erworbenen Stücke nachschlagen konnten. Infolge dieser Selbstbedienungstechnik verlief das Leben des Mannes in ruhigeren Bahnen, seine Gewinne stiegen beträchtlich an, die Touristen bestiegen ihre Flugzeuge in besserer Stimmung und der Mythos von einer den Künsten der Maronen zugrundeliegenden Ikonographie verhinderte einen möglicherweise beunruhigenden Rückschlag.[4]

---

4 Vladimir Nabokov fing den Geist dieses aggressiven Glaubens an die sexuelle Symbolik menschlichen Verhaltens ein, indem er sein Beispiel aus der kinderpsychologischen Inkarnation dieses Glaubens bezog – einer nur leicht modifizierten Variante gegenüber der Untersuchungen von »primitiver Kunst« zugrundeliegenden Vorstellung.

»Für Winds [seine Psychiater-Eltern] war Victor insofern ein problematisches Kind, als es sich weigerte, eines zu sein. Vom Standpunkt des Ehepaares aus hegte jedes männliche Kind den glühenden Wunsch, seinen Vater zu kastrieren, und einen sehnsüchtigen Drang, in den Schoß der Mutter zurückzukehren. Aber Victor zeigte keine Absonderlichkeiten des Verhaltens, knabberte nicht einmal seine Nägel ab. In der Absicht, bei seinem Sohn auszumerzen, was er als Radiophiler ›das Statische in den persönlichen Beziehungen‹ nannte, ließ Dr. Winds dies undurchdringliche Kind im Institut von Außenseitern, dem jungen Dr. Stern und seiner lächelnden Gattin (Ich bin Louis, und das ist Christina), psychometrisch testen. Allein, die Ergebnisse waren entweder monströs oder gleich Null: das siebenjährige Untersuchungsobjekt bewies bei dem sogenannten Godunovschen Tierzeichentest die überragende Reife eines Siebzehnjährigen, sank aber im Fairview-Erwachsenentest prompt auf den Stand eines zweijährigen Kindes herab. Wieviel Vorsicht, Geschick und Findigkeit waren nötig gewesen, diese großartigen Techniken zu ersinnen! Welche Enttäuschung, daß gewisse Patienten sich weigerten, mitzuarbeiten! Da ist zum Beispiel der Kent-Rosanoffsche Völlig Freie Assoziationstest, bei dem der kleine Joe oder die kleine Jane aufgefordert werden, auf ein Stimulanswort wie Tisch, Ente, Musik, Krankheit, dick, nieder, tief, lang, Glück, Frucht, Mutter,

Das »Sammeln« »primitiver Kunst« – ganz gleich ob es von Ethnographen oder Souvenirs kaufenden Touristen ausgeübt wird – läßt oft Diskrepanzen in den Auffassungen von Künstlern und Kunden (zumindest vorübergehend) zum Vorschein kommen, einfach weil beide Parteien an der Begegnung beteiligt sind. Verläßt ein Kunstobjekt aber erst einmal seinen ursprünglichen Kontext, so verwandelt sich der interkulturelle Kontext in einen intrakulturellen Diskurs. Die Kriterien zur Beurteilung deutender Behauptungen werden dann dem Bereich verwandten Wissens, wie es in schriftlicher Form und im konzeptuellen Verständnis des westlichen Menschen bewahrt wird, entnommen. Da zur Beurteilung die Übereinstimmung von einheimischer und von außen herangetragener Deutung nicht zu Gebote steht, wird die Übereinstimmung der Gesamtheit des westlichen Wissens und eines zur Aufnahme in diese Gesamtheit bereitstehenden neuen Kandidaten zum wesentlichen Faktor.

Man wählt die Präsentationsform für eine bestimmte, aus einem »exotischen« Kontext stammende Kunstart deshalb oft

---

Pilz zu antworten. Da ist das zauberhafte Bievre-Aktivierungs-Spiel (ein wahrer Segen für regnerische Nachmittage), bei dem den kleinen Sams oder Rubys gesagt wird, vor die Begriffe ein Steinchen zu legen, die sie irgendwie beängstigen – wie sterben, fallen, träumen, Wirbelsturm, Begräbnis, Vater, Nacht, Operation, Schlafzimmer, Badezimmer, Annäherung und so weiter. Da ist der Augusta-Angst-Abstrakt-Test, bei dem *das Kleine* eine Reihe von Begriffen (Seufzen, Freude, Dunkelheit) zudecken muß. Natürlich darf hier nicht das Puppenspiel vergessen werden, bei dem Patrick oder Patricia zwei genau gleiche Gummipuppen bekommen und ein goldiges Stück Knetmasse, das Pat vor Spielbeginn an eine der Puppen kleben muß. Und auch das süße Puppenhäuschen mit den vielen, vielen Stuben und einem Haufen merkwürdiger Miniaturgegenstände, darunter ein Nachttopf, nicht größer als ein Fruchtbecher, eine Hausapotheke, ein Schürhaken, ein Doppelbett, sogar ein paar winzig-süße Gummihandschuhe in der Küche, und du darfst so gemein zum Puppenvater sein, wie du willst, wenn du meinst, der schlüge die Puppenmama, sobald sie das Licht im Schlafzimmer löschen. Aber der ungezogene Victor wollte mit Lou und Tina nicht spielen, er ignorierte die Puppen, strich alle aufgeführten Worte durch (was den Spielregeln widersprach) und verfertigte Zeichnungen ohne jeglichen Hinweis auf das Unbewußte.« (1987, S. 87–88)
Was Saramaka-Künstler vom kleinen Victor unterscheidet, ist in einem gewissen Sinn nur ihr Wahrnehmungsvermögen für die Erwartungen, die Fremde an ihre Psyche stellen, sowie eine recht zynische Bereitschaft, das Spiel, wenn sich die Gelegenheit ergibt, mitzuspielen.

danach aus, ob sie mit überkommenen Vorstellungen vereinbar ist, also bereits in den Köpfen des Publikums vorhandene Vorstellungen nicht untergräbt. Wieder mag ein Beispiel aus meiner eigenen Erfahrung das Argument veranschaulichen.

Als Kuratoren einer Wanderausstellung maronischer Kunst, die von 1980 bis 1982 in den Vereinigten Staaten gezeigt wurde, waren Richard Price und ich an zahlreichen Aspekten der Organisation und der Werbung für diese Präsentation beteiligt. Unter anderem sollte ein Plakat entworfen werden, um in allen vier Städten, in denen die Ausstellung präsentiert werden sollte, auf diese aufmerksam zu machen. Wir schlugen vor, für den Entwurf einen gewebten Stoff zu nehmen, der sowohl äußerst farbenprächtig als auch stilistisch für die wenig bekannte Patchwork-Kunst der Maronen charakteristisch war. Von dem für den Katalog verantwortlichen Graphiker, der einen Teil desselben Stoffes auch für die Gestaltung des Einbands und des Schutzumschlags übernahm, wurde dieser Vorschlag mit Begeisterung aufgenommen. Bei den für die Öffentlichkeitsarbeit des die Ausstellung finanzierenden Instituts zuständigen Mitarbeitern stieß unsere Idee jedoch auf Einwände, und nur nach langer Diskussion wurde unsere Wahl widerstrebend gebilligt.

Wie man uns sagte, bestand das Problem darin, daß der Stoff zu sehr wie ein Gemälde von Mondrian aussah und sich deshalb zur Bekanntmachung einer Ausstellung »primitiver Kunst« nicht eignete. Man drängte uns sehr, stattdessen eine Maske oder einen »Fetisch« auszuwählen.

Tatsächlich gibt nichts an diesem gewebten Stoff zu verstehen: Das ist »primitive Kunst«. Seine Rohmaterialien sind nicht gewebte, mit lokalen Farben bemalte Fasern, sondern ein billiges, von Surinam importiertes Baumwollgewebe, das maronischen Männern während ihres Aufenthaltes als Lohnarbeiter in der Küstenregion verkauft worden war. Seine Farben sind nicht die gedämpften, aus Erde, Muscheln oder Beeren hergestellten Farbtöne, sondern kommerzielle, von Gelb, Blau und Rot bis hin selbst zu einem schockierenden Rosa reichende Farben. Seine Gestaltung besteht nicht aus unregelmäßigen und freien

Formen, vielmehr ist sie symmetrisch und streng geometrisch. Und anders als Masken oder »Fetische« eignet sich dieser Patchwork-Umhang nicht so ohne weiteres zur symbolischen Motivinterpretation oder zu gedanklichen Verknüpfungen mit exotischen Ritualen. Es sollte deshalb keine Überraschung sein, daß ein mit Öffentlichkeitsarbeit betrauter Angestellter – der sich Gedanken darüber macht, wie man am besten für eine Sammlung von Kunstgegenständen wirbt, die von Leuten mit unzüchtiger Kleidung, benarbten Gesichtern, heidnischen Glaubensvorstellungen, »sprechenden« Trommeln, polygynen Ehen, auf Sippenzugehörigkeit basierender Verwandtschaft, Menstruationstabus und tropischem Brandrodungsfeldblau hergestellt worden sind –, eher zu einem Plakat tendierte, das genau dieses Eigenschaftsbündel in einem schnell erfaßbaren und eindeutigen visuellen Bild übermittelt.

Über ein Jahr später, als eine Werbeagentur eine Anzeige für die Ausstellung entwarf, die dann ganzseitig in der *New York Times* erschien, kam es wieder zu der Diskussion. Mit der gleichen scheinbaren Ironie spielend, daß Waldbewohner eine Gestaltungsform hervorbringen, die dem Werk eines der berühmtesten Maler der westlichen Welt ähnelt, zählten die Anzeigentexter auf die Vertrautheit der New Yorker mit Mondrians farbigen geometrischen Kompositionen und spielten lediglich implizit, auf der Ebene visueller Vorstellungen, auf den Vergleich Mondrian/Waldbewohner an.

Obwohl sich diese Anzeige auf ein einziges Objekt konzentrierte, war sie doch ein Vorläufer der Rätselanzeige, die drei Jahre später aufgegeben wurde, um für die »Primitivismus«-Ausstellung des MOMA zu werben (siehe Kap. 6). Ist das Bild »primitiv« oder »modern«?

Hier könnte man argumentieren, daß man sich im ersten Falle vor der Korrektur des Stereotyps »primitive Kunst« scheute, während die New Yorker Anzeigenagentur das Stereotyp kühn in Frage stellte. Man sollte jedoch in Erinnerung behalten, daß das primäre Ziel von Anzeigen nicht Erziehung, sondern der Verkauf eines Produkts ist; so betrachtet, ist man dem Stereotyp nicht entgegengetreten, sondern hat es ausgebeutet, um die Aufmerksamkeit der Leser zu erregen. Wie die späteren »Primitivismus«-Anzeigen (und die MOMA-Ausstellung, für die sie warben) lautete die Botschaft ganz klar nicht, daß maronische Künstler ebenso wie Mondrian zu bewußtem, dynamischem kreativen Ausdruck fähige Individuen sind; trotz der im Ausstellungskatalog zu findenden eingehenden Dokumentation wird der in der Anzeige abgebildete Umhang eines Mannes nicht als das Werk einer ganz bestimmten Maronen-Frau, sondern als »entworfen und getragen von Surinam-Maronen« beschrieben. Der Vergleichspunkt ist also, daß maronische Kunst, obwohl sie für Menschen, die im Regenwald leben, »eine Lebensform« ist, einige Objekte hervorgebracht hat, die eine bizarre und recht unheimliche Ähnlichkeit zu Gemälden aufweisen, die, was künstlerische Kreativität, Unabhängigkeit, Innovation und Selbstbewußtheit betrifft, ihren Gegensatz bilden. Die Anzeigentexter erhofften sich, daß die New Yorker von dieser unerwarteten Ähnlichkeit genügend aufgerüttelt würden, daß sie auch den Rest der Ausstellung sehen wollten. Aber wie ihre Kollegen, die die 80 Dollar-Imitation dem 800 Dollar-Designer-Top gegenüberstellten, erwarteten sie mit Sicherheit nicht, daß ihre Leserschaft den abgebildeten Umhang und den nichtabgebildeten Mondrian als gleich betrachten würde – es sei denn im Sinne eines verwirrenden *trompe-l'œil*.

Ein weiterer, besonderes Licht auf die westliche Konzeptualisierung von »primitiver Kunst« werfender Aspekt unserer Erfahrung mit der Ausstellung maronischer Kunst kam in Reaktionen auf unsere Absicht zum Ausdruck, das Kunstschaffen der Maronen im Zusammenhang mit ihren ästhetischen Vorstellungen zu präsentieren. Auf Schrifttafeln in der Ausstellung wie auch im Text des Begleitkatalogs erklärten wir unser Bemühen, bei der Auswahl der Stücke, der Inszenierung der Ausstellung und dem Entwurf der interpretierenden Texttafeln den ästhetischen Konzepten und Kriterien der Maronen zu folgen. Das heißt, es war unsere Absicht, sowohl scheinbar »reine« oder »universelle« Prinzipien der Art, wie sie vielleicht Nelson Rockefeller, um nur ein Beispiel zu nennen, ins Feld geführt hätte, als auch die sozialen, kulturellen und technologischen Kriterien zu vermeiden, an denen sich vielleicht die traditionelle Ausstellung eines Völkerkundemuseums orientiert hätte. Wir taten unser bestes, die maronische Kunst sowohl als Kunst als auch als spezifisch maronische, vervollständigt durch die wohlartikulierten ästhetischen Prinzipien und das kunstgeschichtliche Bewußtsein ihrer Schöpfer zu präsentieren, wie diese es uns in den vielen Jahren, die wir im Inneren Surinams verbrachten, darlegten.

Die die Ausstellung in vier großen Museen (in Los Angeles, Dallas, Baltimore und New York) gezeigt wurde, hatten viele US-Amerikaner die Gelegenheit, sie sich anzusehen. Wir wollten sie aber auch den Menschen in der Karibik, vor allem den Bewohnern Surinams zugänglich machen. Surinam selbst kam nicht in Frage, da dort die Bedingungen einiger Leihgeber hinsichtlich der Kontrolle der Luftfeuchtigkeit und der Sicherheitsmaßnahmen nicht erfüllt werden konnten. Die Niederlande mit ihren über 200000 Menschen zählenden Surinam-Bevölkerung war unsere nächste Wahl, wir setzten deshalb alles daran, ein holländisches Museum zu finden, das an der Übernahme der Ausstellung interessiert gewesen wäre. Alle von uns angesprochenen Museen (mit Ausnahme eines einzigen, das die notwendige Finanzierung nicht aufbringen konnte) lehnten jedoch die Ausstellung ab; die Begründungen, die man uns gab, ließen sich aber zwei sehr verschiedenen Diskursarten zuordnen.

In den niederländischen Kunstmuseen argumentierten die Verantwortlichen, daß sich das Material aufgrund seiner zu starken Kontextualisierung für ihre Galerien nicht eignete. Hier würden die Objekte zusammen mit Fotografien, Tonbandaufnahmen von Musik, Stilentwicklungstabellen und Kommentaren zu den ästhetischen Prinzipien der Maronen präsentiert. Wenn wir bereit wären, die Stücke ohne das ethnographische Material auszustellen, würden sie, so ließen sie durchblicken, ihre Entscheidung noch einmal überdenken. So, wie die Ausstellung augenblicklich aussehe, wäre das »Völkerkunde«, nicht »Kunst«.

Auch die Verantwortlichen in den Völkerkundemuseen machten – im Kontext des sozialen Bewußtseins nach 1968 – eine Neudefinition der Ausstellungsziele zur Bedingung einer Übernahme der Ausstellung. Sie sagten, es wäre notwendig, zusätzlich eingehende Informationen über die gegenwärtige politische Situation dieser Dritte-Welt-Republik, über die wirtschaftliche Unterdrückung der Maronen und die ökologischen Gefahren für ihre Umwelt zu geben. Die politische Botschaft müßte stärker im Vordergrund stehen.

In den Kunstmuseen glaubte man, jede ethnologische Kontextualisierung laufe dem ästhetischen Charakter der Gegenstände zuwider; wenn der Ausstellung die Absicht zugrunde liege, »Kunst« zu zeigen, dann müsse sie das in Übereinstimmung mit westlichen Konventionen tun, d.h. ästhetische Überlegungen müßten rein implizit bleiben. In den Völkerkundemuseen glaubte man dagegen, die Anerkennung des kunsthistorischen Bewußtseins und der ästhetischen Differenziertheit einer anderen Gesellschaft stehe der Förderung des sozialen Liberalismus entgegen; wenn die Ausstellung eine politische Botschaft übermitteln wolle, müsse sie sich an die akzeptierten Regeln halten. In beiden Fällen lehnte man unsere Auffassung, daß in der Anerkennung der maronischen Gegenstände als Kunst, die innerhalb eines legitimen ästhetischen Systems entsteht und eine eigene Kunstgeschichte besitzt, bereits ein radikales intellektuelles und politisches Argument enthalten ist, ab. Da die Ausstellung nach den damals geltenden Definitionen weder »Kunst« noch »Völkerkunde« war, gelangte sie nie nach Europa und wurde von nur ein paar Dutzend Surinamern gesehen.[5] Die kollektive Botschaft der holländischen Museen ist der Haltung von Joseph Alsop

5 Der Widerstand gegenüber der Präsentation von Kunst in nichtetablierten Nischen ist nicht auf »primitive Kunst« beschränkt. Nach einem Zeitungsbericht wurde das National Museum of Women in the Arts, das 1987 in Washington eröffnet wurde, ursprünglich von Feministinnen bekämpft, weil es nicht auch die Sozialgeschichte der Frauen umfaßte, und von anderen Kritikern, weil es die Kunst der Frauen von der der Männer abgrenzte. Auch dieses Projekt war von dem Wunsch beflügelt, die Leistungen von Künstlern anzuerkennen, die mehr als sonst üblich der künstlerischen Anonymität ausgesetzt waren (Conroy 1987).

nicht unähnlich, der glaubt, andere Menschen hätten einfach kein Konzept, das in irgendeinem Sinne dem gleichzusetzen ist, das unsere Kunstwelt definiert und zusammenhält. Diese Auffassung impliziert, daß Gegenstände entweder im Sinne dieses Konzepts präsentiert werden können (in diesem Falle sind sie »Kunst«, werden am besten auf der Grundlage einer unvermittelten visuellen Erfahrung beurteilt und brauchen keine weitere Erklärung), oder aber man präsentiert sie gemäß ihres Ortes innerhalb eines soziokulturellen Kontextes (in diesem Falle würde jemand, der sie als Kunst betrachtet, sich des »Ethnozentrismus« schuldig machen). Billigt man diese Teilung, dann geht es, nach Aussage eines Leitartikels in *African Art*, um die Frage, ob wir auf spezielle Objekte als Kunst oder bloß aus einem Gefühl »sozialer Neugier« reagieren (siehe Kap. 6).

Für eine Verschmelzung des »Kunst«- und »Ethnologie«-Aspekts nichtwestlicher kultureller Ausdrucksphänomene wäre jedoch auf unserer Seite vielleicht lediglich eine weniger besitzergreifende Haltung gegenüber der Vorstellung von ästhetischer Sensibilität nötig.

Nachwort

Im Verlauf seiner Erörterung von Arthur Dantos Konzept einer »Kunstwelt« zieht B. R. Tilgham die hypothetische Möglichkeit einer Welt in Erwägung, in der Kunst von allen, unserer Meinung nach sich um sie rankenden Tätigkeiten befreit ist.

»Wir können uns einen Stamm vorstellen, dessen Angehörige zeichnen und malen, Musik machen und Gedichte rezitieren, die aber das Reden darüber auf eine Minimum beschränken. Unterricht wird vor allem durch beispielhaftes Vormachen erteilt, von gelegentlichen Kommentaren wie ›mach diese Linie dicker‹, ›spiel es so‹ und so weiter abgesehen. Es gibt keine Schulen der Kritik, keine Besprechungen in Zeitungen und natürlich keine Kunstgeschichte. Dennoch nehmen die Menschen das alles sehr ernst und achten genau auf das, was sie sehen und hören; sie reagieren gestisch und mimisch und wechseln ihre Vorlieben manchmal mit ihren Stimmungen.« (Tilgham 1984, S. 62–63)

In dieser »Nicht-Kunstwelt« kennt man weder Zeitungsrezensionen noch Kunstschulen, selbst die urteilende Sprache ist unbekannt. Ungeachtet ihrer Malerei, Musik und Poesie bedienen sich die hypothetischen Stammeswesen von Tilgham zur Mitteilung ihrer ästhetischen Reaktionen, die auf jeden Fall nicht viel mehr als das Ergebnis wechselnder Stimmungen sind, des gestischen und mimischen Ausdrucks. In diesem Beispiel ist die Stammeswelt zugegebenermaßen fiktional, mit Absicht geschaffen, um ein logisches Argument über das Wesen von Kunst vorzubringen. In anderen Regalen unserer Bibliotheken, wo das gleiche Bild seine philosophische Funktion verliert und die äußere Erscheinung deskriptiver Prosa annimmt, hat diese Welt aber nahe Verwandte. Auf den Seiten dieser Bücher werden Stammesvölker zu gesichtslosen Kunstproduzenten, die ihr Werk weder beurteilen und kritisieren noch dokumentieren können – es sei denn mit Grunzen und Schulterzucken. Von ihrer Welt nimmt man an, daß sie – weniger hypothetisch als »tatsächlich« – weder eine Geschichte noch eine Ästhetik, weder Bildung noch Kennerschaft, weder Humor noch Ironie hervorgebracht hat.

Vor der verführerischen Anziehungskraft dieses Bildes, das ein so schmeichelhaftes Licht auf unser eigenes höheres Empfinden wirft, bietet eine humanistische westliche Erziehung wenig Schutz. E. H. Gombrichs Aufzählung der Eigenschaften von »Stammesgesellschaften« fügt den bereits in früheren Kapiteln angeführten Beispielen ein weiteres hinzu und bestätigt für gegenwärtige und zukünftige Lesergenerationen stereotype Bilder von der Dritten Welt als eines Reichs der Unwissenheit, der Verworrenheit und der Kindlichkeit. In der letzten Auflage von Gombrichs *The Story of Art* (dt. *Die Geschichte der Kunst*) wird in einem Kapitel, das sich wiederholt des Wortes »seltsam« bedient, erklärt:

»Wenn die meisten Denkmäler dieser Kultur auf uns so eigenartig und unheimlich wirken, so liegt das an den Vorstellungen, die sie ausdrücken sollen. ... Manche Neger in Afrika sind sich über den Unterschied zwischen Wirklichkeit und Bild genausowenig klar wie Kinder. ... Manche glauben auch, daß sie mit bestimmten Tieren verwandt sind, so wie manche Gestalten in unseren Märchen. ... [sie] leben fast immer in einer Art von Traumwelt. ... Es geht ihnen vielleicht so ähnlich wie Kindern, die Räuber und Gendarmen spielen, bis sie nicht mehr wissen, wo das Spiel aufhört und die Wirklichkeit beginnt. Aber Kinder leben immer innerhalb der Welt der Erwachsenen, und es gibt jemanden, der ihnen zuruft: ›Macht keinen solchen Lärm‹, oder ›Es ist Zeit zum Schlafengehen‹. Für den Wilden gibt es keine andere Welt, die ihm die Illusion zerstören kann.« (1977, Kap. 1, »Seltsame Anfänge«)

Gombrich veranschaulicht sein Argument, indem er beschreibt, wie »wir« und »sie« auf ein hingekritzeltes Gesicht reagieren würden: »Für uns ist das ein Spaß, nicht aber für den Eingeborenen.« Auf diese Weise bestätigt er William Rubins Analyse des zwischen den einander ähnelnden Skulpturen von Alexander Calder und seinem Kollegen aus Neuguinea bestehenden Unterschieds (siehe Kap. 3). Die »primitive Welt« erscheint aus dieser Perspektive betrachtet tatsächlich als ein trauriger Ort, an dem Kritzelgesichter und geschnitzte Zweige für lebende Ungeheuer gehalten werden. Kein Wunder daher, daß ihre Bewohner für solche vergnüglichen Beschäftigungen, wie es ästhetische Diskussionen, die Geistesgeschichte oder die Kunst um der Kunst willen darstellen, keine Zeit oder Neigung haben. Sie sind ja voll und ganz mit der Vertreibung von Geistern und Dämonen beschäftigt und haben keine Erwachsenen, die sie daran erinnern, daß alles nur ein Spiel ist.

Selten ist es notwendig, die rassische Komponente dieser anderen Welt explizit zu erwähnen. Wie Leonard Bernstein können wir unserem Stolz auf persische Prinzen Ausdruck verleihen, Wohlwollen und Bewunderung bekunden und gleichzeitig unsere kulturelle Grenze und die sie beschützende Herrschaftsposition aufrechterhalten.

In einer Zeit, in der eine revisionistische Kunstgeschichte die traditionelle Herauslösung des Gegenstands dieser Disziplin aus dem Gewebe des sozialen und kulturellen Lebens neu überdenkt, und in einer Zeit, in der die Ethnologie immer eingehender die Eigenart der Kultur moderner Industriegesellschaften erforscht, ist es an der Zeit, daß wir unsere qualitative Aufteilung der Weltkunst in »unsere« und »ihre« ernsthaft neu beurteilen. Teilweise ist dieser Wandel bereits im Gange, da angesehene Institutionen wie das Metropolitan Museum of Art und das Museum of Modern Art ihre Galerien ausgewählten »primitiven Meisterwerken« öffnen. Doch hat man die Türen den Objekten selbst bereitwilliger geöffnet als den ästhetischen Empfindungen, die sie hervorbrachten. Der letzte und bedeutungsvollere Schritt wird es sein anzuerkennen, daß die Sicht westlicher Kunstliebhaber weder mehr noch weniger als die ihrer Kollegen in anderen Gesellschaften von kulturellen Vorstellungen – Vorurteilen wie Einsichten – geprägt ist, und unsere neu aufgeflammte Wertschätzung »exotischer« Kunst zu ihrer letzten Konsequenz zu treiben: bis zur Anerkennung der kulturellen Diversität, intellektuellen Vitalität und ästhetischen Integrität ihrer Schöpfer.

Literatur

Hinweis: Wo es mir von Bedeutung erschien, habe ich zwei Veröffentlichungsdaten angegeben – das eine Datum bezieht sich auf die erste, das andere auf die von mir benutzte Auflage.

Allison, Philip, 1973: »Collecting Yoruba Art«, in *African Arts* 6 (4), S. 64–68.

Alperton, Matty, 1981: »Decorating with Primitive Art«, in *Primitive Art Newsletter* 4 (3), S. 1–3.

Alsop, Joseph, 1981: *The Rare Art Traditions: A History of Art Collecting and Its Linked Phenomena Wherever They Have Appeared*, Princeton.

–, 1986: »The Faker's Art«, in *New York Review of Books*, 23. Oktober, S. 25–26, 28–31.

Anonymus, 1931: *Instructions sommaires pour les collecteurs d'objets ethnographiques*, Paris: Musée d'éthnographie et Mission scientifique Dakar-Djibouti.

–, 1970: »First Word«, in *African Arts* 3 (3), S. 1–2.

–, 1971: »First Word«, in *African Arts* 4 (2), S. 1, 3, 5, 7, 73.

–, 1972: »The Vincent Price Collection«, in *African Arts* 5 (2), S. 20–27.

–, 1984: *La rime et la raison: Les collections Menil*, Paris: Éditions de la Réunion des Musées Nationaux.

–, 1986: »First Word«, in *African Arts* 19 (4), S. 1–3, 6.

Attenborough, David, 1976: *The Tribal Eye*, London.

Babcock, Barbara A., 1987: »Taking Liberties, Writing from the Margins, and Doing It with a Difference«, in *Journal of American Folkore* 100, S. 390–411.

Baekeland, Frederick, 1984: »The Art Collector: Clues to a Character Profile«, in *New York Times*, 16. September, Section 2, S. 1, 27.

Baldwin, James, 1955: *Notes of a Native Son*, Boston.

Baldwin, James u.a., 1987: *Perspectives: Angles on African Art*, New York: Center for African Art.

Bauman, Richard, 1986: *Story, Performance, and Event: Contextual Studies of Oral Narrative*, Cambridge.
Baxandall, Michael, 1985: *Patterns of Intention: On the Historical Explanation of Pictures*, New Haven/London.
Benedict, Ruth, 1943: »Obituary of Franz Boas«, in *Science* 97, S.60–62.
Bennett, David H., 1980: »Malangi: The Man Who Was Forgotten Before He Was Remembered«, in *Aboriginal History* 4 (1), S.42–47.
Berger, John, 1973: *Ways of Seeing*, New York; dt.: 1981, *Das Leben der Bilder oder die Kunst des Sehens*, Berlin.
Bernstein, Leonard, 1976: *The Unanswered Question: Six Talks at Harvard*, Cambridge; dt.: 1979, *Musik: die offene Frage*, Wien usw.
Biebuyck, Daniel P. (Hg.), 1969: *Tradition and Creativity in Tribal Art*, Berkeley.
Bihalji-Merin, Oto, 1972: »Art as a Univeral Phenomenon«, in: Siegfried Wichmann (Hg.), *World Cultures and Modern Art*, S.2–11, München.
Blow, Richard, 1988: »Moronic Convergence«, in *New Republic*, 25. Januar, S.24–27.
Boas, Franz, 1908/1940: »Decorative Designs of Alaskan Needlecases: A Study in the History of Conventional Designs, Based on Materials in the U.S. National Museum«, in: ders., *Race, Language and Culture*, S.564–592, New York.
Bontemps, Arna, 1973: *The Old South: »A Summer Tragedy« and Other Stories of the Thirties*, New York.
Bourdieu, Pierre, 1979: *La distinction: Critique sociale du jugement*, Paris; dt.: 1982, *Die feinen Unterschiede. Kritik der gesellschaftlichen Urteilskraft*, Frankfurt.
Bourdieu, Pierre, Alain Darbel und Dominique Schnapper, 1969: *L'Amour de l'art: Les musées d'art européens et leur public*, Paris, 2., revidierte und erweiterte Auflage.
Brenson, Michael, 1984: »Discovering the Heart of Modernism«, in *New York Times*, 28. Oktober, S.H33.
Brown, Laurene Krasny und Marc Brown, 1986: *Visiting the Art Museum*, New York.
Bunzel, Ruth, 1929/1972: *The Pueblo Potter: A Study of Creative Imagination in Primitve Art*, New York.
Carpenter, Edmund, 1973: »You Can't Unring a Bell«, Vortrag an der Smithsonian Institution, 12. Mai.
–, 1976: »Collectors and Collections«, in *Natural History* 85 (3), S. 56–57.
–, 1983: »Introduction«, in: Stephen Guion Williams, *In the Middle: The Eskimo Today*, Boston, o. Seitenangaben.

Charbonnier, G. (Hg.), 1961: *Entretiens avec Claude Lévi-Strauss*, Paris; dt.: Lévi-Strauss, Claude, 1972, *»Primitive« und »Zivilisierte«. Nach Gesprächen aufgezeichnet von Georges Charbonnier*, Zürich.
Chipp, Herschel B., 1971: »Formal and Symbolic Factors in the Art Styles of Primitive Cultures«, in: Carol F. Jopling (Hg.), *Art and Aesthetics in Primitive Societies: A Critical Anthology*, S. 146–70, New York.
Christensen, Erwin O., 1955: *Primitive Art*. New York/London.
Claerhout, Adriaan G. H. u.a., 1965: »The Concept of Primitve Applied to Art«, in *Current Anthropology* 6 (4), S. 432–38.
Clark, Kenneth, o.J.: »What is Good Taste?« Text einer am 1. Dezember 1958 ausgestrahlten Sendung der Reihe »Is Art Necessary?« Associated Television.
–, 1969: *Civilisation: A Personal View*, New York; dt.: 1977, *Glorie des Abendlandes. Von den Gedanken, Bauten, Büchern, Kunstwerken und Genies unserer Zivilisation*, Reinbek.
–, 1974: *Another Part of the Wood: A Self-Portrait*, London.
Cohen, David William, 1977: *Womunafu's Bunafu: A Study of Authority in a Nineteenth-Century African Community*, Princeton.
Cole, Douglas, 1985: *Captured Heritage: The Scramble for Northwest Coast Artifacts*, Seattle.
Cole, Herbert M. und Chike C. Aniakor, 1984: *Igbo Arts: Community and Cosmos*, Los Angeles: Museum of Cultural History.
Conroy, Sarah Booth, 1987: »Building a New Portrait of Women in Art«, in *International Harold Tribune*, 20. Februar, S. 18.
Counter, S. Allen, Jr. und David L. Evans, o.J.: »The Bush Afro-Americans of Surinam and French Guiana: The Connecting Link«, Broschüre.
–, 1981: *I Sought My Brother: An Afro-American Reunion*, Cambridge, Mass.
Dark, Philip, J. C., 1954: *Bush Negro Art: An African Art in the Americas*, London.
Darriulat, Jacques, 1973: »African Art and Its Impact on the Western World«, in *Réalités* (engl. Ausgabe) Nr. 273, S. 41–50.
Dening, Greg, 1980: *Islands and Beaches: Discourse on a Silent Land, Marquesas, 1774–1880*, Honolulu.
Duerden, Dennis, 1968: *African Art*, Feltham, Middlesex.
Epstein, Jacob, 1963: *Epstein: An Autobiography*, New York (Erweiterung seines Buchs *Let There Be Sculpture* von 1940).
Fabian, Johannes, 1983: *Time and the Other: How Anthropology Makes its Object*, New York.
Fagg, William, 1979: »Introduction«, in: Werner Gillon, *Collecting African Art*, S. viii-x. London, Sydney, Auckland und Johannesburg: Studio Vista/Christie's.

Firth, Raymond, 1936/1979: *Art and Life in New Guinea*, New York.
Forge, Anthony, 1971: »Art and Environment in the Sepik«, in: Carol F. Jopling (Hg.), *Art and Aesthetics in Primitive Societies: A Critical Anthology*, S. 290–314, New York.
Freedman, Samuel G., 1985: »How Inner Torment Feeds the Spirit of Creativity«, in *International Herald Tribune*, 22. November, S. 9, 11.
Fried, Michael, 1985: »Realism, Writing, and Disfiguration in Thomas Eakins's *Gross Clinic*, with a Postscript on Stephen Crane's Upturned Faces«, in *Representations* 9, S. 33–104.
Geertz, Clifford, 1986: »The Uses of Diversity«, in *Michigan Quarterly Review* 25 (1), S. 105–123.
Glueck, Grace, 1984: »Show from France Opens New Center for African Art«, in *New York Times*, 21. September, S. C1, C28.
Gombrich, Ernest H., 1966: *The Story of Art*, 11. Auflage, überarbeitet und erweitert, London; dt.: 1977, *Die Geschichte der Kunst*, Stuttgart/Zürich.
Gould, Stephen Jay, 1980: *The Panda's Thumb: More Reflections in Natural History*, New York.
Graburn, Nelson H. H. (Hg.), 1976: *Ethnic and Tourist Arts: Cultural Expressions from the Fourth World*, Berkeley.
Guiart, Jean, 1985: »The Musée de l'homme, the Arts, and Africa«, in: Susan Vogel und Francine N'Diaye, *African Masterpieces from the Musée de l'homme*, S. 13–17, New York.
Guidieri, Remo, 1984: *L'abondance des pauvres: Six apercus critiques sur l'anthropologie*, Paris.
Harden, Blaine, 1986: »In Sudan, Time Refuses to Heed the Reporter's Calendar«, in *International Herald Tribune*, 26. September, S. 7.
Haskell, Francis, 1976: *Rediscoveries in Art: Some Aspects of Taste, Fashion, and Collecting in England and France*, Ithaca/London.
Herskovits, Melville J., 1930: »Bush Negro Art«, in *Arts* 17 (51), S. 25–37, 48–49.
Herskovits, Melville J. and Frances S. Herskovits, 1934: *Rebel Destiny: Among the Bush Negroes of Dutch Guiana*, New York.
Hess, Thomas B., 1968: Leitartikel *Art News* 66 (9), S. 27.
Higbee, Arthur, 1987: »American Topics«, in *International Herald Tribune*, 7. Januar, S. 3.
Hobsbawm, Eric und Terence Ranger (Hg.), 1983: *The Invention of Tradition*, Cambridge.
Holm, Bill, 1974: »The Art of Willie Seaweed: A Kwakiutl Master«, in: Miles Richardson (Hg.), *The Human Mirror*, Baton Rouge, S. 59–90.

Hooper, J. T. und C. A. Burland, 1953: *The Art of Primitive Peoples*, London.
Honan, William H., 1988: »Artists of all Disciplines, Newly Militant, Are Fighting for Their Rights«, in *New York Times*, 3. März, S. 20.
Hoving, Thomas, 1982: *King of the Confessors*, New York.
Hurault, Jean, 1970: *Africains de Guyane: La vie matérielle et l'art des Noirs Réfugiés de Guyane*, Paris und Den Haag.
Huyghe, René, 1973: »African and Oceanic Art: How It Looks from the West«, in *Réalités* (engl. Ausgabe) Nr. 273, S. 66–67.
Janson, H. W., 1986: *History of Art*, 3. Auflage, überarbeitet und erweitert von Anthony F. Janson, New York und Englewood Cliffs.
Kahn, Morton C., 1931: *Djuka: The Bush Negroes of Dutch Guiana*. New York.
–, 1939: »Africa's Lost Tribes in South America: An On-the-Spot Account of Blood-Chilling African Rites of 200 Years Ago Preserved Intact in the Jungles of South America by a Tribe of Runaway Slaves«, in *Natural History* 43, S. 209–215, 232.
–, 1954: »Little Africa in America: The Bush Negroes«, in *Americas* 6 (10), S. 6–8, 41–43.
Kamer, Henri, 1974: »De l'authenticité des sculptures africaines/The Authenticity of African Sculptures«, in *Arts d'Afrique Noire* 12, S. 17–40.
Kisselgoff, Anna, 1984: »Pagan Rituals Live on in British Folk Dance«, in *New York Times*, 23. Dezember, S. H 12, 14.
Kramer, Hilton, 1982: »The High Art of Primitivism«, in *New York Times Magazine*, 24. Januar, S. 18–19, 62.
Krauss, Rosalind, 1984: »Giacometti«, in: William Rubin (Hg.), *»Primitivism« in Modern Art: Affinity of the Tribal and the Modern*, S. 502–533. New York: Museum of Modern Art.
–, 1988: Rezension von Richard Wollheims *Painting as an Art*, in *New Republic*, 12.–19. September, S. 33–38.
Leach, Edmund R., 1971: »A Trobriand Medusa?«, in: Carol F. Jopling (Hg.), *Art and Aesthetics in Primitive Societies: A Critical Anthology*, S. 45–54, New York.
Lee, Sherman, 1986: »Reply to Alsop 1986«, in *New York Review of Books*, 18. Dezember, S. 76.
Leiris, Michel, 1934/1981: *L'Afrique fantome*, Paris; dt.: 1980, *Phantom Afrika. Tagebuch einer Expedition von Dakar nach Djibouti 1931–1933*, Bd. 1, Frankfurt.
–, 1950/1969: »L'ethnographe devant le colonialisme«, in *Les Temps Modernes* 58, S. 357–374; Nachdruck in: Michel Leiris, *Cinq études d'ethnologie*, S. 83–112, Paris 1969; dt.: 1977, »Ethnographie und

Kolonialismus«, in *Die eigene und die fremde Kultur*, Frankfurt, S. 53–71.
Lévi-Strauss, Claude, 1958/1974: *Anthropologie structurale*, Paris; dt.: 1978, *Strukturale Anthropologie* 1, Frankfurt.
Lippard, Lucy, 1973: *Six Years: The Dematerializatoin of the Art Object*, New York.
Lynes, Russell, 1954: *The Tastemakers*, New York.
Manning, Patrick, 1985: »Primitive Art and Modern Times«, in *Radical History Review* 33, S. 165–181.
Maquet, Jacques, 1986: *The Aesthetic Experience: An Anthropologist Looks at the Visual Arts*, New Haven.
Marrie, Adrian, 1985: »Killing Me Softly: Aboriginal Art and Western Critics«, in *Art Network* 14, S. 17–21.
McEvilley, Thomas, 1984: »Doctor Lawyer Indian Chief: ›Primitivism‹ in twentieth-century art, at the Museum of Modern Art in 1984«, in *Artforum* 23 (3), S. 54–61.
McGill, Douglas C., 1984a: »An Autumn of Tribal Art«, in *New York Times*, 14. September, S. C26.
–, 1984b: »Center Devoted to African Art Opens«, in *New York Times*, 18. September, S. C17.
–, 1985: »Art World Subtly Shifts to Corporate Patronage«, in *New York Times*, 5. Februar, S. C14.
–, 1988: »Art Galleries Are Told to Post Prices«, in *New York Times*, 10. Februar, S. 22.
Megaw, Vincent, 1986: »Something, but for Whom? Ethics and Transitional Art«, in *Cultural Survival Quarterly* 10 (3), S. 64–69.
De Menil, Dominique, 1962: »Vorwort«, in *The John and Dominique de Menil Collection*, New York: Museum of Primitive Art, ohne Seitenang.
Meyer, Melissa und Miriam Schapiro, 1978: »Waste Not, Want Not: An Inquiry into What Women Saved and Assembled«, in *Heresies* 4, S. 66–69.
Mintz, Sidney W., 1985: *Sweetness and Power: The Place of Sugar in Modern History*, New York; dt.: 1987: *Die süße Macht. Kulturgeschichte des Zuckers*, Frankfurt/New York.
Moberg, David, 1984/1985: »Primitive Inspiration«, in *In These Times*, 19. Dezember–8. Januar, S. 24, 23.
Morrison, Toni, 1987: *Beloved*, New York; dt.: 1989, *Menschenkind*, Reinbek.
Moxey, Keith, 1988: »Hight Art/Low Art«, Vortrag, gehalten auf der 76. Jahresversammlung der College Art Association, 11.–13. Februar, Houston.
Muensterberger, Werner, 1971a: »Roots of Primitive Art«, in: Charlotte M. Otten (Hg.), *Anthropology and Art: Readings in Cross-Cultural Aesthetics*, S. 106–128, New York.

–, 1971b: »Some Elements of Artistic Creativity among Primitive People«, in: Carol F. Jopling (Hg.), *Art and Aesthetics in Primitive Societies: A Critical Anthology*, S. 3–10, New York.
–, 1979: *Universality of Tribal Art/Universalité de l'art tribal*, Genf: Barbier-Muller Collection.
Mumford, Lewis, 1979: *My Works and Days: A Personal Chronicle*, New York und London.
Muntslag, F. H. J., 1966: *Tembe: Surinaamse Houtsnijkunst*, Amsterdam: Prins Bernhard Fonds.
–, 1979: *Paw a Paw Dindoe: Surinaamse Houtsnijkunst*, Paramaribo: VACO.
Myers, Bernard S., 1967: *Art and Civilization*, New York und Toronto.
Nabokov, Vladimir, 1957: *Pnin*. London; dt.: 1987, *Professor Pnin*, Reinbek.
Newton, Douglas, 1978: *Masterpieces of Primitive Art*, New York.
–, 1981: *The Art of Africa, the Pacific Islands, and the Americas*, New York.
Novack, Cynthia, 1982: »Reactions to Art: The Rockefeller Wing, Metropolitan Museum«, Manuskript.
Ortega y Gasset, José, 1925/1972: »The Dehumanization of Art«, in *Velasquez, Goya, and the Dehumanization of Art*, S. 65–83. London: Studio Vista.
Ottenberg, Simon, 1984: »Books on Primitive Art: Coming of Age«, *Bookman's Weekly*, 30. Juli 1984, S. 587–602.
Van Panhuys, L. C., 1928: »Quelques ornements des nègres des bois de la Guyane Néerlandaise«, in *Proceedings of the International Congress of Americanists* 22, S. 231–274.
–, 1930: »Ornaments of the Bush-Negroes in Dutch Guiana: A Further Contribution to Research in Bush-Negro Art«, in *Proceedings of the International Congress of Americanists* 23, S. 723–735.
–, 1934: »African Customs und Beliefs Preserved for Two Centuries in the Interior of Dutch Guiana«, in *Proceedings of the International Congress of Anthropological and Ethnological Sciences* 1, S. 247–248.
Paudrat, Jean-Louis, 1972: »The Negative Reception of the Art of the Traditional Societies of Africa«, in: Siegfried Wichmann (Hg.), *World Cultures and Modern Art*, S. 252–254, München.
Price, Richard, 1970: »Saramaka Woodcarving: The Development of an Afro-American Art«, in *Man* 5, S. 363–378.
–, 1976: *The Guiana Maroons: A Historical and Bibliographical Introduction*, Baltimore.
–, 1983: *First-Time: The Historical Vision of an Afro-American People*, Baltimore.
–, 1990: *Alabi's World: Conversion, Colonialism, and Resistance on an Afro-American Frontier*, Baltimore.

Price, Sally, 1982/1988: »Sexism and the Construction of Reality: An Afro-American Example«, in *American Ethnologist* 10, S. 460–476; Nachdruck in Johnnetta B. Cole (Hg.), *Anthropology for the Nineties*, S. 126–148, New York.
–, 1984: *Co-wives and Calabashes*, Ann Arbor: Michigan Press.
–, 1986: »L'esthétique et le temps: commentaire sur l'histoire orale de l'art«, in *Ethnologie* 82 (98–99), S. 215–225.
Price, Sally und Richard Price, 1980: *Afro-American Arts of the Suriname Rain Forest*, Berkeley.
Reischek, Andreas, 1924: *Sterbende Welt*, Leipzig.
Richard, Paul, 1984a: »Magical Affinities: Linking Tribal and Western at the Museum of Modern Art«, in *Washington Post*, 30. September, S. H1, H6–8.
–, 1984b: »Tribal Masterpieces: The Esthetic Dilemma«, in *Washington Post*, 11. November, S. K1–2.
Rodrigues, Georges, 1981: »Evolution et psychologie des collectionneurs d'art africain«, in *Antologia di Bella Arte* 17/18, S. 18–24.
Rosaldo, Renato, 1980: *Hongot Headhunting, 1883–1974*, Stanford.
Roy, Claude, 1957: *Arts sauvages*, Paris; englische Übersetzung unter dem Titel *The Art of Savages*, Sheldon, N. Y. 1958.
Royal Anthropological Institute of Great Britain and Ireland, 1874/1951: *Notes and Queries on Anthropology*, London, 1. Auflage 1874; 6. Auflage 1951.
Rubin, William (Hg.), 1984: *›Primitivism‹ in Twentieth-Century Art: Affinity of the Tribal and the Modern*, New York: Museum of Modern Art; dt.: 1984: *Primitivismus in der Kunst des 20. Jahrhunderts*, München.
Russell, John, 1984: »Primitive Spirits Invade the Modern«, in *New York Times*, 28. September, S. C1, C28.
Sahlins, Marshall, 1985: *Islands of History*, Chicago.
Sandburg, Carl, 1955: »Vorwort«, in *The Family of Man*, S. 2–3, New York: Museum of Modern Art.
Schwartz, Gary, 1985: *Rembrandt: His Life, His Paintings*, New York.
–, 1987: »Art in History, History in Art«, Vortrag, gehalten auf dem Getty Center Workshop, 2. Mai 1987.
Segy, Ladislas, 1975: *African Sculpture Speaks*, 4. Aufl. New York.
Seligman, Germain, 1961: *Merchants of Art, 1880–1960: Eighty Years of Professional Collection*, New York.
Sieber, Roy, 1971: »The Aesthetics of Traditional African Art«, in: Carol F. Jopling (Hg.), *Art and aesthetics in primitive societies: A critical anthology*, S. 127–131, New York.
Sigel, Linda, 1971: »A Private Collection at the Art Institute of Chicago«, in *African Arts* 5 (1), S. 50–53.

Silverman, Raymond A., 1987: Rezension von James Baldwin u.a., *Perspectives: Angles on African Art*, in *African Arts* 21 (1), S. 19–24.
Stephen, Ann, 1980: »Margaret Preston's Second Coming«, in *Art Network* 2, S. 14–15.
Stocking, George W., Jr., 1968/1982: *Race, Culture, and Evolution: Essays in the History of Anthropology*, Chicago.
Stocking, George W., Jr. (Hg.), 1985: *Objects and Others: Essays on Museums and Material Culture*, Madison.
Strathern, Marilyn, 1987: »Out of Context: The Persuasive Fictions of Anthropology«, in *Current Anthropology* 28 (3), S. 251–281.
Thompson, Robert Farris, 1968: »Aesthetics in Traditional Africa«, in *Art News* 66 (9), S. 44–45, 63–66.
–, 1983: *Flash of the Spirit: African and Afro-American Art and Philosophy*, New York.
Tilghman, B. R., 1984: *But Is It Art? The Value of Art and the Temptation of Theory*, Oxford.
Tregaskis, Moana, 1986: »Trading in the Rich Art of Nepal«, in *International Herald Tribune*, 19. September, S. 7.
Vandercook, John Womack, 1926a: *Tom-Tom*, New York und London.
–, 1926b: »We Find an African Tribe in the South American Jungle«, in *Mentor* 14 (3), S. 19–22.
Vogel, Susan M., 1982: »Bringing African Art to the Metropolitan Museum«, in *African Arts* 15 (2), S. 38–45.
Vogel, Susan und Francine N'Diaye, 1985: *African Masterpieces from the Musée de l'homme*, New York.
Volders, J. J., 1966: *Bouwkunst in Suriname: Driehonderd Jaren Nationale Architectuur*, Hilversum.
De Vries-Hamburger, L., 1959: »Over Volkskunst in het Algemeen en die van Suriname in het Bijzonder«, in *Kultuurpatronen* 1, S. 106–110.
Wade, Edwin L. (Hg.), 1986: *The Arts of the North American Indian: Native Traditions in Evolution*, New York.
Warner, John Anson, 1986: »The Individual in Native American Art: A Sociological View«, in: Edwin L. Wade (Hg.), *The Arts of the North American Indian: Native Traditions in Evolution*, S. 171–202, New York.
Wingert, Paul, 1962: *Primitive Art: Its Traditions and Styles*, New York.
Wright, Robin K., 1983: »Anonymous Attributions: A Tribute to a Mid-Nineteenth Century Haida Argillite Pipe Carver, the Master of the Long Fingers«, in: Bill Holm, *The Box of Daylight*, S. 139–142, Seattle: Seattle Art Museum and University of Washington Press.
Zilczer, Judith K., 1977: »Primitivism and New York Dada«, in *Arts Magazine* 51 (Mai), S. 140–142.

Bildnachweise

S. 6: Das Ehepaar Kahnweiler in seiner Wohnung, Rue George Sand, Paris 1912/13 (Foto: Galerie Louise Leiris, Paris)

S. 66: Skulpturen aus Europa und Afrika (aus: Kenneth Clark, *Civilisation: A Personal View*, New York 1969)

S. 67: Skulpturen aus Neuguinea und Europa (aus: William Rubin [Hg.], *»Primitivism« in Twentieth Century Art: Affinity of the Tribal and the Modern*, New York 1984); links: Figur der Imunu, Provinz Namau-Golf, Papua-Neuguinea (Friede Collection, New York), rechts: Apple Monster von Alexander Calder (Mary Calder Rower)

S. 125: Ausriß aus der *International Herald Tribune*, ca. 1986

S. 143: Anzeige aus der *New York Times*, ca. 1984 (Antique Boutique, Inc.)

S. 144: Anzeige für die Ausstellung »›Primitivism‹ in Twentieth Century Art« des Museum of Modern Art, aus der *New York Times* vom 9. September 1984, S. H41